JN087062

初めての政治学〔増補第3版〕

ポリティカル・リテラシーを育てる

Introduction to Politics and Government

明治学院大学法学部政治学科編

風行社

刊行のことば

鍛治　智也

二〇一〇年に明治学院大学法学部政治学科は、創立二〇周年を迎えたが、この二〇年の間に、「政治学科の政治学」はどのような理念を共有し続け、どのような変化があったのか、カリキュラムから概観してみる。

政治学科が創設される以前の明治学院大学法学部における政治学関連の専門科目は、政治理論、政治外交史、近代政治思想史、行政学、国際関係論の五科目二〇単位のみであった。この内、専任教員が担当する科目は、政治理論、政治外交史、近代政治思想史の三科目であった(1)。

政治学科が開設されると、政治学関係の講義科目は、四二科目一五四単位となり、当然講座の量的な拡大はなされたが、その特質はいったいどのようなものであったのだろうか。開設当初、政治学科は「人・集団・組織とその間に展開する動態、異なる目標と利害の衝突を、広い視野から把握し、開かれた共存社会と豊かな福祉社会の実現のために奉仕しうる人材を育成する(2)」ことを目指して、カリキュラムが組まれた。そのため、政治学科を卒業した後、地方・国・国際機関等の公務員、ジャーナリスト、他にさまざまなレベルの組織におけるリーダーとして活動することを期待して「基礎政治学」「地方政治」「日本政治」「国際政治」「情報数量分析」の五部門の政治学の専門科目を編成して、各部門に二名、計一〇名の専任教員を配置する体制を整備した。[3]すなわち、「先人の偉業を結びつつ気鋭の現代政治学を身につけ、あらゆる政治現象に接近できる基礎理論を学ぶ」基礎的政治学を中核に、「高度に複雑化した情報社会を解明するため、情報メディアを駆使し、その基本的技能をマスター」する情報分析を次の層に位置づけ、「国際社会と直結するのが開かれた地方政治。生活の場である地方政治から生れる身近な政治を学ぶ」地方政治につながり、「豊かな日本の貧困な政治。二一世紀へ向けて日本政治が模索する課題を一緒に考え学んでいく」日本政治、そして「東西・南北問題、資源・環境問題、戦争と平和など重層する国際政治を柔らかい知性で学ぶ」国際政治までの五層構造として捉えていた。

当時の社会に対する認識として、学科のカリキュラムには四つのキーワードが掲げられている。すなわち、「マネジメント」「情報化社会」「国際化時代」「地方政治」である。マネジメントがなぜ重要であるかは、「人を動かすことは、政界、財界、企業、そして身近な仲間の集いまで、あらゆる世界に存在します。それが政治です。会社で働く人にとっても大切なのは、人と組織を動かす能力です。政治学を知らなければリーダーシップを発揮することはできません」とし、マネジメントの基礎的な能力を身につけさせるために「政治学」科目を設置するという問題意識であった。その上で、三つの時代的な潮流を示している。第一に、情報化時代として「現代は情報があふれている時代です。なにが大切な情報であるのかを、より分ける鋭い眼と感性が必要です。情報を握る人間が世界をリードします。現代の政治は情報です」としている。第二に、国際化時代として「世界は国際緊張の緩和として流れに向かいつつあります。国際政治は大きく変わりつつあります。軍事対立から国際協調へ。援助、協力、そして国際交流へ。世界の趨勢を正しく見据える理性を育てるには、政治学こそ力になります」としている。そして、第三に、地方政治がさらに重要になってくる時代として「毎日の生活が行われている地域社会。住みよい生活環境をつくりだし、弱者へのいたわりの心を忘れない地域政治こそ、実は政治の原点です。背伸びしないで、足元をしっかり見つめる学問です」という視座を示している。

ここで注目すべき点は、当初設置されていた五科目が後に設定される部門の柱になったわけではないことである。初期の設置科目からは異なる展開を見せることになった五部門の特徴点は主に三点あると考えられる。第一に、身近である地方の政治から日本の政治を捉えようとした点である。すなわち、地方政治関連科目が九科目二八単位、日本政治関連も六科目二二単位設置されたことから理解できる。第二に、伝統的な政治学科では手薄であった情報分析の科目（七科目二六単位）が設置されたことである。第三に、実務家によるリレー講義方式の総合講座やフィールドワークといった科目が設置され、政治の現場からの実践知を取り込む工夫がなされたことである。

こうした問題意識と科目編成は、主に次の二つの動向と密接に関連していると考えられる。すなわち、第一に、当時議論されていた「新たな市民社会論」に立った視点である。その市民社会とは「人間の尊厳と平等な権利との相互承認に立脚する社会関係がつくる公共空間と、その不断の歴史形成過程である。……それはひとつの批判概念であり、規範的な意味をも含んでいる。換言すれば、それは、人間の尊厳と平等な権利を認め合った人間関係や社会を創り支えるという行動をしている市民を指しており、そうした規範意識をもって実在している人々が市民なのである。それは、国内・民際のNGO組織に限るものではなく、都市に限らず農村も含めて、地域、職場、被災地などで自立的で自発的（ボランタリー）に行動する個人や、また行動はしていないが、そうした活動に共感をいだいて広い裾野を形成している市民をも含んでいる[4]」という認識である。そうした人材を養成する市民教育の場として、学科を創設したという問題意識である。

第二に、行動科学の成果に基づく現代日本政治分析が、学界で目ざましく台頭してきたことである。「日本政治分析を専門の研究対象として自らの本格的研究の中核に据えることによって、歴史や思想史あるいは外国研究の片手間に、評論的、印象主義的に日本政治を扱うという従来のあり方を大きく変えつつある[5]」という日本の政治学の動向が、日本の政治と計量政治分析を重視した編成を促したと考えられる。そこには、常に社会の要請に合わせた教育プランを構築すべきという姿勢が現れていると思われる。

二〇〇四年には、第一〇期の卒業生を送り出すことを契機に、大幅なカリキュラム変更を行った[6]。履修上の変更だけでなく、国際政治および比較政治の分野をグローバル・ポリティクス領域とし、情報の分野をメディア・ポリティクス領域と位置づけし直したことの他、従来の日本政治と地方政治を再編してガヴァナンス領域とし、基礎的な政治学の科目をコアにして、三分野の展開にしたことである。国内政治を中央—地方の軸だけでなく、政府—企業の軸、非政府団体（ＮＧＯ）・非営利団体（ＮＰＯ）といった市民団体からの視点を入れることに加え、制度論的な政治学から脱却して、管理と政策の総合的な学問体形を目指すことを狙ったわけである。ガヴァナンスとは、政治的公共圏の諸問題を関係者間の交渉・合意・協力によって解決する行動の全てを総称した概念であり、トップダウン型の権力的な統制・支配とは反対に、中央政府、地方政府、民間企業、ＮＧＯ・ＮＰＯ[7]、そして一般市民など、あらゆる関係者の参加と協力を得ようとするボトムアップ[8]の発想をも示す概念である[9]。政治学科が当初から自由主義的な市民教育の教育機関を志向してきたので、こうした再編成は当然の帰結であった。

現在、政治学科においては、「政治とは、社会に発生する問題を解決するために、その構成メンバーが共同で意思決定をして実行するプロセスです。そして、政治的問題を扱うためには、現象の本質を明確にする科学的アプローチ、現象の歴史的背景の理解、さらには哲学・思想的な構想力も必要になります。政治学を学ぶことは、この総合的な学問に取り組むこと。〝言うべきときに言うべきことを言える〟、さらに〝言うべきことを言えない境遇にある人々に代わって発言していこうとする〟政治学科は、総合的な判断力と批判力を持ち、勇気と他者の境遇への想像力を備えた〈教養ある政治的市民〉の育成を目指し[10]」ているという問題意識で、政治学を捉えている。

注

（1）一九六六年の法学部創設以来のメンバーであり政治思想史・政治哲学を専門とする渋谷浩、日本政治史を専門とする酒田正敏〔着任一九七二年〕、中国政治外交史を専門とする横山宏章〔着任一九七八年〕の三名が専任教員で、専門科目はある程度ローテーションで担当していた。

（2）酒田正敏「新入生諸君へ」『明学政治学科新入生用ガイダンス』一九九〇年、明治学院大学法学部、二頁。

（3）学科創設の際の陣容は、前記三名の他、畠山弘文（政治理論・国家学）〔着任一九八六年〕、赤木須留喜（行政学）〔同八九年〕、鹿児島重治（行政学）〔同九一年〕、中野実（政治理論）〔同九〇年〕、丸山直起（国際関係論、中東地域研究）〔同九一年〕、池田謙一（政治社会学）〔同八七年〕、西澤由隆（政治社会学）〔同八九年〕である。

（4）坂本義和「相対化の時代——市民の世紀をめざして」『世界』（六三〇号、一九九七年一月号）、四六—四七頁。

（5）『「レヴァイアサン」発刊趣意」『レヴァイアサン』（創刊号、一九八七年一〇月）、四頁。

（6）一九九二年に池田の後任に川上和久（政治心理学）、九三年に鹿児島の後任に鍛治智也（行政学）、九五年に赤木の後任に毛桂榮（行政学）、九七年に西澤の後任に平野浩（計量政治学）、九八年に酒田の後任に西村万里子（公共政策論）、九九年に横山の後任に石井修（国際関係論、米国外交史）、二〇〇二年に中野の後任に渡部純（政治学、政治過程論）、〇三年には八年間空席だった渋谷の後任に添谷育志（現代政治理論、英国政治思想）、〇五年に石井の後任に葛谷彩（国際関係史）、〇七年に平野の後任に中谷美穂（政治意識論、地方政治論）、そして二〇一〇年に丸山の後任に池本大輔（国際政治学）が着任している。

（7）英国労働党ブレア政権の「第三の道」路線の理論的支柱であったアンソニー・ギデンズによれば、再生された新たな市民社会においては、これまで国家が担ってきた「公共的領域」、特に福祉と公安を、家族や地域協同体、さらには第三セクターを含む民間組織が政府に代わって担うことが期待されていると記している。Cf. Anthony Giddens, *The Third Way: The Renewal of Social Democracy*, Cambridge: Polity Press, 1998〔邦訳『第三の道——

―効率と公正の新たな同盟』（佐和隆光訳、日本経済評論社、一九九九年）。

（8）今日の「新しい公共」の議論は、この文脈上にある。

（9）ガヴァナンスという用語は、世界政治学会の「政府の構造と組織に関する研究委員会」が監修する研究誌 *Governance: An International Journal of Policy and Administration* が英国の Basil Blackwell 社から一九八八年に創刊されたことを機に、用語として定着したと考えられる。しかし、日本においてガヴァナンスの概念の議論が、専門家の間で本格的に議論されたのは、一九九三年四月に東京で開催された「都市経営（Metropolitan Governance）世界会議」（国際連合・東京都共催）が最初であろう（詳しくは、この会議の国連の英文報告書 Metropolitan Governance: Toward a New Urban Century, 1994 の第一章 Wataru Omori and Tomoya Kaji eds., "Conference Summary", pp. 1-16）。その後、一九九八年五月に開催された日本行政学会で「日本の行政改革――ガバメントからガバナンスへ」と題する全体会議が開催されたり、二〇〇〇年には『二一世紀日本の構想』懇談会最終報告書』で「統治からガバナンス（協治）へ」という章が設けられたり、二〇〇一年に月刊雑誌『ガバナンス』が創刊されたりしたことによって定着してきたことが考えられる。

（10）明治学院大学『大学案内』二〇一一年版、五八頁。本書の副題「ポリティカル・リテラシー」には、〈教養ある政治的市民〉が備えるべき知識・技能・構想力などが含意されている。

改訂版のまえがき

鍛冶　智也

初版から四年が経ち、姉妹編として『政治学の扉――言葉から考える』を新たに刊行する運びとなったため、本書も改訂することとした。

この間、国内に目を向ければ、二〇一一年三月に東日本大震災があり、地震や津波で人的および地域的な未曾有の規模の災害がもたらされたのみならず、福島第一原子力発電所の事故による被害は時間的な規模でも大きな困難と課題を与えた。一二年一二月には、三年四カ月続いた民主党政権は衆議院解散によって終焉を迎え、再び自民党（および公明党）が政権に復帰した。一三年九月のＩＯＣ総会では七年後の二〇二〇年に東京で夏季五輪・パラリンピックが開催されることが決定し、土建国家復活の土壌が整ったと言える。一方で、一四年五月には民間研究機関である日本創世会議が、将来の人口急減社会の推計を発表した。この中で、二〇四〇年までに若年女性の人口が半減する結果、全国の半数の自治体でコミュニティの維持が困難になるとの予測がなされ、少子高齢化社会の深刻な姿が浮き彫りになり、これまでの政策の転換が迫られている。

国外に目をやると、二〇〇九年のギリシアの経済危機に端を発したユーロ危機は、スペインやポルトガル、アイルランド等にも波及してきており、一〇年末から二年以上にわたり「アラブの春」と呼ばれるような中東および北アフリカ地域の大規模な反政府運動が巻き起こっている。一二年頃から面積的には小さな島を巡って、戦略的に大きな意味をもつ地勢学的力学が働き、極東地域は極度の緊張を孕むようになった。一四年には、ウクライナのクリミア半島を巡って、欧米やロシアを巻き込んだ対立が生まれ、冷戦後の新たな枠組みが崩壊しかけている。一四年六月、イラクおよびシリア両国の北部地域を実効支配する武装集団がイスラム国の樹立を宣言したが、地域内の人権侵害等が国際社会から非難され、九月には米国などが空爆を開始し、武力紛争が拡大した。日本人大学生が、イスラム国の武装集団に参加するために渡航しようとした問題も明らかになり、一地域の宗教的・政治的紛争の問題だけでなく、国家のあり方に対しても問題提起がなされている。

こうした政治的な変動を改訂版では全てフォローできているわけではないが、理解のための基盤を与えてくれよう。教養ある成熟した市民の役割は、ますます必要になってきている政治環境であると言える。「この国には何でもある。だが、希望だけがない」（村上龍『希望の国のエクソダス』）日本の政治が今問われている。

なお、旧版（初版）からの異同であるが、全体にわたって誤字脱字の修正に努めた以外に、第3章は全く新しく稿を改めた他、序章、第1章、第4章、第5章、第8章、第9章、第10章の各章は情報のアップデートや追記などを行い加筆・修正が加えられている。また、初版にあった「エッセイ」は改訂版では割愛している。

増補第3版のまえがき

改訂版が出版されてから、政治学科では新たに熊谷英人（政治学原論担当）、久保浩樹（政治制度論担当）、佐々木雄一（日本政治史担当）の三名を専任教員として迎えることが出来た。そこで今回の改訂にあたっては、三名が執筆した章を新たに加え、それにあわせて既存の章の順序にも多少の修正を施して、増補第3版として出版することになった。世界がポピュリズムの台頭やコロナ危機に揺れる中、この教科書が日本をはじめとする各国の政治や国際関係を理解する一助となれば、幸いである。

葛谷　彩・池本　大輔

目次

目　次

第9章　投票参加の現状と課題——若者の投票率はなぜ低いか……中谷　美穂　271

目　次

第10章　福祉政策と政治——イギリスにおける福祉改革をとおして……西村　万里子　297

第11章　安全保障について考える……葛谷　彩　313

序章　政治《ポリティクス》／政治学とは何か

添谷　育志

はじめに

今本書を手にしている諸君は、おそらく初めて政治学にふれることになるわけだが、そもそも「政治学」とはどのような学問なのだろうか。言うまでもなく、それは「政治」という人間活動について研究する学問である。それでは「政治」とは、どのような人間活動なのだろうか。以下においては(1)「政治」という人間活動は、どのような点で他の人間活動、とりわけ「経済」および「法・道徳」という人間活動から区別されるのかという視角から、「政治」という人間活動の独自性を説明し、(2)そこで明らかになった「政治」という人間活動について研究する学問としての「政治学」の独自性を明らかにしたい。

その際に留意するべき点は、現在わが国には「政治学部」という単独学部を有する大学が存在しないことである。かつて明治大学には一九〇四年に設置された「法学部」、「商学部」、「文学部」と並んで「政学部」という学部が存在したが、一九一二年には「政学科」に改称され一九四五年に廃止された。また國學院大學では一九四九年に「政治学部」が設置されたが、翌年には「政経学部」に吸収・合併された。現在わが国では「政治学」の研究・教育は「法学部」内の「政治学科」もしくは「政治経済学部」内の「政治学科」で行なわれている。そういう意味でも「政治」という人間活動を「経済」および「法・道徳」と比較対照することが必要になるのである。ちなみにケンブリッジ大学に「政治学・国際関係研究学部（Department of Politics and International Studies）」という複合学部が設立され、アンドリュー・ギャンブル（Andrew Gamble）が同学部の教授に就任したのは二〇〇四年になってからである(1)。なお「政治学」が独立した学問領域《ディシプリン》として最終的に確立されたのは、一九世紀半ば以降二〇世紀初頭にかけてであり、一八八〇年には政治学の専門教育機関として、世界初の政治学部（政治学大学院）がコロンビア大学に設置された。この経緯については(2)「『政治学』とは何か」で詳述する。

一 「政治」とは何か

諸君は「政治」という言葉から何を連想するだろうか。ある人は「賄賂」、「恫喝」、「駆け引き」、「根回し」、「先送り」というようなことを連想するかも知れない。私自身が学生諸君に対して実施したアンケートによれば、大多数の人たちが「政治」→「金銭」→「汚い」というように答えている。要するに「政治」という言葉から連想されるものは、概してネガティヴなのである。事実、前述したギャンブル教授の就任講義では、英国国歌の一節と、エリザベス女王とダイアナ妃の側近だったポール・バレル（Paul Burrell）との会話を引用しながら、こう述べられている。「政治というものは最も高貴で、高尚で、なくてはならない活動だと考えられてきましたが、おそらくより多くの場合には、最もいかがわしく、抑圧的で腐敗したもので、礼儀をわきまえた仲間の間では話題にされないもので、さらにはできることなら押さえつけておくべきものと考えられてきました。これは別に新しいことではありません。英国国歌の中のイングランドへの叛逆を扇動したスコットランド人についての幾つかの行は慎重に削除されましたが、第二節では依然として自信満々こう歌われているのです。『彼らが策（politics）を惑わしたまえ／彼らが騙し手（knavish tricks）を挫きたまえ』。政治（politics）と策略（knavish tricks）はほとんどの人々の心の中で永遠に結びつています。多くの場合、政治は邪悪な魔法のひとつとして見なされ、その活動は神秘に包まれています。女王自身が元侍従のポール・バレルにこう言ったと伝えられています。『ポール、注意しなさい。この国には得体の知れない勢力がうごめいているのです[2]』。エリザベス女王のこの発言はダイアナ妃の事故死を王室および英国政府の陰謀と見なすことに関して言われたことだが、「政治」というものに対するこのような感覚はかなり一般的なものだと言えよう。

しかし「政治」とはたんにネガティヴなだけのものなのだろうか。私たちが公共交通機関を利用したり、義務教育を受けたり、医療や福祉の恩恵に与かれるのも「政治」という人間活動によってである。そして何よりも私たちが安全に暮らせる前提である「秩序」を提供するのも「政治」なのである。ここで「政治」という言葉から連想されるのは、ギャンブルからの引用文にもあるように「最も高貴で、高尚で、なくてはならない活動」であり、「高邁な理想」、「奉仕の精神」、「指導力」、「実行力」、「説得力」などであろう。つまり「政治」というものについて考える際には、ネガティヴな側面とポジティヴな側面を合わせもつ可能な限り中立的《ニュートラル》な定義が必要なのである。

これまで「政治」について考えてきた「政治学者」という人々は、「政治」について多種多様な定義を行なってきた。その定義を類型化すれば、(1)「政治」という現象が発現する場に着目して、(a)国家などの機構の働きとして政治を捉える見方（機構現象説）と(b)社会的または集団的行動による機能的行為現象とする見方（機能現象説）に大別できる。[3] また(2)政治という活動の目的に着目して、(a)保障、福祉の増進などという善き目的実現を目指す活動として捉えようとする、主としてゲオルグ・イェリネック（Georg Jellinek）に代表されるドイツ国家学やアメリカ合衆国の制度論的政治学の立場と(b)権力闘争や「支配・被支配」の関係という政治的意志決定や合意の形成に不可避に伴う力の契機を強調し、政治を何らかの影響力の行使として捉えようとする、主としてマックス・ヴェーバー（Max Weber）やハロルド・ラズウェル（Harold Lasswell）に代表される社会学・心理学的立場に大別できる。[4]

これら種々多様な「政治」の定義の中で異彩を放っているのは、かつて「ロンドン・スクール・オヴ・エコノミクス・アンド・ポリティカル・サイセンス（London School of Economics and Political Science：略称LSE）」の「政治学」教授を務めたM・クランストン（Maurice Cranston）の定義である。彼は一九七一年に行なわれたLSE教授就任講義の中で、従来の「政治」の定義――「政治とは、あるコミュニティにおける諸価値の権威的割り当てのことである」（D・イーストン）、「政治とは、権力を求める闘争のことである」（M・ヴェーバー）、「政治とは、ある意図に沿って他人を動かそうとする体系的努力のことである」（B・ド・ジュヴネル）、「政治とは、誰が、何を、何時、如何にして獲得するかである」（H・ラズウェル）――は、すべて「正しくない」と断言している。なぜなら「それらの定義は、私たちが政治というあの複雑な活動に目を向ける時に、私たちが見出すものとは対応していない」からだ。それでは政治に携わる人々が実際に行なっているのは、いったい何なのか。クランストンは次のように述べている。

　《何よりも第一に、彼らは語る（First of all, they talk）。〔前任者である――引用者補足〕オークショット教授が、政治はひとつの慣行（practice）だということを強調するに際して、政治を料理という技芸（art）になぞらえたことに、私はかねがね驚嘆の念を抱いてきた。それと言うのも、確かに政治がひとつの技芸だとしても、それは〔演劇や演奏のような――同〕行為遂行的技芸（performing arts）のひとつであって、〔文学や美術のような――同〕創造的技芸（creative arts）のひとつではないからである。プラトンが〔『国家』（藤沢令夫訳、岩波文庫）において――同〕政治家をフルート奏者になぞらえた時、彼はこのことに気づいていた。しかしフルート奏者の比喩もまた適切ではない。一人の行為遂行者として政治家は、演劇的であって音楽的ではないのである。政治の世界は、疑いもなくひとつの舞台であって、政治家たちは皆この舞台上の演技者なのだ[5]》。

ここで注目すべき点は、クランストンが「語る」というきわめて日常的な人間活動から「政治」の定義に着手していることである。たとえ暴力が「政治」の世界の最後の手段（ultima ratio）だったとしても、政治家は何よりまず「語る」人として私たちの前に現れる。私たちの意思疎通も通常は「語る」ことを通じて行なわれている。上手く「語る」者が上手く「支配する」というのは、政治の世界におけるひとつの原則だと言える。たとえばジャン・ジャック・ルソー（Jean-Jaques Rousseau）は『言語起源論』において、次のように述べている。古代ギリシアや共和政ローマにおいては雄弁であること、すなわち説得力をもって語る能力が優れた政治家の要件だったが、近代になると「公共の権力が説得の代理をつとめている……（中略）……民衆の言語は雄弁と同様に、完全に無用なものとなった。社会はその最後の形態をとった。そこでは大砲や金銭によらなければもはや何も変わらず、そして民衆には『金を出せ』という以外には、もはや何も言うことがないのだから、街角の立て札を用いるか、または兵士が家の中に上がって言うのである。そのために人を集めてはならない。反対に、臣下はばらばらにしておかなければならない。これが近代政治学の第一の格率である」[6]。

ルソーのこの洞察が意味しているのは、近代になって支配者の支配意思の伝達方法が音声言語（雄弁）から文字言語（街角の立て札）に移行することによって支配空間が飛躍的に拡大したことである。古代においては支配者の肉声が届く範囲が支配可能な空間であり、そこでは人々を集めることが必要だった。ところが文字は音声の限界を乗り越え、「ばらばら」に拡散した人々に対する支配を可能にした。そこでは古代とは逆に、人々が集まることは支配者にとっての脅威となる。肉声に象徴される支配意思の直接性は、文字のよそよそしい間接性によって取って代わられる。そこでは「人」ではなく「文字」（法律＝公共の権力）が支配するのだ。さらにルソーは「ひとつの民族全体が共通の法律によって統一されたときでなければ」文字表記（エクリチュール）は成立しないとも述べている[7]。これは文字言語の成立が支配可能な空間の拡大と支配意思の普遍化をもたらしたのではなく、支配意思がある普遍性のレベルに達した時に文字言語が成立するのだという読み方を可能にする。いずれにせよ「語ること」と「支配すること」の間には密接な関係があるのである。

トマス・ホッブズ（Thomas Hobbes）の『リヴァイアサン』（全四巻、水田洋訳、岩波文庫）における洞察が示しているように人間の言語能力と社会構成力とが一体不可分なものだとすれば、「政治と言語」という主題は政治学において特権的な座を占めて然るべきものだったはずなのだが、現実には必ずしもそうはなっていない。その原因としては次のような事情があったと考えられる。ホッブズが自然状態からコモン・ウェルス（国家社会）の生成を構想した時に、彼は対立・抗争・葛藤・紛争が政治の世界の「生理」だと認識していた。そこには「人間の秩序とか制度というものは、anti-entropicなもの、つまり無秩序と混沌を秩序の負として観るという発想[8]」があった。ホッブズが言う「自然状態」とは、まさしく「自然常態」だったのだ。ところが資本制の進展に伴う政治社会の制度的安定化は、いかなる政治社会の基底にも存在するはずのホッブズ的自然状態を隠蔽し、人間の自然性を隠蔽していった。政治は経済、行政、法制度、社会や歴史文化に吸収され、政治学はせいぜいのところ既存の制度論的解説に終始することになった。そして大衆社会の到来とともに再度「状況《シチュアシオン》化」（サルトル）が語られ、「政治における人間的自然（human nature in politics）」（ウォーラス）が顧みられるようになった時、人びとは「秩序の負が状況であるという発想[9]」に立ち、政治学は言わば社会の「病理学」と見なされるようになった。たとえばアメリカの政治学者ハロルド・ラズウェルは彼が提唱する「政策科学（policy science）」を「デモクラシーの開業医」として位置づけているが、彼が描く「政治的人間（a political man）」はほとんど精神病理学的対象に近い[10]。クランストンが「語る」というきわめてノーマルな人間活動を政治の出発点としていることの中には、暗にこうした現代アメリカ政治学に対する批判が込められているとともに、カール・シュミット（Carl Schmitt）の「敵・味方の区別[11]」を「政治」の本質と見なすような考え方への批判が込められていると言えように。そしてそれは英国政治学におけるひとつの「伝統」だとも言えるのだ。
たとえばクランストンが言及しているマイケル・オークショット（Michael Oakeshott）は「政治」を次のように定義している。

《政治的活動においては、人びとは、底も知れず、果てしのない海原を航海している。そこには、避難のための港も、投錨のための底地もない。また出航地もなければ、定められた目的港もない。その企ては、船を水平にたもって浮かび続けることである。海は、友であるときもあれば敵であることもある》。[12]

ここに見られるのは「敵」（外部）と「味方」（内部）の間に絶対的な境界線を引き、「味方」だけから成る共同体を構成しようとするような思考とは正反対のものである。そこで「政治家」に必要とされるものは、可能な限り「敵」を「味方」に変える技能なのである。そういう技能を「妥協」と呼べば、それこそが「政治」という活動の本質なのだ。「妥協」を「政治」という活動の根底に据えて「政治」を定義したのは、バーナード・クリック（Bernard Crick）である。クリックはその主著『政治を擁護して』の中で、政治とは統治の一形態であり「ある一定の支配領域内の相異なる利害を、それらが共同体の福祉と存続にとって有する重要性の度合いに応じて、権力に与からせながら、調停するところの活動」[13]と定義している。また『デモクラシー』ではより端的に「あるのはただ、多種多様な価値と利益の間での果てしなく続く妥協の過程、つまりは政治そのものなのだ[14]」と述べられている。さらに初学者向けの政治学入門書である『政治／政治学とは何か』ではより簡潔に「政治の本性とは、多くのひとびとのあいだで正当なものと受け入れられる方法によって紛争を調停し和解させること、これなのである[15]」とも述べられている。

ところでこれまで述べてきたことは、あくまでも“Politics”の翻訳語としての「政治」についてだった。わが国でいつから“Politics”に「政治」という訳語を当てるようになったのかは詳らかにしないが、漢和辞典によると「政」は「正」と同系列で「正しいこと」、「治」は「水に工夫をすること」、つまり治水が転じて「うまく調整する」という意味になったとされる。「政治」という言葉の成立と「治」の意味転換の前後関係は不明だが、もしも「治」が「うまく調整する」という意味に転じる以前にできたのであれば、「政治」とは「治水を正しく行うこと」という意味であり、もしも水を離れて「うまく調整する」という意味で「治」が使われるようになった以後に成立したのであれば、「政治」とは「手を加えて正しくすること」を意味することになる。日本では「政（まつりごと）を治（おさ）める」という訓が当てられ、「まつりごと」というのは祭事、「おさめる」というのは首長として統べることであって、漢字が当てられた頃には祭事を整然と行なうことが正しいことであり、首長の仕事は工夫をすることだった。つまり「首長として祭事を工夫して行う」ということが「政治」だったと言える。

事実、明治初期においても今日の「政治」に相当する言葉として「政事（まつりごと）」が使われていた。たとえば福澤諭吉は「政事と教育と分離すべし」という論説において「政事の性質は活潑にして教育の性質は緩慢なりとの事実は、前論をもってすでに分明ならん。然らばすなわち、この活潑なるものと緩慢なるものと相混一せんとするときは、おのずからその弊害を見るべきもまた、まぬかるべからざるの数なり。……（中略）……政事は政事にして教育は教育なり」と述べている[16]。また大久保利通に関する本でも「近代化を推進したリーダーとして、不退転の姿勢を貫いた人物として、兆民は大久保を『豪傑』と評価しているのである。その後、兆民は喉頭ガンの手術を受け、余命いくばくもない闘病生活のなかで『一年有半』（一九〇一年一月）を刊行した。そこでは大久保を『大政事家』と評している。／『大政事家』とは、一定の方向と動かすべからざる順序をもって政治を行い、『俊偉』の観があり、有言実行であり、『真面目』な人物であると兆民は言う。そして、大久保を徳川家康とともに、日本の『大政事家』に挙げるのである[17]」。

わが国における「政事」という概念の詳細については丸山眞男「政事（まつりごと）の構造——政治意識の執拗低音——」という論文（『丸山眞男集』（第一二巻、岩波書店）所収。本論文は元来 Edited by Sue Henny and Jean-Pirre Lehmann, *Themes and Theories in Modern Japanese History: Essays in Memory of Richard Storry*, London and Atlantic Highlands, New Jersey: Athlone Press, 1988, pp. 27-43に“The structure of Matsurigoto: the basso ostinato of Japanese political life”として発表されたものである」に譲るとして、一

点だけ指摘しておきたい。それは丸山が「政事」の特徴として抽出した①「正統性（Legitimacy）」と「決定（Decision Making）」の区別や、②「政事」とは「奉献事」つまりは下から上に献上する、サービスを献上するという意味であり、そこでは政治という人間活動が下から定義されているという点についてである。たとえば丸山の『政治の世界』（『丸山眞男集』〈第五巻、岩波書店〉所収。のちに岩波文庫、二〇一三年として出版）に挑戦するかのように書かれた神島二郎『政治の世界——一政治学者の模索』（朝日選書、一九七七年）に代表される神島政治学においては、柳田民俗学の成果を大胆に採入して、丸山政治学に決定的に欠如しているのは「帰趨原理」だとしていることである。すなわち同書では西欧社会に特徴的な政治的〈まとめ〉の原理は〈支配〉、〈闘争〉、〈自治〉の三つに帰着するが、中国由来の原理として〈同化〉があり、さらに「わが国政治の伝統的な認識枠組から抽出される原理を〈帰趨〉と名づけ、これを、〈同化〉とならんで普遍的な原理の一つとみなし、それらの複合がそれぞれいずれかの原理を基調にした組み合わせを構成するものとなした」と述べられている。[18] 丸山の『政治の世界』におけるC（Conflict: 紛争）—P（Power: 権力）—S（Solution: 解決）という図式が、マルクスの『資本論』におけるG（Geld: 貨幣）—W（Ware：商品）—G（Geld：貨幣）という図式に照応していることはすでに多くの人たちによって指摘されているが、晩年のいわゆる「古層」論も含めて丸山政治学が西欧的「政治・経済・社会・法」概念を起点としていることは否定できない。神島政治学および『日本の政治』（東京大学出版会、一九八三年）や『日本人と政治』（同、一九八六年）に代表される京極純一による日本独自の「政治／政事」

概念への取り組みが再評価される必要がある。

二　「政治学」とは何か

前節で述べたように西欧的「政治」と日本的「政事」は区別されなければならないが、「政治」についての知的探究の源泉が古代ギリシアにある限り、「政治学」についての思考は西欧的伝統の中で遂行されざるをえない。クリックによれば「政治についての思索と思弁は、科学と同じく、ヨーロッパに起源をもつものである。しかし、それらはともに、世界のどんな場所においてもとりいれて活用することができる。……（中略）……こういったいい方は、きわめて『ヨーロッパ中心主義的（Eurocentric）』に聞こえるだろう。だが、わたしたちの知るかぎりでは、政治をつうじてなにをすることができるかについての自由闊達な思弁は、紀元前五世紀のギリシア人以前には存在しなかった[19]」のである。

古代のギリシアや古典古代ローマにおいては、ポリス（polis）やキウィタス（civitas）という特異な政治社会が形成されていた。西欧における「ポリティクス（politics）」という言葉は、ポリスとりわけアテナイにおける自由市民の経験への知的反省を意味すると同時に、ポリスという場における活動そのものをも意味した。つまり「ポリティクス」という言葉には「政治学という学問（the study of Politics）」（大文字に注意！）という意味とともに「政治という活動（the activity of politics）」という意味があったのである。このことは他の学問と政治学を区別する大きなメルクマールである。たとえば「経済学という学問」とその知的探究の対象である「経済という活動」はEconomicsとEconomyに区別されており、「法学という学問」とその知的探究の対象である「法律」はJurisprudenceとLawに区別されており、「社会学という学問」とその知的探究の対象である「社会」はSociologyとSocietyに区別されているという具合なのである。これを繰り返せばきりがないのでこの辺で止めておくが、要するに言いたいことは、古代ギリシアにおいては学問としてであれ活動としてであれ「ポリティクス」というものが他の学問や活動とは異なる別格の地位にあったということなのだ（もっとも古代ギリシアには社会学は存在しなかったが……）。そのことをハンナ・アレント（Hannah Aredt）は『人間の条件』（志水速雄訳、ちくま学芸文庫、一九八四年）において概略次のように説明している。

人間という生き物には「ビオス」（βιοτ）という側面と「ゾーエー」（ζωη）という側面が存在する。「ビオス」とは、人間という生き物に特有な生命のあり方を意味し、それに対して「ゾーエー」は他の生き物と共通した「生物学的な生命」を意味する。アレントによる議論は次のようにまとめられる（表1）。

この図式からは多くの示唆が得られるが、「政治学」という学問に関連する点だけを

表1　アレントによる議論の要約

生のあり方	活動力	活動の場	場を統制する力	学問	生の属性
ゾーエー	労働（Labour）	オイコス（家＝経済）	暴力（Violence）	経済学	隷従＝閉鎖性＝不死性＝沈黙
ビオス	活動（Action）	ポリス（政治）	権力（Power）	政治学	自由＝公開性＝可死性＝言葉

列挙すれば、⑴「政治学」という学問が「自由」という高貴な価値と密接に関連していること、⑵「経済学（オイコノミア）」という学問は、せいぜいのところ「生物学的な生命」をより効率的に維持・再生産するために有効な手段を探究する、いわば「家計管理術＝家政学」という低俗な学問と考えられていたということ、⑶最近よく言われる「家庭内暴力（domestic violence）」は同義反復であること、すなわち家という場を統制する力は元来むき出しの暴力だったということ、⑷「政治学」という学問は他の諸学に優越するマスター・サイエンス（棟梁科学）として位置づけられていたということ、この四点である。

このような考え方は共和政ローマにおいても基本的に受け継がれ、キリスト教中世においてはすべての学問が「神学の端女《はしため》」に貶められたけれど、それでもアレントが描いた「ゾーエー」に発する系列と「ビオス」に発する系列との区別と序列づけは「俗」と「聖」という対比の中にかろうじて残存していた。ところが近代産業社会の登場とともにこれらは完全に消滅するか逆転するのである。その変化の要点を列挙すれば、⑴アダム・スミス（Adam Smith）に代表される「政治経済学（Political Economy）」という、古代ギリシアでは考えられないような奇妙な学問が誕生し、それが近代産業社会における諸学の王になること（『国富論』あるいは『諸国民の富』（いずれも岩波文庫、中公文庫、その他）を参照）、⑵「オイコス」でも「ポリス」でもない「社会（Society）」という空間が出現することによって、かつて古代ギリシアや共和政ローマの自由市民が享受していた公開の場で発言する「自由」が失われ（ユルゲン・ハーバーマス『公共性の構造転換』（細谷貞雄・山田正行訳、未來社、一九九四年）を参照）、ルソーに見られるように「自由」は私的な閉鎖的空間に自閉してゆくということ〔『孤独な散歩者の夢想』（岩波文庫、その他）を参照〕、(3)リカード（David Ricardo）やマルクス（Karl Marx）の「労働価値説」に見られるように、かつては奴隷や女・子どもが従事するものとして軽蔑されていた「労働」という活動力があらゆる価値の源泉と見なされるようになったこと、(4)こうして「政治学」はかつての「マスター・サイエンス」の地位から失墜し諸学の端女とまでは言わないにしても、せいぜいのところ既存の政治制度の解説に終始する凡庸な学問にまで身を落としたということ、この四点である。

以上一九世紀までの「政治学」の歴史を駆け足で辿ったが、「政治学」が時代の変化に即応したアイデンティティの再構築を始めるのは一九世紀末になってからである。英国における一九世紀以降の「政治学」の変遷についてはStefan Collini, Donald Winch and John Burror, *That Noble Science of Politics: A Study in Nineteenth-century Intellectual History*, Cambridge: Cambridge University Press, 1983〔邦訳『かの高貴なる政治の科学——一九世紀の知性史研究——』（永井義雄・他訳、ミネルヴァ書房、二〇〇五年）〕を初めとして充実した研究の蓄積があり、アメリカについてもBernard Crick, *The American Science of Politics: Its Origins and Conditions*, London: Routledge & Kegan Paul, 1959〔邦訳『現代政治学の系譜——アメリカの政治科学——』（内山秀夫・他訳、時潮社、一九七三年）〕やJohn G. Gunnell, *The Descent of Political Theory: The Genealogy of an American Vocation*, Chicago: The University of Chicago Press, 1993〔邦訳『アメリカ政治理論の系譜』（中谷義和訳、ミネルヴァ書房、二〇〇一年）〕などの研究があるので、ここでは前節で触れたドイツ国法論や英米の制度論的政治学が、その後どのような変遷を経て今日に到ったかを簡単に見てゆくことにする。

英国では一九世紀末から二〇世紀初頭にかけて、工業化と都市への人口集中が進行し労使の階級対立やマスコミの発展により政治状況が急速に変化した。このような状況を受けて一八六七年と八四年の選挙法改正が実施され労働者階級に広汎な選挙権が与えられたにもかかわらず、労働者の議会進出は困難だった。選挙権の拡大に伴って投票率は低下し、政治腐敗や政治的無関心が蔓延し、候補者の当落は政治的業績や理念よりも容貌や演説の巧みさ、広報活動や運動のテクニックに影響されるようになった。グレアム・ウォーラス（Graham Wallas）はデモクラシーが制度として確立されているのにもかかわらず、実際の状況がこのようにデモクラシーの本質とはかけ離れていることを危惧し、一九〇八年現代政治学の先駆的著作 *Human Nature in Politics*〔邦訳『政治における人間性』（石上良平・川口浩訳、創文社、一九五八年）〕を発表した。同年にはアメリカの社会学者アーサー・ベントレー（Arthur Bentley）は、当時アメリカで流行していた制度論的政治学を「死せる政治学」（Dead Political Sciences）と批判し、*The Process of Government: A Study of Social Pressures*〔邦訳『統治過程論』（喜多靖郎・上杉良一訳、法律文化社、一九九四年）〕を発表した。彼は政治とは利益をめぐって形成される党派間対立と統治機構によるその調整過程であると述べて、制度的研究よりも党派と政治の過程を重視した。こうした変化を背景にして「政治学」が独自の「専門領域」として確立され「政治学」の専門教育機関として、一八八〇年に世界初の「政治学部（政治学大学院）」がコロンビア大学に設置された。そこでの「政治学」とは“Political Science”すなわち「政治科学」だった。その際に「政治科学」は「自然科学」をモデルとする厳密な学問を目指した。すなわちウォーラスの研究に依拠しつつ、心理学や政治的多元主義の影響を受け、一九二〇年代末にシカゴ大学のチャールズ・メリアム（Charles E. Merriam）〔メリアムに関する文献としては森眞砂子『現代アメリカの政治理論——チャールズ・E・メリアムの政治理論を中心に——』（エーアンドエー株式会社、一九九九年）がある〕とハロルド・ラズウェルを代表とするシカゴ学派が形成された。メリアムを創始者とするシカゴ学派の目的は、政治学の「科学」化だった。その際に言うところの「科学」のモデルとされたのは「心理学」や「統計学」だったが、その後、隣接した専門分野としての「経済学」がいっそう「科学」化するに及んで、アメリカの政治科学は「行動科学」をモデルとする、いわゆる行動論的政治科学への道を邁進することになった。すべてを「科学」化することへの倒錯した情熱の一例として、臨死状態にある人間の体重と死亡宣告後の体重を比較して「魂の重さ」を測定しようとした「科学者」もいたのである〔レン・フィッシャー『魂の重さは何グラム？』（林一訳、新潮文庫、二〇〇九年）を参照。ちなみに件《くだん》の科学者はダンカン・マクドゥーガルと言い、合衆国マサチューセッツ州ハヴァーヒルの小さな私立病院の医師だった〕。

それに対して英国では政治研究の専門分野としてアイデンティティの探究はアメリカとは違った経緯を辿った。詳しい説明はコリーニたちの研究に譲るとして若干のポイントを指摘しよう。英国では、上述したアメリカにおける政治学の「科学」化に対してかなりの反発があった。それを象徴するのは両国における政治学会の名称の違いである。アメリカでは一九〇三年に設立されAmerican Political Science Associationと呼ばれ、同学会の機関誌は*American Political Science Review*であるが、英国では政治学会が設立されたのは一九五〇年だった。設立に当たって主要な政治学者の間で、学会の名称を巡る論争が展開されたからである。当初political scienceの語を名称に入れるのが有力であったが、ハロルド・ラスキ（Harold Laski）らの強硬な反対でPolitical Studies Associationという名称に落ち着き、機関誌の名称も*Political Studies*とされた。複数形は「政治研究」の多様性を表わしている。ただし大学および大学院教育では、「Department of Political Science（政治学部）」のようにpolitical scienceの語を入れたものを政治学教育のための機関の名称として採用している。だがコーネル大学、ダートマス大学、ジョージタウン大学、ハーヴァード大学あるいはＬＳＥでは政治学部を「Department of Government」と呼んでいる[20]。その間の事情をギャンブルは次のように説明している。

《合衆国では「政治科学」は行動論的社会科学として再定義され、その作用域は狭められました。連合王国ではこの流れは抵抗を受けました。一九五〇年に政治学という科目のための専門家職業結社の形成を議論するためにオックスフォードである会合が開催された時、ケンブリッジとＬＳＥの双方の教授職名が「政治科学教授」であったにもかかわらず、そこに居合わせた何人かの教授たちは、科学（science）を名称の中に含むような結社にはまったく関心がないことを明白にしたのです。結果的に「政治研究結社（Political Studies Association）」が選ばれたのですが、これは「アメリカ政治科学結社（American Political Science Association）」に対する直接的な対照を意図したものでした。「科学」という言葉への嫌悪感の理由は、「政治研究」を歴史、法、哲学の中に根付かせたいという欲望と、そもそも「政治科学」には自然科学のやり方で予測と反駁可能な仮説を提供できるのかという懐疑主義でした。「科学」という用語の支持者たちは、行動論的方法へ向かう動きは、「政治学」が真の社会科学になり歴史と哲学への依存から脱却しようとするならば、まさに要求されていることなのだと論じました。その一方でより柔軟な考え方をする人たちは、政治科学の支持者たちが手にすることができる英語があるとすれば、サイエンスに相当するドイツ語「ヴィッセンシャフト（Wissenschaft）」であり、それは実験的自然科学というよりも厳密な体系的研究を含意していて、そうすれば大半の混乱は回避されただろうと主張したのです[21]》。

ギャンブルが言おうとしているのは、英国における「政治研究」の自立化にとって重要なのは「歴史学」、「哲学」、「法学」を取り入れながら、いかにして他の専門分野（たとえば「経済学」や「社会学」）から差異化するかということだったのである。[22]以上述べてきたことを図式化すれば次のようになる（図1）。

その後アメリカの「政治科学」は脱行動論革命や新制度論の登場、さらにはジョン・ロールズ（John

Rawls）『正義論〈改訂版〉』〔原書出版：一九七一年〕（川本隆史ほか訳、紀伊國屋書店、二〇一〇年）〕の登場を契機とする規範的政治理論の復活などによって今や百花繚乱の状態にある。また英国の「政治研究」も合理的選択理論の摂取やマルクス主義理論の再解釈などによって大きく変貌しつつある。日本の「政治学」も同様な状態にある。これまで「政治」という人間活動を対象にする学問が時代の変化につれてどのように変化してきたかを概観したが、最後にひとつ気がかりな点を指摘しておきたい。それは近年とみに「政治史」研究者が減少してきたことである。「政治」

図１　政治学の見取図

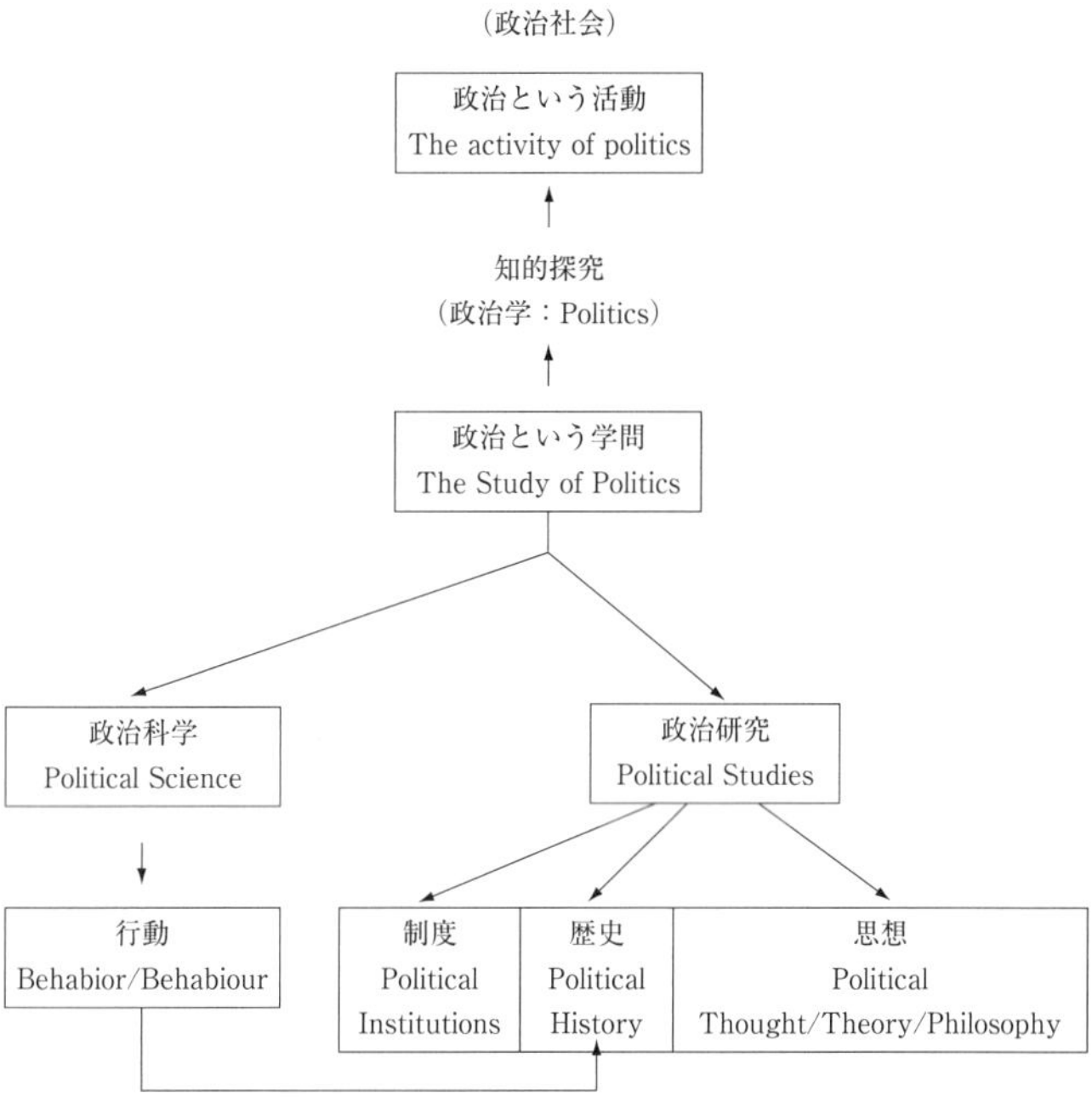

が何よりも人間の行動（Behabior/Behabiour）であり、歴史が人間行動（Behaviour）の累積に他ならないとすれば、「過去の事実の確定」という最も単純な意味での歴史を欠いた政治学はありえない。理念を欠いた政治学が盲目なら、歴史を欠いた政治学は空虚である。マイケル・オークショットにならって言えば、今の政治学に必要なのは「歴史の声（voice of history）」の再生なのではないだろうか。諸君の中から敢然とこの難題に立ち向かうチャレンジ精神の持ち主が出現することを願って止まない。そのような諸君にはE・H・カー（Edward Hallett Car）『歴史とは何か』（清水幾太郎訳、岩波新書、一九六二年）、J・H・プラム（John Harold Plumb）『過去の終焉――現代歴史学への提言』（鈴木利明訳、法律文化社、一八七五年）、ジョン・L・ギャディス（John Lewis Gaddis）『歴史の風景――歴史家はどのように過去を描くのか』（浜林正夫・柴田千恵子訳、大月書店、二〇〇四年）、バーバラ・タックマン（Barbara Tuckman）『愚行の世界史』（大社淑子訳、中公文庫、二〇〇九年）、アイザイア・バーリン（Isaiah Berlin）『ハリねずみと狐――『戦争と平和』の歴史哲学』（河合秀和訳、中央公論社、一八七三年。岩波文庫、一九九七年）、そしてバーリンの論文「歴史と理論――科学的歴史の概念」などを収録した内山秀夫編訳『歴史における科学とは何か』（三一書房、一九七八年）を読むことを奨める。

注

（1）Cf. Andrew Gamble, *The Limits of Politics: An Inaugural Lecture given in the University of Cambridge, 23 April*

2008 (Cambridge: Cambridge University Press, 2009). 本書は現代英国を代表する政治学者の一人であるアンドリュー・ギャンブルがケンブリッジ大学「政治学・国際関係研究学部」の政治学教授に就任した際の就任講義を活字化したものである。

（2）Gamble, *ibid.*, p. 2.

（3）この論点はわが国では昭和前期における「政治概念論争」として展開された。この論争の意義については大塚桂編著『シリーズ日本の政治第一巻　日本の政治学』（法律文化社、二〇〇六年）参照

（4）その一例として、英国の政治学者アンドリュー・ヘイウッド（Andrew Heywood）は *Politics*（2nd ed.）（New York: Palgrave Macmillan, 2002), p. 4 において、政治とは広い意味において「人々が生活する上で従う一般的ルールを創造し、維持し、修正することを通じて行われる活動（The activity through which people make, preserve and amend the general rules under which they live)」と定義している。

（5）Maurice Cranston, "The Mask of Politics", in: *The Mask of Politics and other essays*（London: Allen Lane, 1973), pp. 1-2. なお本論説はハロルド・ラスキからバーナード・クリックに到る英国の代表的政治学者の教授就任講義を収録した Edited by Preston King, *The Study of Politics: A Collection of Inaugural Lectures*（London: Frank Cass, 1977), pp. 279-299 にも収録されている。ただしその題名は "Politics and Ethics" となっている。

（6）ルソー『言語起源論』（小林善彦訳、現代思潮社、一九七〇年）、一五三—四頁。表記を一部改変した。

（7）同上、三六頁。

（8）永井陽之助『政治意識の研究』（岩波書店、一九七一年）、三五〇頁。引用文中の "anti-entropical" という言葉は、熱力学における状態関数のひとつで、閉鎖系における乱雑さの度合いを表わす尺度である「エントロピー」に反するという意味であり、「エントロピー」が高いということは「乱雑さ」の度合いが高いということであり、「エントロピー」が低いということは「整然さ」の度合いが高いということである。熱力学第二法則によれば、人為的

作用を加えない限り、閉鎖系におけるエントロピーは増大するとされる。くだいて言えば宇宙はやがて秩序なく拡散して冷え切ってゆくということである。生物学や情報科学においては生命や意味のある情報を「負のエントロピー（negentropy）」と見なすこともある。ただしこれはあくまでも原子・分子レベルのことであり、書斎の本が「乱雑に」積み重ねられているか、「整然と」書棚に収納されているかどうかとは無関係である。念のため。

（9）同上、三五一頁。

（10）H. D. Lasswell, *Power and Personality* (New York: W. W. Norton & Company, 1948)〔邦訳『権力と人間』（永井陽之助訳、東京創元社、初版：一九五四年、再版（改訂）：一九六四年）〕参照。

（11）カール・シュミット『政治的なものの概念』（田中浩・原田武夫訳、未來社、一九七〇年）では「経済」、「道徳」、「芸術」を特徴づけるものが、それぞれ「損・得」、「善・悪（正・邪）」、「美・醜」であるとすれば、「政治」を特徴づけるものは「敵・味方」であるとしている。

（12）Michael Oakeshott, 'Political Education,' in: Preston King (ed.), *The Study of Politics* (London: Cass, 1977), p. 88〔阿部四郎訳「政治教育」、永井陽之助編『現代人の思想16　政治的人間』（平凡社、一九六八年）所収〕. 本論説は元来オークショットがラスキの後継者としてLSEの政治学教授に就任した際の就任講義であり、Michael Oakeshott, *Rationalism in Politics, and Other Essays* (London: Methuen, 1962)〔邦訳『政治における合理主義』（嶋津格・森村進 他訳、勁草書房、一九八八年）〕にも収録されている。

（13）Bernard Crick, *In Defence of Politics* (London: George Weidenfeld & Nicholson Limited, 1962)〔邦訳『政治の弁証』（前田康博訳、岩波書店、一九六九年）、二二頁〕. ただし訳文を一部訂正した。

（14）Bernard Crick, Democracy: *A Very Short Introduction* (Oxford: Oxford University Press, 2002), p. 109〔邦訳『一冊でわかる　デモクラシー』（添谷育志・金田耕一訳・解説、岩波書店、二〇〇四年）、一八九頁〕.「妥協」についての最近の優れた考察として Avishai Margalit, *On Compromise and Rotten Compromises* (Princeton and

Oxford: Princeton University Press, 2010）がある。

(15) Bernard Crick and Tom Crick, *What is Politics* (London: Edward Arnold, 1987), p. 6〔邦訳『現代政治学入門』（添谷育志・金田耕一訳、講談社学術文庫、二〇〇三年）、二六頁〕.

(16)『福沢諭吉教育論集』（岩波文庫、一九九一年）所収。

(17) 勝田政治『〈政事家〉大久保利通――近代日本の設計者』（講談社選書メチエ、二〇〇三年）、一二―三頁。ただし表記を一部改変した。

(18)『政治の世界――一政治学者の模索』（朝日新聞社、一九七七年）、二七五―七七頁。なお〈帰趨〉原理とは、「人心の帰趨を切り札として成立するもので、その秩序の構造は、まつろう・しらす関係によって分類され、しらすはまつろうを起点としたよさし・あずかりで、推戴と垂拱の補完関係を前提としており、いずれも忘れることによって関係そのものが崩壊する」ことだと説明されている（同書、二二六頁）。

(19) Bernard Crick and Tom Crick, *op. cit.*, p. 15〔前掲邦訳、四七頁〕.

(20) 以上の記述はウィキペディアの「政治」の項を基にして、筆者が適宜修正・補足したものである。

(21) Gamble, *op. cit.*, pp. 14-5.

(22) たとえばその一例として Brian Barry, *Sociologists, Economics and Democracy* (London: Collier Macmillan, 1970) がある。本書でバリーが追究しているのは、社会学や経済学に還元されない「政治学」独自の論法（Political Argument）を発見することなのである。

◎**文献案内**（本文中および第1章で言及したものは除く）

〔1〕初学者向けの政治学入門書（出版年順）

橋爪大三郎『政治の教室』（ＰＨＰ新書、二〇〇一年）

牧野雅彦『はじめての政治学――子どもと語る政治とのつきあい方』（平凡社新書、二〇〇三年）
加藤節『政治学を問いなおす』（ちくま新書、二〇〇四年）
姜尚中『姜尚中の政治学入門』（集英社新書、二〇〇六年）
山口二郎『若者のための政治マニュアル』（講談社現代新書、二〇〇八年）
同『政治のしくみがわかる本』（岩波ジュニア新書、二〇〇九年）

〔2〕学部学生向けの教科書（順不同）
永井陽之助・篠原一編『現代政治学入門（第二版）』（有斐閣、一九八四年）
久米郁男・他『政治学』（有斐閣、二〇〇三年）
佐々木毅『政治学講義』（東京大学出版会、一九九九年）
阿部斉『概説　現代政治の理論』（東京大学出版会、一九九一年）
篠原一『ヨーロッパの政治――歴史政治学試論』（東京大学出版会、一九八六年）
加茂利夫・他『現代政治学（第三版）』（有斐閣、二〇〇七年）

〔3〕政治学の古典については、岡﨑晴輝・木村俊道編『はじめて学ぶ政治学――古典・名著への誘い』（ミネルヴァ書房、二〇〇八年）を参照されたい。

〔4〕最近の優れた「政治社会」論としては、かつて「歴史の終わり」を論じたフランシス・フクヤマが政治秩序の起源に挑む『政治の起源――人類以前からフランス革命まで（原題：*The Origins of Political Order*）上・下』（会田宏夫訳、講談社、二〇一三年）を参照。

〔5〕最近出版された辞書・事典としては、ポール・ケリーほか著『政治学大図鑑』（堀田義太郎日本語版、監修・豊島実和訳、三省堂、二〇一四年）

第1章　デモクラシー

添谷　育志

一　「Democracy」は「民主主義」か

まずDemocracyという英語を日本語でどう訳すかということから考察を始めよう。諸君はDemocracyという英語を日本語でどう訳すだろうか。ほとんどの人は「民主主義」と答えると思う。しかし、すこし考えてみるとこれはかなり異例の訳語だということに気づくであろう。というのも、日本語で「何々主義」と訳される原語の末尾は「何々イズム」であるのが通例だからだ。たとえば、「リベラリズム（Liberalism）」は自由主義、「ソーシャリズム（Socialism）」は社会主義といった具合である。辞書を引くと接尾語としての「イズム」は、第一に（たとえば「ダイナミズム（Dynamism）」や「メカニズム（Mechanism）」のように）「行動・作用・状態」を意味しており、第二に「主義・体系・信条」を意味するとされている。自由主義、社会主義は第二の用例に適合するが、「キャピタリズム（Capitalism）」を資本主義と単純に訳してよいかどうかには疑問がある。文脈によっては第一の用例、すなわち資本というものが社会全体を覆いつくすような状態として、「資本制」と訳したほうが適切な場合が多い。

私たちが「民主主義」と訳している原語のDemocracyには、「イズム」という接尾語は存在しない。それにもかかわらず今日私たちはDemocracyの訳語として多くの場合に「民主主義」を採用している。とくにマスコミではそうで、研究者の中にはDemocracyを「民主主義」と訳すのは「誤訳」だと断定している人もいる（岡野加穂留『政治風土論』〔現代評論社、一九七七年〕、三一―三二頁を参照。なお岡野がこの「断定」をするにあたって依拠しているのは、スウェーデンの政治学者ハーバード・ティグステンによる『デモクラシーの諸問題』〔岡野加穂留監訳・代田郁保・青木幹夫訳、人間の科学社、一九七四年〕である）。私は「誤訳」とまでは断定しないが、古代ギリシア・ポリスでの政治生活の中から生まれてきた「デーモクラティア」を起源とするDemocracyの訳語として、単純に「民主主義」を採用することは文脈によっては不適切な場合があると考えている。つまり英語のDemocracyには幾つかの意味内容が混在しており、日本語に訳す場合は訳し分けなければならないということなのだ。なお中国人の先生からお聞きしたところによると、現代中国でもDemocracyは「民主主義」と訳すのが通例だが、五・四運動の指導者で中国共産党の初代総書記である陳独秀がDemocracyを「徳先生」、Scienceを「賽先生」と訳した例があって、今日でも時々そういう用例が見られるとのことである。ちなみに日本の中国研究者で『沈黙の宗教——儒教』（ちくまライブラリー、一九九四年）、『「論語」再読』（中公文庫、二〇〇九年）などの著者である加地信行は「東北アジアでは、もともと『民主』という語は『民の主』すなわち君主のこと。また、明治維新前後、選挙で政権担当者が交代するデモクラシーという語の中身がよく分からず、『下克上』とも訳した。自立する個人という生き方、そうした文化なき東北アジアにおいて、これは名訳である」と書いている（『産経新聞』（平成二二年一一月二二日））。

ひるがえって日本では有名な「民本主義」という訳例がある。吉野作造を中心とする「大正デモクラシー」運動の中心理念である。これだけDemocracy＝民主主義と考えられている日本の政治言語の世界で「大正デモクラシー」だけはどうして原語のデモクラシーが用いられているのだろうか。

吉野が民本主義を唱えた当時すでに民主主義という訳語は存在した。彼は民衆主義や平民主義という他の訳語とともに民主主義という訳語も敬遠して、「日本語として極めて新しい用例」として民本主義を採用した。その理由は明快で、吉野によれば原語のDemocracyには二つの意味があり民主主義はそのうちの一つだけしか表現していないと考えたからである。彼は英語のDemocracyという言葉の多義性をはっきりと認識していたわけである。彼によればDemocracyの第一の意味は、「国家の主権は法理上人民にあり」ということで、これが「民主主義」に対応している。第二の意味は、「国家の主権の活動の目標は政治上人民にあるべし」ということで、これを「民本主義」と訳す。その趣旨は、法理上の主権者が誰であろうとも、主権者たる者は一般民衆の利福ならびに意向を重視する方針を採用するべきだという主義であり、具体的には、二大政党制、議院内閣制、普通選挙、社会政策の充実が必要であると論じた。こういう意味での民本主義だけを問題にするのなら「大正民本主義運動」でよいわけだが、同時代には「民主主義」すなわち「主権在民」を唱える急進派も存在したわけで、この時期の改革運動を全体として表現するには「大正デモクラシー運動」と呼ばなければならなかったのである（「憲政の本義を説いてその有終の美を済すの途を論ず」〔岡義武編『吉野作造評論集』（岩波文庫、一九七五年）所収〕参照）。

ところで、吉野の民本主義と民主主義の違いは、第一六代アメリカ大統領エイブラハム・リンカーン（Abraham Lincoln）の有名な「人民の、人民による、人民のための統治（Government of the people, by the people, for the people）」にならって言えば、「人民による」を重視するのが「民主主義」、「人民のために」を重視するのが「民本主義」だということになる。しかし吉野の意図とは別に、「人民のために」がデモクラシーの中心理念ではない。効率よく「人民のための」統治をしようとするのならば、独裁者と優秀な官僚組織が存在すればよいということになりかねないからだ。デモクラシーの中心理念は、コストと時間がかかっても「人民による」という部分が大切なのである。

吉野があえて主権の在りかを棚上げにして「一般民衆の利福」を向上させることを目的とする制度改革を主眼とする「民本主義」を提唱したのは、天皇主権という条件の下で政治のあり方を改革するための戦略の意識があったからだろう。しかし吉野の思想は急進派からは妥協的で微温的となじられ、天皇主権論者からは、結局のところは天皇主権をないがしろにするものと批判されることになった。だがその後わが国は、「民本主義」も「民主主義」も口に出来ない過酷な戦争の時代へと突入して行った。ここで再確認しておきたいのはデモクラシーには①「誰が主権者か」という統治原理の意味、②「その統治原理をどう具体的に実現してゆくか」という制度上の仕組みの意味、この二つの意味が含まれていることなのだ。

Democracy の訳語がもっぱら「民主主義」になり、しかもこの一つの訳語に多様な意味が込められるようになったのは戦後の現象だと言える。典型的な事例は文部省著作教科書『民主主義』に見られる。そこには「政治上の制度としての民主主義」の重要性とともに、「民主主義の精神」を理解することの大切さが高らかに謳いあげられている。さらにこの教科書では、「社会生活における民主主義」「経済生活における民主主義」から「国際生活における民主主義」に到るまで、「民主主義」という用語が人間生活の全領域をカヴァーするきわめて包括的な言葉として用いられている。こうした用語法は、同じ「民主主義」という言葉を用いながら、各人がそれによって何を言おうとしているのかが、しばしば食い違うということになりかねない。人々が口々に「民主主義を守れ」と言っても、いったいどういう意味での「民主主義」を守るのか、混乱を生み出してしまうのである。

先述したように、大正デモクラシーの時代には英語の Democracy がもつ多義性とそれに応じた訳し分けの必要が自覚されていたが、戦後民主主義の言語空間においては、制度も精神もすべて「民主主義」の一語で表現されるようになった。しかもその「民主主義」は平等だけではなく自由、人権、平和、福祉など、誰もが肯定せざるをえない「善きもの」と考えられるようになってきた。それは「文化的」や「近代的」という言葉と同様に、疑問の余地のない究極的な価値理念として扱われてきたのである。地球温暖化問題も対テロ戦争も「民主主義」という一語をもってすれば解決可能であるというような幻想が現在でも見られるが、それは「デモクラシー」というものを自分たちの主張に都合のよいように解釈し、自分達の主義・主張を飾り立てるイデオロギーにすぎないのだ。

もちろんこういう「民主主義」の一元的理解、何でも「民主主義」と言えば万事ＯＫという風潮に対して疑念をもつ者もいた。いわゆる戦後民主主義の旗手であった丸山眞男は、一九五九年、安保闘争の直前に発表した論文「民主主義の歴史的背景」（『丸山眞男集』〔第八巻、岩波書店、二〇〇三年〕所収）において民主主義をめぐる当時の議論における三つの対象の混同を指摘している。すなわち「民主主義」という用語には①政治形態（Democratic Government）、②社会機構（Democratic Society）、③生活ないし行動の様式（Democratic Way of Life）という三つの要素が混在しており、それぞれは区別されなければならないというのである。ただし、これら三者にどういう訳語を適用するかという議論にまでは到っていない。

ところで、丸山と「序章」で言及したバーナード・クリック（Bernard Crick）は個人的にも親交があったが、クリックもまたデモクラシーには三つの意味合いがあると指摘している。すなわち①統治上の理想ないしは教義、②制度的および法律的取り決め、③他者に対する行動のタイプ、この三つである。丸山の指摘とクリックのそれとは、きわめて類似している（『一冊でわかる　デモクラシー』〔添谷・金田訳・解説、岩波書店、二〇〇四年〕、七―八頁）。もちろんスコットランド出身の英国人クリックにはこれら三者に違った名辞を与えるという問題はそもそも存在しないが、丸山が指摘した三つの意味合いの違いを日本語としてどのように訳し分けるかという問題は、依然として課題として放置されたままになってしまった。丸山の貴重な指摘にもかかわらず、六〇年安保では「民主か独裁か」というスローガンに見られるように、ともかくも「民主主義」は擁護されるべき究極的価値として祭り上げられることになってしまったのである。

この問題は「民主主義」についてだけではなく、「人権」についても言えることである。たとえばマイケル・イグナティエフ（Michael Ignatieff）は *Human Rights as Politics and Idolatry*, Princeton: Princeton University Press, 2001〔邦訳『人権の政治学』（金田耕一・添谷育志訳、風行社、二〇〇六年）〕において、「偶像崇拝として人権」と「政治としての人権」を区別する必要について論じている。その含意は前者が「人権」を金科玉条視して、ある種の世俗宗教に変えてしまうことであり、その結果として「西洋的ヒューマニズムを崇拝するヒューマニズム」という奇妙な代物になってしまい、「人権」の普遍性が損なわれるということなのだ。後者は「人権」を多種多様な困難に直面している人びとを救済するための、「序章」で述べたような意味での「政治」的道具として考えるということである。つまりは「人権」実現に必要なのは「人権」という偶像への盲目的帰依ではなく、その理念をプラグマティックに用いながら、辛抱強い熟議と妥協を繰り返し、人びとの境遇を改善することなのだ。そういう意味では、「民主主義」は戦後日本における最大の世俗宗教だったのである。

日本の政治学者が英語のDemocracyを単純に「民主主義」と訳してよいのかという疑問に、自覚的に取り組み始めたのは比較的近年のことである。多種多様な提案がなされているが、区別する基準が明確でない場合が多い。現に岩波文庫のプラトンの翻訳では「民主制」、アリストテレスの翻訳では「民主政」が用いられている。これまでなされてきた区別の中で最もリーズナブルなものは、飯尾潤『日本の統治構造――官僚内閣制から議院内閣制へ』（中公新書、二〇〇七年、v頁）に見られるものである。飯尾は、デモクラシーが政治体制を示す時には①「民主政」を用い、制度的側面を示す時には②「民主制」を、そして思想運動的側面を示す時には③「民主主義」を用いるとしている。私は基本的にこの考えに賛成である。ただし一点付け加えるとすれば、丸山もクリックも問題視している社会組織レベルでのDemocracyにどういう訳語を適用するかという問題が残っている。たとえば、「民主的な」家庭、学校、職場というような表現はしばしば目にするところであり、一九九四年の国連国際家族年のスローガンは「家族から始まる小さなデモクラシー」というものだった。スローガンというものの常としてその意味内容は必ずしも明確ではないが、もしこれが家族生活からDemocracyという政治原理が誕生したという意味だとしたら、とんでもない誤解である。古代ギリシアに端を発するDemocracyは、政治生活という公的な場である「ポリス」と家族生活という私的な場である「オイコス」を峻別することの上に成立している。おそらくこのスローガンは、社会生活の様々な場面でもDemocracyに相応しい生活スタイルを大事にしよう、それが国家レベル、国際レベルでのDemocracyにつながってゆくというようなことを言おうとしているのだろう。そうすると生活スタイルという意味でのDemocracyに何という訳語を当てたらよいかという問題が生じてくる。私は④「民主性」という訳語ではどうかと考えている。

以上の議論を整理して、私は第一に統治原理としてのDemocracyを①「民主政」、第二に制度上の仕組み・取り決めとしてのDemocracyを②「民主制」、第三に個人や集団の価値理念を表明する主義・主張（イデオロギー）としてのDemocracyを③「民主主義」、第四に社会的次元における生活スタイルとしてのDemocracyを④「民主性」と訳してみてはどうかと考えるのだ。これら四つの用語法・訳語のうちDemocracyという言葉の元来の意味に即して適切なのは、第一の「民主政」と第二の「民主制」である。今「適切な」という表現を使ったが、分析的・形式的政治理論の立場はあくまでも政治言語の交通整理をすることにあり、Democracyの用法の真偽を問題にしているのではない。その際「適切さ」の基準は、Democracyという言葉が元来どういう事態を意味していたのか、それが時代の変遷の中でどのように拡大解釈されるようになってきたのかということを正確に理解した上で「デモクラシー」という言葉を使っているかどうかにある。そのためには古代ギリシアから近現代までの「デモクラシー」

の歴史を簡単に振り返っておく必要がある。

二　「デモクラシー」の歴史

英語のDemocracyは直接的には一六世紀末のフランス語Democratieに由来する。しかしそのフランス語も元来は、古代ギリシアにおける民衆を意味する「デーモス（demos）」と権力や支配を意味する「クラティア（kratia）」を合成して作られた「デーモクラティア（demokratía = δημοκρατία）」に由来している。その意味は端的に「多数の民衆による支配」ということで、いくつかある統治形態の中のひとつ、しかもあまり評判のよくないものだった。元来「デーモス」という言葉は「烏合の衆」「衆愚」というような軽蔑的な意味で使用されていたが、紀元前五〇八年の「クレイステネスの改革」によって「デーモス」は明確に政治的な意味合いをもって定義されるようになった。

クレイステネス（Kleisthenes）は従来の四部族制を十部族制に再編した。その再編過程の中で最も基礎的な居住区・居住民を「デーモス」と呼んだ。この「デーモス」が、以後アテナイの市民編成の基礎的単位となった。改革当時に住み着いていた「デーモス」が、以後その家の原籍地となり、個々の市民はそれぞれの「デーモス」に登録されることによって、アテナイ市民として公認されることになった。したがって各「デーモス」に正式に住民登録した成人男子自由市民による統治というのが「デーモクラティア」の元来の意味なのだ。クレイステネスは「陶片追放（オストラキスモス）」という、僭主の出現防止策の提案でも有名だが、民主政の発展からみれば、「デーモス」というものを明確に定義したことが彼の大きな功績と言える。

古代ギリシアでは多くの著作家たちが、「デーモクラティア」を含む各種の統治形態を分類・評価する「政体論」を展開した。ヘロドトス（Herodotos）は紀元前五世紀頃に成立した有名な『歴史（全三巻）』（松平千秋訳、岩波文庫、一九七一—七二年。なお桜井万里子『ヘロドトスとトゥキュディデス——歴史の始まり』（山川出版社、二〇〇六年）をも参照）という本で、統治者の数が一人か少数か多数かという基準に従って第一に「君主政」、第二に「寡頭政」ないしは「貴族政」、そして第三に「民主政」という三類型を提示した。これはきわめて形式的な類型化だが、ヘロドトスから約一世紀後に成立したプラトン（Plato）の『国家（上・下）』（山本光雄訳、岩波文庫、一九六一年）になると哲学的考察と歴史的現実が複雑に交錯し、政体の数も五つに増えている。すなわち第一に「優秀者支配制」、第二に「名誉支配制」、第三に「寡頭制」、第四に「民主制」、そして第五に「僭主制」、この五つであり、この順に優れていると考えたのである。プラトンの議論で興味深いのは「民主制」への激しい批判と、その「民主制」から最悪の政体である「僭主制」が生まれるという論点である。プラトンによれば「民主制」は万人が自由と平等を求める政体で規律や指導というものを軽視する政体であり、その自由放任の状態の中で若者は傍若無人に振る舞い、年長者は若者にこびへつらうようになる。

プラトンはさらにこうした過度の自由放任の行き着く先は過度の隷属状態、すなわち「僭主制」に他ならない、つまりは最高度の自由から最も野蛮な隷属が生まれると論じている。およそ権威というものが存在しない状態の中で、「針のある雄蜂」にたとえられる扇動者の雄弁に「針のない雄蜂」すなわち無思慮な大衆が追随し、知らず知らずのうちに「針のある雄蜂」を僭主に変貌させると言うのである。プラトンはさらにおぞましい伝説も付け加えている。ある神殿に捧げられる様々な犠牲獣の内臓の中に一切れだけ人間の内臓を潜ませておく。それを口にした人間は必ず狼にならなければならない。まさしく僭主とは人間の内臓を口にして狼になった独裁者、自分を育んだ「民主制」に対する「父親殺し」に他ならないと言うのだ。「民主制」に対するプラトンの嫌悪感は尽きるところがなかったのである。

しかし『国家』から約四〇年後の紀元前三三五、六年頃に成立したと推定されているアリストテレス（Aristotle）の『政治学』（藤沢令夫訳、岩波文庫、一九七九年。牛田徳子訳、京都大学学術出版会、二〇〇一年）では、「民主政」に対する評価が変化している。アリストテレスが政体を分類する基準はふたつある。ひとつは、ヘロドトスの場合と同じく統治者の数が一人か少数か多数かであり、もうひとつはそれぞれの政体が良い政体か悪い政体かというものである。良い政体と悪い政体の違いは、公共利益を目指す正常形態か、私的利益を目指す逸脱形態かとも言い換えられている。このふたつの基準を適用して、アリストテレスは『政治学』において六つの政体を分類した。統治者が一人でかつ良い政体が「君主政」、悪い政体が「僭主政」、統治者が少数でかつ良い政体が「貴族政」、悪い政体が「寡頭政」、統治者が多数でかつ良い政体が「国制」、悪い政体が「民主政」である。これら六つの政体の中で「国制」が最善の政体である。「民主政」は最善の政体である「国制」の逸脱形態であるから、他の逸脱形態である「僭主政」や「寡頭制」よりはまだましである。いや、それどころかアリストテレスが賞賛する「国制」とは、「君主政」のリーダーシップ、「貴族政」の高潔さ、「民主政」の数の力がバランスよく配分されたある種の混合政体のことで、「権力は平民に、権威は元老院に（*potestas in populo, auctorutas in senatu*）」というキケロ（Cicero）の有名な基本原則に基づく、貴族階級と平民による共同統治である古代ローマの「共和政」に類似していたと言える。以上のアリストテレスの議論を図式化すれば以下のようになる（表１）。

アテナイの民主政はペリクレス（Pericles）の時代に最盛期をむかえ、「ペロポンネソス戦争」を境に急速に衰退した。ローマの「共和政」も「帝政」へと変貌した。以後、千数百年にわたりヨーロッパでは「民主政」も「共和政」も忘れ去られ、「君主政」の時代が続くことになった。もちろん君主の権力を制限しようとする動きがなかったわけではない。たとえば一二一五年イングランドの貴族たちがジョン王に突き付けた「大憲章（マグナ・カルタ）」

表１　アリストテレスによる政体の分類

政体の良し悪し ＼ 支配者の数	良い政体（公共利益を目指す正常形態）	悪い政体（私的利益を目指す逸脱形態）
1人	王政（basileia）	僭主政治（tyrannis）
少数	貴族政（aristokratia）	寡頭政治（oligarchia）
多数	「国制」（politeia）	民主政（dēmokratia）

（上記の図はウィキペディアの「政治」の項に記載されているものに、筆者が加筆・修正したものである。）

はその一例である。マーガレット・サッチャー（Margaret Thatcher）元英国首相は、フランス革命二〇〇周年を祝うフランスに対して、「人権宣言などたかだか二〇〇年の歴史しかない。それにくらべて英国にはマグナ・カルタがある」と豪語したが、残念ながら「マグナ・カルタ」は貴族の特権の保証を国王にせまる中世立憲主義の表明ではあっても、近代デモクラシーの源流とは言えないのである。

一七世紀中葉のイングランド内戦においては、反王党派の中でも中世立憲主義の伝統の回復、ノルマン人の侵入以前にアングロ・サクソン人が享受していた自由の回復という、いわゆる「ノルマンの軛《くびき》」（これに関してはクリストファー・ヒル〔Christopher Hill〕『ノルマンの軛』〔紀藤信義訳、未來社、一九六〇年〕を参照）の神話を引き合いに出して、制限王政に甘んじようとする保守的・妥協的勢力と、普通平等選挙権（ただし一定の資産をもつ成人男子に限定される）への要求を掲げる「平等派（レヴェラーズ）」と呼ばれる勢力とが激しく対立した。もし近代デモクラシーの源流と言うならば、この「平等派」の主張に求められる。イングランドの内戦からほぼ一五〇年の間に、アメリカ独立戦争（一七七六年）、フランス革命（一七八九年）が起こり、これら三者は近代市民革命と呼ばれる。しかしこれらによってただちにDemocracyが普遍的で好ましい統治形態として承認されたわけではない。英国では一九世紀の末に到るまで爵位貴族と地方名望家層いわゆるジェントルマンが政界の中心を占め、言葉としてのDemocracyも忌避される傾向にあった。Democracyよりむしろいささかの軽蔑の念を含むPopular Governmentという表現がよく用いられた。フランスでは革命によって旧体制の特権階級とともに、一般民衆を相対的に庇護する役割を果たしてきた各種の中間団体も一掃され、国家と個人が直接に対峙する中央集権的な「共和政」へと変貌していった。

おそらく最も正統的にDemocracyを成長させていったのはアメリカだと言える。一八三一年にアメリカを訪れたフランス人の著作家アレクシス・ド・トクヴィルは帰国後『アメリカのデモクラシー（全四巻）』（松本礼二訳、岩波文庫、二〇〇五―〇八年）を出版し、統治原理、制度上の仕組みとしての「デモクラシー」だけではなく社会生活や人々の信念の中にも根付いているデモクラシーの精神を詳細に考察した。トクヴィルが評価するのは、フランスでは革命後一掃されてしまった中間団体が、アメリカではタウン・ミーティングというような形で草の根レベルの「デモクラシー」を活性化させている点である。逆にトクヴィルが懸念するのは、「デモクラシー」という錦の御旗を掲げた「多数者の暴政の危険」、世論の不寛容、画一性と凡庸さの崇拝、多様性や卓越性への不信、総じて当時のヨーロッパでは尊重されてきた個人個人の自由が損なわれてしまう点だった。つまりトクヴィルの著作はヨーロッパの自由主義・個人主義者たちに対して、個人の自由と「デモクラシー」は果たして両立可能なのかという深い疑念を抱かせることになったのである。

それにもかかわらず「デモクラシー」が絶対的な価値理念を標榜する普遍性をもつ好ましい主義・主張、すなわち「民主主義」として世界中に広がる契機になったのは、第一次世界大戦におけるアメリカの参戦だった。その際に第二八代アメリカ大統領ウドロウ・ウィルソン（Woodrow Thomas Wilson）は参戦を正当化するレトリックとして、愛国心に訴えるだけでは不十分で「デモクラシーを守るための戦い」のほうにいっそう説得力があると考え、ソンムの戦いや西部戦線でのアメリカ人戦死者を「デモクラシーを守る戦いでの犠牲者」として追悼した。今でも英国各地の戦没者慰霊塔には下の写真のような文字が刻まれている。ヨーロッパのメディアもアメリカにならって「デモクラシー」を肯定的なものとして用いるようになり、一般民衆もそう考えるようになった（アンソニー・アーブラスター『民主主義』〔澁谷浩・中金聡訳、昭和堂、一九九一年〕を参照）。

イーストアングリア地方のラベナムにある第二次世界大戦戦没者慰霊塔（筆者撮影）

碑文には “MEMORIAL: DEDICATED TO THE MEN OF THE 487th BOMB GROUP (H) / WHO SACRIFICED THEIR LIVES IN WORLD WAR II THAT THE IDEALS OF DEMOCRACY MIGHT LIVE” と書かれてある。ちなみに赤いポピーの造花は第一次世界大戦の勝利を祝うシンボルである。

三 「デモクラシー」、「善き統治」、「ポピュリズム」

こういう経緯を経て、人類が到達した究極の政治体制、政治制度、生活スタイル、価値理念として世界的に受け容れられたかに見えた「デモクラシー」は、再び厄介な問題に直面することになった。すなわち、「民主主義」のインフレ状態である。第一次、第二次世界大戦において「民主主義」陣営が敵と見なしそして壊滅させた専制政治、全体主義諸国は、日本がそうであったように敗戦後、民主化を受け容れた。また冷戦期には西側自由民主主義と東側人民民主主義とが本家争いをした。新興独立国の軍事的指導者たちも各種の形容詞をつけて自らの統治を「民主主義」の一種として位置づけようとしたのである。

そもそも統治原理、制度上の仕組みを意味した「デモクラシー」を、ありとあらゆる「善きこと」を代入できるイデオロギー、つまりは「民主主義」へと変質させたのはアメリカの政治的伝統に他ならない。そこではアメリカ社会の複雑さを反映して、多種多様な価値理念、たとえば経済的利益のあくなき追求、キリスト教原理主義、道徳的多数派を自認する人々の反エリート主義・反知性主義などがみられ、国際紛争を武力によって解決することさえも「民主主義」の名において正当化されてきたのである。そのアメリカでは、上述のような状況に対処すべく、究極的価値理念に関する主義・主張としての「デモクラシー」、つまりは私の用語法で言えば「民主主義」という言葉を学術的用語から排除しようと考えた者もいた。たとえばロバート・ダール（Robert A. Dahl）という政治学者は「ポリアーキー（Polyarchy）」という新しい概念装置を提唱し、世界の国々を「ポリアーキー」の実現の度合いによって評価しようとしたのである（『ポリアーキー』〔高畠通敏訳、三一書房、一九八一年〕を参照）。

先に言及したクリックもダールと同様にイデオロギー化した「民主主義」には懐疑的である。しかしクリックはダールのように新造語によってこの状況が解決できるとは考えていない。クリックは「デモクラシー」の上位概念として「善き統治（Good Government）」というむしろ伝統的な概念を設定する。彼にとって「デモクラシー」とはこの「善き統治」にとって必要不可欠な要素ではあるものの、手放しで賞賛したり偶像化したりするべき対象とは考えられていない。英国の文学者E・M・フォースターのエッセイ「私の信条」（『フォースター評論集』（小野寺健編訳、岩波文庫、一九九八年）、一一四頁）の中の言葉――「というわけで、民主主義には二度万歳しよう。一度目は、多様性を許すからであり、二度目は批判を許すからである。ただし、二度で充分。三度も喝采する必要はない。三度の喝采に値するのは、『わが恋人、慕わしき共和国』だけである」――にならって、クリックが「私としてはデモクラシーに万歳三唱というわけにはいかない。万歳二唱くらいにとどめておこう」（前掲邦訳、一六二頁）と書いているのは、統治原理、制度上の仕組み、生活スタイル、主義主張、いずれの面でも「デモクラシー」はそれだけでは「善き統治」を充足しないと考えているからである。つまり「デモクラシー」は「善き統治」にとっての必要条件ではあるが十分条件ではないということなのだ。この考えには、安藤仁兵衛が「丸山さん自身の主義主張はいったい何なのですか」と質問したのに対して「永久革命としての民主主義かもしれない」と答えた丸山と相通じるものがある（一九九七年八月一二日に放映されたETV特集『丸山眞男と戦後日本　第二回「永久革命としての民主主義」』の中での丸山の発言。この放送は後にビデオ化され、みすず書房から発売されている）。

クリックの言う「善き統治」とは、「ある一定の支配領域内の相異なる利害を、それらが共同体全体の福祉と存続にとって有する重要性の度合いに応じて、権力に与らせながら、調停する」統治形態のことである（バーナード・クリック『政治の弁証』〔前田康博訳、岩波書店、一九七九年〕、二二頁。訳文を一部改変）。利害や価値観の多様性と相互批判をそもそも認めようとしない各種の「専制政治（Despotism/Autocracy）」と「全体主義（Totalitarianism）」は、「善き統治」にとって不倶戴天の敵である。では専制政治と全体主義を打ち破ったデモクラシーは、なぜそれだけでは「善き統治」と同一視できないのか。クリックはアメリカの「デモクラシー」の発展過程を詳細に検討した上で、アメリカ型デモクラシーは大衆選挙権によって広まったポピュリスト型デモクラシーであることを強調している。専制政治と全体主義が「善き統治」の外部にある敵だとすれば、ポピュリスト型デモクラシーは「善き統治」の内部にあってそれを台無しにしかねない脅威であり危険だと考えているのである。

クリックが危惧するポピュリスト型デモクラシーとはどのようなものであり、なぜそれが危険なのか。「ポピュリズム（Populism）」という政治的現象に関しては多様な流れ、形態があり、政治学の世界では現在最もホットな研究対象になっているが、クリックの議論はあくまでもアメリカの「ポピュリズム」である。その起源は一九世紀末の「人民党（Populist Party）」にまで遡る。その指導者や支持者は連邦政府の権限の拡大や産業の発達に乗り遅れた小規模農民層が中心だった。彼らは地域社会ではそれなりの人望があり、タウン・ミーティングで培った雄弁家でもあった。それを手段に彼らは、まっとうに働き純朴な生活を営んでいるわれら道徳的多数派がなぜ苦しまなければならないのか、それは連邦政府の役人や資本家たちが利益を私物化しているからだと主張し、多くの人々が抱いていたルサンチマンに訴え共感を得たのである。しかし具体的政策となると、金貨を本位貨幣としている現状が貧困の原因なのだから銀貨を本位貨幣にせよといった荒唐無稽なものでしかなかった。それにもかかわらず、自分たちは政府から見捨てられ、教養ある支配層から蔑視され見くびられているという固定観念を抱く人々からは拍手喝采を受けたのである。

「ポピュリズム」と「デモクラシー」との関係を詳細に論じてきたクリックは、結論として「ポピュリスト的なデモクラシーの様式は、理性の政治というよりは興奮の政治である。それはまた、真面目な関心事から人々の注意をそらす政治でもある」という辛らつな評言を吐いている（『一冊でわかる　デモクラシー』、一五七頁）。わが国の政治学者もクリックを引用しながら、現代型ポピュリズム、具体的には小泉劇場政治は政治の世界から冷静なロゴスすなわち理性を奪い去り、パトスすなわち感情一辺倒のものにしてしまったと論じている（内山融『小泉政権――「パトスの首相」は何を変えたのか』〔中公新書、二〇〇七年〕参照。その他で小泉政権に関するものとしては、清水正人『官邸主導――小泉純一郎の革命』〔日本経済新聞社、二〇〇五年〕、御厨貴『ニヒリズムの宰相――小泉純一郎論』〔PHP新書、二〇〇六年〕、浅川博忠『小泉純一郎とは何ものだったのか』〔講談社文庫、二〇〇六年〕、上杉隆『小泉の勝利　メディアの敗北』〔草思社、二〇〇六年）、佐野眞一『小泉政権──非情の歳月』（文春文庫、二〇〇六年）などがある）。メディアを巧妙に利用することによって「ポピュリズム」はアメリカだけの現象ではなくなり、英国のマーガレット・サッチャー（Margaret Thatcher）やトニー・ブレアー（Tony Blair）、イタリアのシリヴィオ・ベルルスコーニ（Silvio Berlusconi）、フランスのニコラ・ポール・ステファヌ・サルコジ・ド・ナジ＝ボクサ（Nicolas Paul Stephane Sarkozy de Nagy=Bocsa）などもポピュリストと見なされるようになった（ベルルスコーニについてはビル・エメット『世界潮流の読み方』（ＰＨＰ新書、二〇〇八年）、一九二─九五頁で、「小泉純一郎とベルルスコーニの違い」という表題の下に簡単な紹介がある。サルコジについては国末憲人『サルコジ──マーケティングで政治を変えた大統領』（新潮選書、二〇〇九年）などを参照）。「ポピュリズム」は「デモクラシー」にとってどうしても避けがたいものなのだろうか。「デモクラシー」を何らかの方法によって洗練化することで、それが「善き統治」の必要十分条件になる、すなわち「デモクラシー」＝「善き統治」となることはありうるのだろうか。「デモクラシー」以外の何かの要素を付け加えることによってしか「善き統治」は実現しないものなのだろうか。

ポピュリスト型デモクラシーはしばしば「世論重視のデモクラシー」とも言われているが、かつては「世論（せろん）」と「輿論（よろん）」は明確に区別されていた。戦後の国語改革によって「輿」が使えなくなったために、当て字として「世」を使うようになった。ある社会学者は「世論」とは「その暴走を阻止すべき私情」であり、「輿論」とは「尊重すべき公論」であると述べている（佐藤卓巳『世論と輿論――日本的民意の系譜学』（新潮選書、二〇〇八年）および拙稿「世論」（佐藤正志・添谷育志編著『政治概念のコンテクスト――近代イギリス政治思想史研究』（早稲田大学出版部、一九九九年）所収）をも参照）。「世論」の中心にあるのはパトスすなわち感情であり、「輿論」の中心にあるのはロゴスすなわち理性であるとも言える。今さら「輿論」の復活などと言うと時代錯誤の一語で片付けられそうだが、「興奮の政治」がますます昂進してゆくのにブレーキをかけることができるのは、政治についての知識・技能・構想力などを含む「政治的読み書き能力《ポリティカル・リテラシー》」を身に付けた「教養ある政治的市民」なのではないだろうか。諸君がそのような人物になってくれることを念願して止まない。社会を変えるためには「みんな」（宮台真司）の力が必要なのだ。

◎**文献案内**（バーナード・クリック『一冊でわかる　デモクラシー』の「日本の読者のための読書案内」およびクリック自身による「文献案内」に掲載されているもの以外で重要なものを挙げるに止める。ただし本文中および序章で言及したものは除く）

現代デモクラシーの理論と実態のヴァリエーションを概観するためには**イアン・シャピロ『民主主義理論の現在』（中道寿一訳、慶應義塾大学出版会、二〇一〇年）**が有益であり、政治制度としての民主政の歴史と諸類型を概観するためには**デイヴィッド・ヘルド『民主政の諸類型』（中谷義和訳、御茶の水書房、一九九八年）**が参考になる。

また現時点における「デモクラシーの危機」の様相については、最近の格差社会の中で未来を模索する若者たちへのメッセージとも言える、**宇野重規『〈私〉時代のデモクラシー』（岩波新書、二〇一〇年）**も必読書である。なお宇野は元来トクヴィルの研究者であり、**宇野重規『トクヴィル――平等と不平等の理論家』**（講談社メチエ、二〇〇七年）は優れたトクヴィル思想への入門書である。

「社会民主主義」についてはトニー・ジャット『荒廃する世界のなかで――これからの「社会民主主義」を語ろう』（森本醇訳、みすず書房、二〇一〇年）が、邦訳の副題がマイケル・サンデルのベストセラーに似すぎているという点を除けば、筋萎縮性側策硬化症（通称ALS、ルー・ゲーリック病とも呼ばれる）で六二歳の若さで亡くなった著者の遺言とも言える佳作である。

現代デモクラシーの主要な論点であるラディカル・デモクラシーについては、ラディカル・デモクラシーという考え方の生みの親の一人であるシェルドン・ウォリン自身の著書**『アメリカ憲法の呪縛』（千葉眞・他訳、みすず書房、二〇〇六年）**はアメリカ・デモクラシーのふたつの源流（「独立宣言」と「合衆国憲法」）にまで遡り、現在のアメリカ政治社会が産官学の複合体によって支配されているという現状を鋭く抉り出している。ウォリンの近著 ***Democracy Incorporated: Managed Democracy and the Specter of Inverted Totalitarianism*** (Princeton: Princeton University Press, 2010) の翻訳・出版が待望される。

デモクラシーにおける公共的・批判的討論の契機を重視する「デリベラティヴ・デモクラシー（Deliberative Democracy：熟議民主主義、討議デモクラシーなどとも呼ばれる）」についての文献は多数存在するが、**田村哲樹『熟議の理由――民主主義の政治理論』**（勁草書房、二〇〇八年）、同編著**『語る――熟議／対話の政治学（政治の発見第五巻）』**（風行社、二〇一〇年）も併読されるべきだろう。**小川有美編『ポスト代表制の比較政治――熟議と参加のデモクラシー』**（早稲田大学出版部、二〇〇七年）も各国比較に基づく緻密な議論を展開している。「参加デモクラシー（Participatory Democracy）」についてはベンジャミン・R・バーバー**『ストロング・デモクラシー――新時代のための参加政治』（竹井隆人訳、日本経済評論社、二〇〇九年）**が必読文献である。

クリックが最大の懸念を表明している「ポピュリズム」については、**大嶽秀夫『小泉純一郎　ポピュリズムの研究**

——その戦略と手法』（東洋経済新報社、二〇〇六年）が重要である。「ポピュリズム」に関連する文献は多数存在するが、山口二郎『ポピュリズムへの反撃——現代民主主義復活の条件』（角川ONEテーマ21、二〇一〇年）は、思想史的には疑問点があるが、「ポピュリズム」の誕生からその変容までを辿り、それへの対処法について平易に解説した著作と言える。「ポピュリズム」の背後にある情報化と呼ばれる現象が「デモクラシー」に及ぼす諸問題については、キャス・サンスティーン『インターネットは民主主義の敵か』（石川幸憲訳、毎日新聞社、二〇〇四年）が参考になる。同様に「グローバル化（Globalization）」という現象がデモクラシーに対してどのようなインパクトを与えたかについては、デイヴィッド・ヘルド『デモクラシーと世界秩序——地球市民の政治学（叢書　世界認識の最前線）』（佐々木寛・他訳、NTT出版、二〇〇二年）、同『グローバル社会民主政の展望——経済、政治、法のフロンティア』（中谷義和・柳原克行訳、日本経済評論社、二〇〇五年）などを参照されたい。

アメリカの「政治科学」に批判的なクリックは重視していないが、ロバート・A・ダール『統治するのはだれか——アメリカの一都市における民主主義と権力』（河村望・高橋和弘訳、一九八八年）、同『デモクラシーとは何か』（中村孝文訳、岩波書店、二〇〇一年）、同『アメリカ憲法は民主的か』（杉田敦訳、岩波書店、二〇〇三年）、同『ダール、デモクラシーを語る』（伊藤武訳、岩波書店、二〇〇六年）、同『政治的平等とは何か』（飯田文雄・他訳、法政大学出版局、二〇〇九年）はやはり必読文献である。アメリカの「ポピュリズム」は独特な意味でのアメリカ・ナショナリズムというべき性格を持っているが、その核心にある「合衆国憲法」に関してはA・グリデン・Jr.／ブルース・E・ジョハンセン『アメリカ建国とイロコイ民主制』（みすず書房、星川淳訳、二〇〇六年）が、一次史料を駆使して解き明かした名著である。イロコイ族についてはエドマンド・ウィルソン『森林インディアン——イロクォイ族の闘い』（村山優子訳、思索社、一九九一年）をも参照。アメリカ・デモクラシーに関して最近出版されたものとしては渡辺靖『アメリカン・デモクラシーの逆説』（岩波新書、二〇一〇年）がオバマ政権の帰趨を含めて現代アメリカ・デモクラシーの光と影を抉り出したものとして推薦に値する。また最近のデモクラシー論としては、ロバート・パットナム『流動化する民主主義――先進８カ国におけるソーシャル・キャピタル』（猪口孝訳、ミネルヴァ書房、二〇一三年）およびジョン・キーン『デモクラシーの生と死（上・下）』（森本醇訳、みすず書房、二〇一三年）がある。

第2章　象徴と政治

熊谷　英人

si tous les hommes étaient également éclairés, également critiques,
et surtout également courageux, toute société serait impossible !

P. Valéry

一　「象徴的動物」

一八八七年四月五日、ひとりのアメリカ人少女の身に小さな、しかし決定的な事件が起こった。熱病のため、わずか一歳にして視覚と聴覚を失っていた彼女は、それまで他者との意思疎通の術をほとんどもたなかった。人間世界から孤絶した彼女の生は文字どおり、完全な暗闇のうちに閉ざされていたのである。ところがこの日、ふとしたきっかけから「言葉の神秘の扉」が彼女の前で開かれる。後年、障碍をかかえながらも念願の大学進学を果たした彼女は、このときの出来事を以下のように追想している。

先生とわたしは、井戸を覆うスイカズラの香りに誘われ、その方向へ小道を歩いて行った。誰かが井戸水を汲んでいた。先生は、わたしの片手をとり水の噴出口の下に置いた。冷たい水がほとばしり、手に流れ落ちる。その間に、先生はわたしのもう片方の手に、最初はゆっくりと、それから素早くw-a-t-e-rと綴りを書いた。わたしはじっと立ちつくし、その指の動きに全神経を傾けていた。すると突然、まるで忘れていたことをぼんやりと思い出したかのような感覚に襲われた。――感激に打ち震えながら、頭のなかが徐々にはっきりしてゆく。言葉の神秘の扉が開かれたのである。この時はじめてw-a-t-e-rが、わたしの手の上に流れ落ちる、このすてきな冷たいもののことだとわかったのだ。この「生きている言葉」のおかげで、わたしの魂は目覚め、光と希望と喜びを手にし、とうとう牢獄から解放されたのだ。もちろん障壁はまだ残っていたが、その壁もやがて取り払われることになるのだ。

引用中の「先生」こと、アン・サリヴァンもまた、この日が少女の人生にとって一大転機であったと証言している。サリヴァンによると、少女はこの出来事を通じて「すべてのものが名前をもっていること」、そして言語が「自分の知りたいすべてのことへの手がかりになるということ」を学んだのだという。いまや、少女はこれまでとは別世界にいる。「井戸を離れたわたしは、学びたくてたまらなかった。すべてのものには名前があった。そして名前をひとつ知るたびに、新たな考えが浮かんでくる。家へ戻る途中、手で触れたものすべてが、生命をもって震えているように思えた。今までとはちがう、新鮮な目でものを見るようになったからだ」。周知のとおり、少女の名はかの有名なヘレン・ケラーである。(1)

この逸話はヘレン自身の人生にとっての画期であるとともに、人間の認識作用の本質を語って余りある。二十世紀ドイツの哲学者、エルンスト・カッシーラーは最晩年の著書『人間論』（一九四四年）において、そのようにいう。カッシーラーによると、人間は意識的にせよ、無意識的にせよ、つねに外的対象に意味を付与し、意味を操作することによって世界を認識している。(2) 無色透明の冷たい液体は意味作用を介して、はじめて「水」として認識されるのである。「水」という概念（観念）がなければ、感覚器官から受けとる諸々の印象は雑然としたままであり、統一的な像を結ぶことはない。他方、解釈困難な対象に遭遇すると、人間は本能的に不安や恐怖を感じるものである。はじめて訪れる土地、初対面の人間、初体験が緊張をもたらすのはこのためである。世界はすべて人間の意味作用を通じて認識されるのであって、解釈をまじえない「固い事実の世界」などは存在しない。「人間はもはや、実在に直接当面することはできない。彼は、いわばそれを、面とむかってみることができないのである」。「すべてのものが名前をもっていること」をヘレンが知ったということは、言葉をかえていえば、「意味」の世界へと足を踏み入れたということである。そして、人間の意味操作を可能にする「人為的媒介物」こそ、言語に代表される「象徴」(symbol) にほかならない。「人間は、ただ物理的宇宙ではなく、象徴の宇宙に住んでいる。言語、神話、芸術および宗教は、この宇宙の部分をなすものである。それらは象徴の網を織る、さまざまな糸であり、人間経験のもつれた糸である」。

このようにカッシーラーは、人間を「象徴的動物」(animal symbolicum) と定義する。もちろん、情動言語や「パヴロフの犬」の事例にみられるように、人間以外の動物にも原始的な象徴操作能力――主知主義者カッシーラーは、動物が認識できるのは「記号」(sign) までで、「象徴」を理解することはないとあくまで強調する――はそなわっている。しかし、言語を駆使した高度な象徴操作はやはり人間のみがなしうるものである。とりわけ、「りんご」や「水」のような具体的概念とは異なり、現象界に対応物をもたない抽象概念を縦横無尽に操るのが、人間の認識能力の一大特徴といってよい。ヘレンの場合、冒頭の逸話ののち、「思考」や「愛」といった抽象概念に習熟するまでにはいましばらくの時間がかかったようである。それでも、やがて抽象概念を使いこなせるようになり、ついには『イリアス』を古典ギリシア語で愛読するまでになった。大学時代の書斎には、ホメロス――伝承によると、ヘレンと同様に視力を失っていた詩人――の彫像が飾られていたという。

数ある人間の営為のなかでも、政治はとりわけ高度な象徴作用の産物である。我々は普段、あたかもそれらが実在するかのように、「国家」「社会」「制度」「国民」「権力」などについて語る。だがよく考えればわかるように、それらは実は我々の意識のなかにしか存在していない。たとえば、「国民」という概念は、一定の地域に居住する自然人A、B、C…の集合以上の何らかの精神的実体として観念されるのがつねである。いわば、政治社会は我々の脳内において成立するといっても過言ではないのである。十八世紀スコットランドの思想家、デイヴィド・ヒュームはこの点を的確に指摘している。(3)

人事を哲学的眼識をもって考察する者にとって、多数者が少数者によって容易に統治されること、そして、多数者たる被治者が暗黙の服従をもってみずからの感情と情念を少数者たる支配者のそれにゆだねることほど驚くべきことはない。この不思議が何によってもたらされるかを考察すると、力（Force）はつねに被治者側にあるので、統治者は意見（Opinion）以外に頼るものをもたないということを見出すであろう。それゆえ、政府（統治）が依拠するのは意見だけなのである。この公理はもっとも自由で民衆的な諸政府と同様に、もっとも専制的で軍事的な諸政府にもあてはまる。

ヒュームによれば、あらゆる政治権力は被治者の「意見」に基礎づけられぬかぎり、存続できない。そして、その「意見」は諸々の象徴によって我々の意識のなかに形成されるのである。「意見」を構築する諸々の象徴のうち、言語象徴がもっとも強力である点については異存あるまい。しかし、建築物、衣服や生活習慣といった習俗、儀礼——挨拶や礼儀作法などの日常的行為から、公的・私的を問わずおこなわれる多様な儀式・祭典までも含む——もまた強力な象徴作用を及ぼすことを忘れてはならない。言語象徴が往々にして不断の説得と理解を前提するのに対して、儀礼をはじめとする非言語象徴は参加や接触だけで一定の心理的効果を及ぼす点に、その強みはある。我々はこうした諸々の象徴を通じて、自分が生きる社会の支配的価値や思想、あるいは政治的権威を内面化させているのである。

無論、象徴によって構築される政治社会の観念と、政治の実態との間には必ず一定のズレが生じるため、そこには矛盾と乖離の可能性がつねに伏在している。政治的安定が失われるとき、人びとの意識内の政治社会もまた動揺する。逆に、人びとの内なる政治社会が崩落するとき、それは革命として現象するにちがいない。かくして「政治とは、人間の共存と共存象徴との間に存在する矛盾の解決にほかならない」（岡義達）という名言がとびだすこととなる。

二　政治学における「象徴」（一）——十九世紀

政治学と象徴との関係は古い。そもそも古代ギリシアにおいて、すでに「政治」は主として言語象徴をもちいた社会統合の営為として把握されていた。そうであってみれば、「政治」の諸様態をあつかう「実践学」としての政治学が伝統的に象徴作用——言語のみならず、儀礼なども含めた——に対して鋭敏な感覚を有してきたとしても、けだし当然といわねばなるまい。

だが、象徴作用が政治学において自覚的な分析対象となるのは比較的新しく、十九世紀後半から戦間期にかけてのことである。「象徴」（symbol）概念がもちいられるのか、あるいは思想家独自の分析概念（「神話」「イデオロギー」「政治公理」など）がもちいられるのかどうか、それはここでは問わない。むしろ、より本質的な問題は、ある特殊な心的志向の登場にある。つまり、合理的な説得や討論にかえて、何らかの媒介項によって高度に複雑化・分節化した社会を統合・組織するべきである、こうした心的志向が先に述べた時期に顕著になってくるのである。

その背景として、十九世紀における政治の民主化現象があった。代議制――市民社会における多様な利害関心を選挙によって政府へと媒介する制度――はフランス革命とナポレオン戦争ののち、西欧各国において急速に定着していった。かつてない規模で政治参加の拡大を要求する改革派と、それに対抗する保守派との間の熾烈な抗争こそ、十九世紀政治史の基調をなすものであった。これは英国、アメリカ、フランスといった民主政国家の場合も、ドイツ、オーストリア・ハンガリー帝国、日本といった君主政国家の場合も変わらない。日本における政治史学の草分け、吉野作造が指摘したように、「一般民衆の利益幸福ならびにその意嚮に重きを置くという政権運用上の方針」としての「民本主義」は、まさしく「世界の大勢」にちがいなかった。かくして「政治は十九世紀に至りて少数者の手より多数国民の手に移り、一切の政治現象はデモクラティックな原則 democratic principle によりて解決せらるるを原則」とするようになったのである。

そうなると今度は、新たに選挙権を獲得した新有権者層の政治的判断力が問われざるをえない。十九世紀前半の通念にしたがえば、政治参加の資格はあくまでも「財産と教養」をもつ中・上層市民に限られるものとされたが、新有権者層の大部分は下層民であった。「財産と教養」をもたぬ新有権者層は果たして、合理的な政治的判断の主体たりうるのか。改革派のなかには、人間は本来的にひとしく合理的であるため、必要十分な情報を供給しさえすれば、誰でも合理的判断を下しうると主張する者もいた。しかし、こうした議論に対しては、保守派は無論のこと、改革派のなかにさえ懐疑的な見方(たとえば、J・S・ミル)が少なくなかった。

このように萌芽的に大衆社会化が進行するなかで、政治における人間性そのものの原理的な問い直しも生じてくる。そもそも、政治的判断における「合理性」とはいったい何を指すのか。人間はなぜ、特定の政治体制に忠誠心をいだき、服従するのだろうか。発展いちじるしかった進化論や社会心理学、あるいはマルクス主義を摂取した当時の政治学者たちは、「非合理的」かつ「衝動的」な下層民(「群衆」)の統治には、合理的な説得や討論ではなく、むしろ習慣・儀礼・神話・擬似理論といった象徴こそが有用であると論じるようになる。

なかでも十九世紀英国の文人、ウォルター・バジョットは政体論の観点から象徴の政治的効用を論じた先駆的な例といってよい。ラマルクの進化論を奉ずるバジョットは政治参加の拡大には明確に反対した。主著『英国国制論』（一八六七年）によると、大規模な政治社会は階層分化を必然的にともなうが、合理的な政策判断が可能な教養層は「一万人」ほどにすぎず、中・下層階級の大半は知性の面で「二千年前」の「未開人」と大差ないという(4)。彼らは散文的な統治過程についてほとんど理解しておらず、興味もない。そうした人びとに政治参加の門戸を開くことは自殺行為でしかない。

それでは、人民の大半が無知蒙昧の状態にあるとすれば、なぜ政治社会は安定を保つことができるのか。バジョットは政治制度を「機能的部分」と「尊厳的部分」の二側面から考察することによって、この問いに答える。

さて英国ないしその他の国々の諸制度は、幾百年もかかって成長し、複雑な人種構成をもった住民を広く支配している。こういう制度の考察にとりかかる場合には、これをふたつに区分することが必要である。すなわち、このような国々の国制（constitution）にはふたつの部分がある。（実際にはそれは、顕微鏡的な正確さで区分できるものではない。なぜなら偉大なものの特質は、はっきりと区分できないからである）。その第一は、民衆の尊敬の念を呼び起こし、これを保持する部分である。これをかりに、尊厳的部分（dignified parts）と呼んでおこう。つぎにその第二は、機能的部分（efficient parts）である。国制はこれによって実際に活動し、支配しているのである。さていかなる国制も立派に機能するためには、つぎの二大目標を達成しなければならない。そしておよそ古くからの有名な国制なら、この目標を見事に達成してきたにちがいない。すなわち、あらゆる国制は、まず権威を獲得し、ついでその権威を行使せねばならない。いいかえれば、まず人びとの忠誠や信頼を獲得し、ついで服従を統治活動に利用しなければならない。

ヴィクトリア朝期の政治的安定は、「機能的部分」たる二大政党政治のみならず、「尊厳的部分」たる君主制、すなわち物的象徴にも多くを負っていた。人民がひとしく知的に陶冶されるならば、実用的目的のみに資する「機能的部分」のみで統治は事足りよう。君主制や貴族院といった「修飾的部分」は不要となろう。しかしながら、現実には中・下層階級の大半は統治実務についてまったくの無知である。彼らを惹きつけるのはむしろ、「神秘的な権利をもつもの、不思議な行動をするもの、華麗に見えるもの、変幻自在なもの、隠れているようで隠れていないもの」、「感覚的なもの」、すなわち（とくに非言語的な）象徴なのである。象徴的事物や儀礼といった「演劇的要素」（theatrical elements）は、言語象徴とは異なる政治的効用を有している。つまり、君主を中心とする儀礼（戴冠式や行列など）に参加することによって、民衆は政治体制に忠誠心をいだくようになるというのである。さらに、知的な人びとさえもたいていは「人類不変の伝統的習慣」に導かれる以上、国制の「尊厳的部分」こそ、実は「もっとも便利かつ有力であり、また服従を確保するのにもっとも便宜なもの」なのである。

さらに、自身も選挙への立候補経験をもつ政治学者、グレアム・ウォーラスは政治心理学の観点から原理的考察をおこなった。主著『政治における人間性』（一九〇八年）で展開された人間観にはダーウィニズムの影響が色濃い(5)。ダーウィニズムは、理性を人間性の本質とする伝統的人間観を根柢から揺るがした。もちろん従来から、感情や情念も理性と並ぶ重要な要素とみなされてはきたものの、最終的には理性が情念を統御する点にこそ、人間とその他の動物を峻別する決定的な差異が認められてきた。ところが、ダーウィニズムは類人猿と人間との遺伝的連続性を指摘することによって、理性的存在としての人間の特権性を疑問視し、人間性に内在する本質的な非合理性を強調したのである。人間はもはや理性をもつ自律的な判断主体とはみなされず、本能や衝動によって駆り立てられる存在にすぎない。ウォーラスは、ダーウィニズムの知的衝撃に誰よりも自覚的な思想家であった。

人間が自分自身のことを知りさえすれば、人間の生活と行動は完全なものになるだろうという信条に依拠することは、かつてはたやすかった。ダーウィン以前、大半の政治理論家たちは、完全な政体――これらの政体は、彼ら自身が定立した原理原則を完全に適用すれば実現するものとされていた――を構想したものだった。たとえば、プラトンやトマス・モアの〔理想〕国家、ベーコンのアトランティス、ロックの政府構想――この政府は、神の諸目的を意識的に実現するとされた――あるいは、「行為の動機リスト」にもとづくベンサムの功利主義国家などである。しかしながら、ダーウィン後に生きる我々は厳しい教訓を学ぶこととなった。その教訓とは、どれほど完全であろうとも、知識が我々を完全にすることを期待してはならないというものである。

ウォーラスは「人間の知性を過大評価する」ことを戒め、政治学は「現にあるがままの人間を取り扱う」べきだという。ウィリアム・ジェイムズのプラグマティズム哲学やフランス社会心理学を自家薬籠中の物としたウォーラスによれば、人間は目的合理的に行動するよりも、はるかに「衝動」・「本能」・「性向」といった非合理的要素によって左右される。「ほとんどの人間は、予期された目的への欲望を充足するために戦場から逃亡したり、恋に落ちたり、天気についておしゃべりしたりするわけではない。ある男の日常の一日を、本人に知られることなく映画用カメラと蓄音機をもって追跡し、彼のすべての行動と発言を翌日に本人の面前で再現するならば、そのほとんどが目標到達の手段を念入りに考えたうえでなされたものではないと知って、彼は愕然とすることであろう。自分の活動の多くが、元来はもっと意識的になされていた行動の――習慣の影響のもとでの――半意識的な反復にすぎないことを、彼は悟るであろう」。同様に政治においても、人間は「愛情」・「恐怖」・「闘争本能」といった非合理的な情念に突き動かされているのである。

そのうえ事態をより複雑にしているのは、諸々の政治的観念（「政治的実在」political entity）の性質である。「国家」「政党」「正義」「自由」といった政治的観念は、単に論理的・抽象的概念として機能するのみならず、「情緒的連想」を「反射的」に喚起する。たとえば、「国家」の場合である。「ある人が祖国のために死ぬとき、彼は何のために死ぬのであろうか。椅子に腰かけている読者は、地図上のある地域の広さと風土、歴史と人口を考える。そのうえで愛国者の行動を、彼とそうした事柄すべてとの関係によって説明する。しかし、戦争の危機にさいして起こると思われるのは、祖国という観念を論理的に再構成したり、分析したりすることではない。そうではなくて精神が、何か感覚的なもの――それは、すでにみたような愛情の自動的な情緒をともなっている――を自動的に選択することなのである」。このように政治的観念が「情緒的連想」を喚起するのは、それらが「象徴」によって媒介されるがゆえである。名辞・国歌・国旗・儀礼・色・貨幣・宣伝といったさまざまな「象徴」によって、政治的観念は「習慣的連想にもとづく完全に非論理的な効果」をもたらす。ウォーラスの独創性は、政治をめぐる実践や思索の道具たる政治的観念自体に、つまり政治という営為自体に人間の非合理性を喚起する性質がまとわりついていると指摘した点にある。

さらにウォーラスは政治家による象徴操作への危機感を隠さない。ウォーラスによると、有能で観察眼に富んだ政治家であればあるほど、こうした人間の非合理性を利用した支持獲得戦略をたてるようになる。そうなると政治家は、人民を理性的説得の対象ではなく、純粋な操作的対象とみなすようになってしまう。「しばらくすると、政治家は自分の選挙区の有権者たちと議論をしようとさえ思わなくなり、彼らを感情と意見の純粋な非合理的存在とみなし、彼らを操作する自分自身のことを、純粋に合理的な「超人」とみなすようになるかもしれない」。

しかも科学技術や運輸・通信手段の発達による「大社会」（Great Society）の成立は、人間の非合理性に拍車をかける。古典古代のような対面社会では理性的な議論・討論の機会は豊富であったが、政治社会の飛躍的な拡大によってそれも難しくなってしまった。こうした状況に対して、ウォーラス自身は公教育を介して人民に合理的思考の習慣（「政治道徳」）を身につけさせること、すなわち一種の政治教育に一縷の望みを託している。政治の非合理的側面を強調しつつも、究極的には理性や知性の価値を疑わない点で、ウォーラスはたしかに十九世紀人であった。

三　政治学における「象徴」（二）――二十世紀

だが二十世紀になると、わずかに残っていた理性や知性への信頼も粉砕されることとなる。第一次世界大戦がその決定的契機となったことはいうまでもない。科学技術を基礎とした「文明」を謳歌するヨーロッパの国々が、まさにその科学技術をもちいて凄惨な殺戮をくりひろげる。そのありようは、同時代人の精神に癒しがたい傷痕を残すこととなった。それまで信頼し、自明視してきた十九世紀的な階級秩序、いわば「昨日の世界」（ツヴァイク）は永久に去り、かわりに無定形で得体の知れない「大衆」が出現する。そうしたある種の崩壊感覚と大衆社会化への不安を、当時の知識人の多くが吐露している。この時期に急増した「大衆社会」論はそうした心理の学的表現にほかならない。このように全面的な「状況化」（岡義達）が進展するなか、非合理的な「大衆」を駆動する媒体としての「象徴」概念への関心も高まってゆく。心理学・文学・哲学・社会学において象徴論をあつかう文献は爆発的に増加していったが、その極北というべきは周知のごとく、フロイトの精神分析学である。

ウォルター・リップマンの『世論』（一九二二年）はこうした戦間期の精神を濃厚に反映した政治論といってよい。ウォーラスの弟子を自認し、みずから報道記者としてアメリカ政界をつぶさに観察したリップマンは、「世論」の構造分析を通じて現代民主政の実態を暴露した。リップマンが批判対象とするのは、トマス・ジェファーソンに代表される古典的民主政論である。人間は誰しも理性を有しており、この理性を働かせて環境を認識し、そこから政治に関して合理的な意見をもつことができる、そうした合理的意見が寄り集まって「世論」となり、民主政を理性的な方向へと導いてゆく。このような古典的な民主政理解を、リップマンは幻想にすぎないと断ずる。そうした理解はそもそも、人間の認識構造への根本的な誤解にもとづいているからである(6)。

人間は複雑きわまる環境を認識するさい、自分の属する文化に固有の思考枠組、すなわち「ステレオタイプ」によって情報を単純化し、定型化している。それゆえ、各人の状況認識は当然のことながら、複雑な状況をそのまま反映したものではなく、「ステレオタイプ」によって大幅に簡略化・単純化された模像にすぎない。「ステレオタイプ」の影響を脱することは不可能ではないにせよ、高度な知的訓練と専門知識が必要である。しかも日常生活とかけ離れた対象を扱う政治という営為はとりわけ複雑であるため、一般大衆が具体的かつ理性的な政治判断を下すことは困難というほかない。せいぜいのところ、政治指導者たちの状況認識に対して賛否を表明するのが限度であろう。

このように各人が各人各様の「ステレオタイプ」によって種々雑多な意見をもっているとするならば、どのようにして共通意見を創出することが可能なのか。リップマンによれば、それを可能にするものこそ、「象徴」にほかならない。ウォーラスと同様、リップマンも政治的象徴が論理的厳密性とは相容れず、本質的に多義的であると指摘する。むしろ、多義的であるがゆえに、「象徴」はその曖昧さによって相対立する諸々の政治的党派を統合することができるのである。

成功した指導者の場合、自分の支持者たちを統合するさまざまな象徴は実用上きわめて重要だったから、どんなに多忙であってもそれを大事に育てない者はいなかった。特権が階層制の内部で果たす役割を、象徴は一般大衆についておこなう。象徴は一体感を保つ。指導者たちのなかには自分自身はその象徴を信じていない者も多かったが、トーテム・ポールから国旗まで、木の偶像から現人神まで、呪文からアダム・スミスやベンサムの水増し解釈まで、彼らはさまざまな象徴を大事にしてきた。象徴はさまざまの差異がそこで融合する焦点だったからである。距離をおいて観察する者は、象徴を守るための「愛国心溢れる」アメリカ的儀式を軽蔑するかもしれない。〔中略〕しかし指導者は、象徴がその役割を果たしたときのみ、自分がハンドルを握って群衆を動かせることを経験から知っている。象徴のなかで、感情は共通の標的に向かって放たれ、現実の諸観念がもっているそれぞれの特異性は拭い去られる。

このようにリップマンは、ウォーラス以上に「象徴」を介した「世論」の操作性を強調する。政治指導者たちは巧みな象徴操作によって、種々雑多な大衆の意見から、自分に有利な「世論」を創出している。つまり、古典的民主政論の想定するが如く、「世論」は自然に人民から湧きあがってくるのではなく、逆に政治指導者の象徴操作によって作りだされるものなのである。したがって、情報の統制力をもつ政治指導者は誰しも「ある程度検閲官」であり、「多少の宣伝家」たらざるをえない。こうした象徴操作に対するリップマンの鋭敏な感覚は、第一次大戦における各国の宣伝戦の観察によって研ぎ澄まされたものであった。

事実、リップマンが指摘したように、政治手法には劇的な変化がみられた。ヒトラー、ムッソリーニ、スターリンといった新たに権力を掌握した指導者たちは、いずれも象徴操作の達人であった。ウォーラスが危惧したように、彼ら新興権力者たちにとって一般大衆は対等な討論の相手ではなく、一方的な象徴操作の客体以外の何物でもない。「地上のもっとも巨大な変革の推進力はいつの世においても大衆を支配する科学的認識であるよりも、大衆を鼓舞する狂信、往々はその他に大衆を駆り立てるヒステリーであった。広範な大衆を獲得しようとする者は彼らの心の門を開く鍵を知らねばならない。それは客観性、すなわち弱さではなくて、意志と力である」。かくして「宣伝の技術はまさしく、それが大衆の感情的観念界をつかんで、心理的に正しい形式で大衆の注意をひき、さらにその心の中に入り込むことにある」のである（アドルフ・ヒトラー『我が闘争』）。政治史家、岡義武も指摘するように、こうした政治指導の型はファシズムや共産主義といった非民主体制に顕著であったとしても、二十世紀以降の「政治においては、それが民主政の形態をとるものであると独裁政の形態をとるものであるとをとわず、その政治形態の相違を越えてそこに見られる一つの共通な事実」にちがいなかった。政治指導者は「大衆の支持または承認によって強く裏付けられなくてはその支配的地位を保ち得」ず、「政治権力を獲得しまたはこれを維持するためには、大衆を強力に把握しなければならない」からである[7]。

大衆社会化、象徴分析の流行、そして政治手法の変化という戦間期的状況を背景として、政治学においても象徴作用が一大論点として浮上することとなる。こののち、一九二〇年代から五〇年代にかけて、象徴論は現代政治学に不可欠の分野として認知されてゆく。とくに党派対立が激甚をきわめ、価値体系の流動化いちじるしいヴァイマル共和国においては、カール・シュミットの政治神学、ルドルフ・スメントの統合理論、カール・マンハイムの知識社会学、カッシーラーの「現代の政治神話」批判など、象徴論を核とする政治理論が続々と登場することとなったのである。

だが、とりわけ注目すべきは、アメリカで勃興しつつあった「政治科学」（political science）も象徴論に重要な位置を認めた事実であろう。政治学の「科学」化を推進するシカゴ学派の総帥、チャールズ・

メリアムも『政治権力——その構造と技術』（一九三四年）——岡義武が参照した基本書でもあった——のなかで、象徴操作を核とする政治権力観を定式化している。(8) 同書において、メリアムは政治権力の生成・構造・機能を分析し、権力維持手段としての象徴操作を「現代的な政治指導」の特徴とするのである。ウォーラスやリップマンの心理学的分析を高く評価するメリアムは、象徴論のうちに「政治科学」の未来を見出した。

メリアムによると、権力者あるいは権力集団がみずからの権力を正統化するためにおこなう象徴操作には、「畏怖象徴」（miranda）と「信条象徴」（credenda）の二種類があるという。「畏怖象徴」とは記念日・音楽・象徴的事物・神話・儀礼・大衆的示威行為など、いわば人間の非合理的側面を刺激することで、政治体制に対する忠誠心を植えつける「呪術」的な象徴操作にほかならない。「権力という神はいかにして愛を求め、手に入れるかということも、またいかにして破壊し、滅亡させるかということも、ともに知っているのである。花束・歌・リズム・彫刻・絵画・記念碑などは、権力が人を魅惑するものであるし、一方、大規模な大衆運動は、およそ反対しようなどという気持ちさえ起こさせないほどに抗しがたい巨大な潮流として、個々人を揺り動かす」。これに対して、「信条象徴」は政治理論やイデオロギー——王権神授説、エリート理論、人民主権論、人種理論など——のように、言語象徴による（擬似）論理的説明を介して体制の正統性を担保するものである。それらは表面的な多様性にもかかわらず、いずれも「統治への敬意」「服従」「自己犠牲」「政府による合法性の独占」といった観念を注入する点では驚くほど共通している。つまり、「信条象徴」は「知性に対して権威の継続性に同意することを迫る」のである。「かくして、権力は美であるとともに義務ともなる」。

メリアムは象徴操作それ自体を単純に断罪するわけではない。むしろ、ファシズムや共産主義といった「新たなる専制」に対抗するためには、民主政の側も積極的に象徴操作をもちいるべきなのである。メリアムはそのようにいう。象徴操作による民主的価値観の注入、つまり政治教育こそ、メリアムにとって現代民主政の直面する最大の課題にちがいなかった。

こうした象徴論への関心を継承し、なおかつ多産な実証研究によって発展させたのが、同じくシカゴ学派を代表する政治学者、ハロルド・ラスウェルである。(9) ラスウェルは研究生活の当初から戦間期的な政治指導に関心を寄せており、学位論文で大衆宣伝を分析したのち、『精神病理学と政治』（一九三〇年）ではフロイト派の精神分析学を応用して「政治的人間」の形成過程を解明していた。ウォーラスやリップマンの政治心理学や大衆社会論のほか、イタリアのエリート理論に親炙したラスウェルにとって、現代政治の特徴は、「エリート」と「大衆」への必然的な二極分化にある。「エリート」は政治的象徴の操作を通じて権力を追求し、砂のように孤立した「大衆」は喜んで「エリート」の指導に服するという。ラスウェルの議論の特色は、「エリート」と「大衆」双方の行動を規定する「無意識」の領域にまで冷厳な分析をくわえる点にある。つまり、「エリート」は幼少期の欲求不満や鬱屈を「無意識」のうちに権力衝動へと「転位」させ、さらに政治的象徴によって権力渇望を合理化するのに対して、複雑化した社会のなかで心理的不安に苛まれる「大衆」はつねに受動的地位に置かれることとなるのである。この図式はヒトラーの権力掌握過程に典型的である。

自我からの自責感情を外界に投影することによって、内面の情緒不安は軽減される。国内の敵に顕示的かつ象徴的な攻撃をくわえることによって、ヒトラーは数百万もの同胞ドイツ人の焦燥を軽減――他者〔＝ユダヤ人〕の犠牲のもとにではあるのだが――したのである。また彼はフランス人とポーランド人に対する最終的勝利の幻想をあたえ、行進および特別示威行為――ドイツ内外の敵に対する象徴的攻撃として――を執りおこなった。ヒトラーはみずからの身を英雄として、そしてドイツ・ナショナリズム（Germanism）を崇拝用の正統化象徴として捧げたのである。部分的には顕示的だが、しかし基本的には魔術的なこれらの行為によって、ヒトラーは多くの困惑したドイツ人に新たな自尊心をもたらし、日々の耐えがたい喪失現象を無視するか、あるいは直視できるようにしたのである。（「ヒトラー主義の心理学」）

従来の制度論的伝統と決別し、政治の「科学」化を主唱したメリアムやラスウェルはアメリカ政治科学の祖というべき存在であった。その彼らがかように象徴論を重視したことで、象徴研究は現代政治学において一応の市民権を得たかにみえた。実際、五〇年代にはラスウェルの主導のもと、政治的象徴に関する実証研究が活況を呈することとなった。なかでも行動論政治学の旗手のひとり、カール・ドイッチュのサイバネティクス理論は、象徴作用を機軸として政治過程の一般モデルを提示せんとする野心的な試みであった。主著『統治の神経系』(一九六三年)において、ドイッチュは政治過程を「情報」の通信・循環過程として解釈し、通信を操作統御する管制高地たる「指導部」のイニシアティヴを強調する。[10] ここにラスウェル的な「エリート」と「大衆」の二分法の変形をみるのはたやすい。また、「二次象徴」や「正統化象徴」といった象徴作用にも重要な役割があたえられている。政治を象徴の循環過程とみなすサイバネティクス理論は、近代国家やナショナリズムの象徴研究から出発したドイッチュならではの議論であった。また、戦後日本でもこうした動向から刺激を受け、丸山眞男、京極純一、岡義達、石田雄、神島二郎、永井陽之助らがサイバネティクス論に着想を得た「純粋政治学」を模索している。一連の議論の特徴は「象徴」概念を軸として、政体の区別を越えた一般理論をめざした点にあった。

ところがアメリカ政治学界では六〇年代から象徴研究は次第に下火となり、七〇年代以降は完全に忘却されてしまう。その原因はいくつもあるだろうが、やはり、冷戦体制のもとでアメリカ政治学が「職業政治家による多元的な利益政治」モデルに寄りかかり、計量化・統計化へと傾斜し、価値体系に対する関心を失ってゆくなか、象徴論は座りが悪かったのだろう。ラスウェル自身は計量的手法をもちいた象徴分析を志向していたが、そもそも内容分析や意味論を欠いた象徴分析には限界があるといわざるをえない。だが逆に内容分析を強調すると象徴分析は思想研究に接近するため、今度は計量分析との相性が悪くなってしまう。だからこそ、かつて象徴論の主戦場であった政治行動論や政治心理学は中途半端な象徴分析を切り捨て、計量分析と実態調査に徹することによって命脈を保ったのである。かくして象徴論はその後、政治哲学や思想（史）研究、あるいは政治文化論といった非計量系の分野に吸収されてゆくこととなった。

だが、象徴論退潮の原因には、分析視角に由来する理論的な弱点もあったのではないか。すでにみてきたように、十九世紀の知識人たちからメリアムやラスウェル、サイバネティクス理論に至るまで、操作性（操縦性）の強調は政治的象徴論の顕著な特性であった。つまり、そこで前提とされていたのは、ある権力者なり、権力集団なりが、被治者としての一般大衆に対してみずからの権力を正統化するために、宣伝をはじめとする象徴操作をおこなうという図式にほかならない。彼らが戦間期の経験を念頭に置いた以上、これは自然ななりゆきだったといえよう。

しかしながら、象徴は現実には実に多様で複雑な循環過程をもつのであり、権力者による操縦も数ある経路のひとつにすぎない。しかも、道徳・経済・宗教・藝術といった「非政治的」な隣接領域も状況に応じて「政治化」を迫られるため、純粋に「政治的」な象徴は存在しないのである(11)。むしろ、そうした政治的象徴にまとわりつくある種の融通無碍さにこそ、政治という営為の本質をみたほうがより建設的な議論につながってゆくのではないか。これまでもみてきたように、政治的象徴は不断の流動化にさらされ、つねに不安定であり、その時々の歴史的状況に応じてさまざまなかたちで解釈される。そして、象徴解釈をめぐって政治的対立が惹起され、そこから政治過程が作動する。極論してしまえば「民主政」「自由」「平等」といった我々の政治体制の根幹をなす諸概念にさえ、実は厳密な定義など一切存在していない。そうした政治的象徴の解釈をめぐる紛争や対立は政治過程と密接に連関し、政治システムを駆動してゆく。くりかえしになるが、「政治とは、人間の共存と共存象徴との間に存在する矛盾の解決にほかならない」。そしてそうであればこそ、象徴の解釈をめぐる無数の声の織物には、合理的思考から喜怒哀楽にまで至る、人間の生々しいすがたが刻印されているのである。

注

（1）ヘレン・ケラー（小倉慶郎訳）『奇跡の人 ヘレン・ケラー自伝』新潮文庫、二〇〇四年。
（2）カッシーラー（宮城音弥訳）『人間――シンボルを操るもの』岩波文庫、一九九七年。
（3）ヒューム（小松茂夫訳）『市民の国について』上巻、岩波文庫、一九五二年。
（4）バジョット（小松春雄訳）『イギリス憲政論』中公クラシックス、二〇一一年。
（5）グレーアム・ウォーラス（石上良平、川口浩訳）『政治における人間性』創文社、一九五八年。
（6）ウォルター・リップマン（掛川トミ子訳）『世論』上下巻、岩波文庫、一九八七年。
（7）岡義武「近代政治家のストラテジー」『岡義武著作集　第八巻』岩波書店、一九九三年、所収。
（8）C・E・メリアム（斎藤真、有賀弘訳）『政治権力――その構造と技術』上下巻、東京大学出版会、一九七三年。
（9）ラスウェルは膨大な著作群の随所で象徴論を展開しているが、ハロルド・D・ラスウェル、エイブラハム・カプラン（堀江湛、加藤秀治郎、永山博之訳）『権力と社会』芦書房、二〇一三年にその概要がまとめられている。

(10) K・W・ドイッチュ（伊藤重行、高山巌、藪野祐三訳）『サイバネティクスの政治理論』早稲田大学出版部、一九八六年。
(11) 丸山眞男「政治」『政治学辞典』平凡社、一九五四年（『丸山眞男集　第六巻』岩波書店、二〇〇三年に再録）。

◎文献案内

政治における象徴論入門としては、清水幾太郎「政治と虚言」（『清水幾太郎著作集　第六巻』講談社、一九九二年、所収）、マーレー・エーデルマン（法貴良一訳）『政治の象徴作用』（中央大学出版部、一九九八年）、D・L・カーツァー（小池和子訳）『儀礼・政治・権力』（勁草書房、一九八九年）などが薦められる。文化人類学における象徴研究については十分にふれられなかったが、青木保『儀礼の象徴性』（岩波現代文庫、二〇〇六年）が良い手引きになる。こうした入門書を読んだのちは、本文で挙げた原典や実証研究にすすむとよい。

さらに象徴の循環という観点から政治という営為自体を解明する特異な作品として、岡義達『政治』（岩波新書、一九七一年）がある。学部生にはすこし難解かもしれないが、ぜひ挑戦してみてほしい。

入門書という性格上、文献の引用は最小限にとどめ、典拠には邦訳・邦語文献のみを記した。ただし、引用にさいしては原典を参照し、著者の責任で訳文を改めた。また、専門外の分野について品治佑吉、および同僚の渡部純、久保浩樹の各氏より多大なご教示を得た。ここに深謝したい。

第3章　辺境としての国家研究――「歴史のなかの国家」論

畠山　弘文

はじめに――「辺境の旅はゾウにかぎる」

私は今、この章を、日本からすれば辺境の地、東南アジア・バンコクのスクンビット四一番路街で書いている。これから書くことも辺境的な話題だ。しかも時期は二〇一〇年一二月（年末の締切を知らずさっき始めた）、時間も辺境だ。だから三重の辺境通信だといってよい。

苦しみのあまり思い出すのは、日本唯一の「辺境作家」高野秀行氏である。彼の書くものは「エンタメノンフ」といい、どれも抱腹絶倒である。「辺境の旅はゾウにかぎる」は彼のエッセー集のタイトルである。この表題のもととなった旅は、西南シルクロードという幻の道をたずねて、中国雲南省からミヤンマーへ、ついには遠くインドへと不法入国して帰国するまでの苦難奮闘の冒険物語（ただしノンフィクション＝実話）で、旅の全体は『西南シルクロードは密林に消える』という本になっている。そのなかで高野とミャンマー人同行者たちが中国官憲とかわす奇想天外なやりとりは、アジア（中国？）以外ではあり得ないような傑作コントになっていて、笑いの発作を抑えることができない。(1)

字数が限られているのになぜこんな話から始めたかというと、第一に、国家に関する研究は、政治学（あるいは広く社会科学）の辺境を旅するようなものだという思いがあるからである。国家研究は社会科学全体のなかでは辺境地帯にあるといってよい。

第二に、高野は一部、辺境をゾウで横断した。ここには教訓があると思う。辺境を行くには、だからつまり国家を理解するには、やはり変わった乗り物（視座・視角・方法）でないといけないかもしれない、と。場所が場所なら乗り物も乗り物。改めて辺境の旅はゾウにかぎる！。では、辺境では、象という尋常でない乗り物が最適なのかというと、実はそうでもないらしい。象は決して快適な乗り物ではないからだ。現地の人は普通、象には乗らない。象は緊急時に病人を運んだり、物資を運搬するものなのである。乗っても不安定で、単調な律動は人を眠りにさそう。落ちたら死ぬこともある。しかし何といっても、そもそも歩く方が速いというのであるから、辺境地帯とはいえ、辺境な乗り物としての象はいいのか、よくないのか。そのあたりは考えると混乱してくるが、でもこうやって見てくると、ますます辺境地帯を象で行くことが混沌とした国家研究のメタファーのように思えてくる。

以下では、従来の政治学における国家研究の系譜を普通に縦に並べることはしない。それでは国家の何たるかは到底理解できないからである。そうではなく、「歴史のなかの国家」論に焦点をしぼって、国家がいかに近代誕生の起爆剤にして孵化器であったかを説明したい。近代を考える装置・制度が社会科学であることはすぐに触れるが、その社会科学の一部として政治学でも国家の占める位置はまさに辺境であった。国家は最低限の役割しか割り当てられず、研究も自ずと停滞した。しかし国家が現代生活のあり方全体に圧倒的な影響を与えていることを我々は「知っている」。皆さんがそのギャップは埋められるべきだとこれを読んで感じられるなら、この入門の章は役目を果たしたと考えたい。……でも、ここまででもうわかったことが一つある。政治学ではあまり国家研究は重視されていないということだ。これは秘密ではないが、社会は知らないことである。そのことだけでも気づいたなら、少しばかり政治学をかじりましたという立派な証拠の一つにはなると思う。

一　低調な国家研究――戦後のアメリカ政治学

人あるところどこにも――人あるところどころにではない――政治はあるが、学問としての政治学が対象としている政治は限定されている。家庭や学校、サークル内などの政治では勿論ない。例外はあるが、基本的に、国家にかかわる現象である。現実にはあらゆる政治学が最終的には国家につながる研究だといってもよいが（自治体関係は「行政学」の、国際関係は「国際政治学」の対象だが、国家にかかわらざるを得ないという意味で政治学の一部であると日本の政治学は考える）[2]、国家を直接論じその解明をめざす研究となると、なぜか地方都市のシャッター街のように扉は閉ざされっぱなしである。国家の理解そのものをめざした国家に関する研究は、現在も過去も、政治学的知の体系の辺境なのである。

なぜそうなっているかに答えるのは意外に難しい。事実としてアメリカ政治学が国家を政治学の主たる対象やテーマから排除してきたことは、政治学の科学化を企図したいわゆる戦後の「行動論政治学」[3]が実体概念としての国家ではなく、「政府」（government）という機能的概念を好んで使用したことに明白だが、概念上の明快さだけがその選択の理由でなかったことはいうまでもない[4]。なぜ国家軽視に傾くのかは、本格的にはアメリカ政治学の思想史的解剖につながる大きな問題なので今は触れないでおく。ただ一点、現実政治との関連でいえば、アメリカ政治学における国家軽視は第二次大戦後の「冷戦」と「高度経済成長」の時代の出来事であったことを指摘したい[5]。国家が国際的・国内的なプレゼンス（存在感）をもっとも顕在化させていた時代に、アメリカ政治学は、奇妙にも、国家の研究に冷淡かつ無関心であり続けたのである。アメリカ政治学は戦後世界の「科学的政治学」の代名詞であったから（世界の政治学者の三分の二はアメリカの政治学者だと言われた時期もある）、その影響は絶大であった。いずれにしても、戦後の西側世界で、国家に関する理論的探求が進まなかった理由はアメリカ政治学の特徴と深くかかわる。

では冷戦世界のもう一方の主役、東側陣営では、国家研究は進んだのか。社会主義圏の国家はスターリン治下のソ連に典型だが、東ドイツの悪名高い秘密警察（シュタージ）に興味深く見るように、もっとも抑圧的な「警察国家」（police state）以外のなにものでもなかった。[6] が、にもかかわらず（またそれゆえに）、東側世界の国家的教条となったマルクス主義は、国家を歴史を動かす主体的存在とはみなさず、[7] 国家に周辺的・阻止的な役割しか与えようとはしなかった。国家研究はやはり進まなかったのである。これは、理論的な発想においてマルクス主義には国家研究はないのだというより、基本的人権や最低限の民主的装置の欠けた体制では、国家研究以前に、（そもそも体制批判につながる）政治学の存在する余地すらなかったと考えた方がよいかもしれない。

こうして「第一世界」（アメリカ＝自由主義圏）と「第二世界」（ソ連＝社会主義圏）のいずれにおいても、国家研究は前進とはほど遠い状態にあったのである。

二　社会科学という「歴史的」な営み――「一九世紀型社会科学」とその限界

以上から、今、国家を論じるには、政治学や広く社会科学のあり方への（批判的）理解なしにはうまくいかないことがわかる。そこで「社会科学」（social sciences）であるが、これはラフにいえば、「近代の自己理解」として登場した、「近代」（modern）の産物である。しかし、近代の産物（内部）でありながら近代を外部から眺めるごとく全体的に捉え得るとするところに大きな困難＝限界があり、近代理解は一定の偏向をこうむったと考えられる。その最たるものが実に、国家の捉え方であった。

かってそうした歴史的限界をもった社会科学を、裸の王様を指さす子供のように、「一九世紀型社会科学」と呼んだことがある。[8] その特徴は大きくは二点ある。第一は「一国史観」(national history)であること、第二は「社会中心的なアプローチ」(society-centered approach)に傾きがちということである。要するに、「歴史の進行」を捉えるに、あるいは「歴史形成力」として、一国内部のダイナミズムを重視し、その際とくに社会経済構造からの説明に主に依拠するということである。この「社会中心的な一国史的アプローチ」が見失いがちになるのは何か。それは、一国史に対しては国際環境、社会中心的に対しては政治や軍事、集合的暴力のもつ意味である。歴史の流れは国際的真空で生じるわけではないし、軍事的敗北が重要でないなどあり得ない。第二次大戦の敗北は日本の歴史を根本から変えた。では、これら国際環境と政治・軍事の見失われた二つの視点が交わるところにあるものは何か。まず「国家」であり、さらには国家の活動の場である国際環境、つまり「国際関係」である。すなわち、国家と国際関係は、一九世紀型社会科学と仮に名づけた「社会科学の古典的モデル」において、論理的な消失点だったのである。だから国家と国際関係は、政治学のみならず社会科学においても、継子扱いされる結果となった。[9]

一九世紀型社会科学についてはもっと説明したいところだが、それは紙幅が許さない。ともあれヨーロッパ一九世紀を社会科学上の紀元元年とする「輝かしい近代」論が社会科学の基調となり、当時ヨーロッパで再興しつつあった大学のなかで制度化されていく。輝かしい近代論において、国家や国際関係など私が「国家関連事項」と呼ぶ事柄は、いつも否定的参照点でしかなかった。

このことは、一九世紀の二大社会理論（social theory）、「自由主義」（liberalism）と「マルクス主義」（marxism）の双方において、変わりはない。すなわち自由主義では国家は「必要悪」として二義的に扱われ、マルクス主義ではさらに進んで、国家はいつか廃棄されるもの（「国家廃絶論」withering-away of the state）として目標化されたからである。とくに、最初のポストモダン論ともいうべきマルクス主義は、近代の次の時代には、「階級」は「革命」によって消滅し、「支配階級の暴力装置たる国家」も当然に消えると極端な将来予測を行った。マルクス主義は典型的な一九世紀の発想であるが、このようにヨーロッパ一九世紀は「国家なるもの」に徹底して敵対的な、歴史的に見ればきわめて例外的な時代であった。古代ギリシアを見ればわかるように、ポリス＝国家は市民全体の拠り所であり、それなしには市民生活は成り立たないものと考えられていた。これが、人類の歴史では、国家なるものに関する通常の受け止め方だったのである。ところが一九世紀はまるで違う。その思想の潮流を真っ向から受け止めた草創期の社会科学も、国家に対して極度に警戒的な知の体系となっていくのである。

三　歴史形成力としての国家

では、国家はどういう風に歴史形成的であったのか。その決定的役割とは何であったのか。そして、なぜ従来の大方の社会科学の考え方には誤りがあるのか。

この問題を考える場合、まず、言葉の問題がある。「国家」（state）というのは近代ないし近世以降のヨーロッパでしか発展しなかった「統治形態」（form of government）もしくは政体（polity）だからである。それまでは厳密には、ステイトという意味での国家は存在しなかった。だからギリシアのポリスを「都市国家」（city state）というのは、歴史における現在からの外挿であって、その命名はミスリーディングなのである。しかしポリス的統治形態ではまどろっこしいので都市「国家」と簡略化している。[10]

第二に、国家はそれゆえ近代ヨーロッパ国家以外のなにものでもないが、近代ヨーロッパ国家の本質はどこにあるかといえば、一九世紀以降の「国民国家」（nation state）を考える向きが多いかもしれないが、一六世紀までに顕著になっていた中規模「領域国家」（territorial state）が近代全体に通底するより特徴的な現象である。国民（nation）と国家が結びつくのは後の現象であって、近代の始まり、つまり近世（early modern）からヨーロッパの国家を特徴づけるものではなかった。

領域国家の特徴については、中世の二つの統治形態との対比でいうと、まず、それは「人的結合国家」ではない。人的結合国家たる「封建国家」（という言い方自体に疑問はあるが）や領主権力は、一円的領域の支配とはならず、特定の忠誠関係をもつ人々に対してだけ虫食い的に権限を行使した。対して領域国家は一定領域内すべての人々に対して支配を行う。これはヨーロッパにおいては国家権力の画期的革新であった。次に、領土的複数国家の存在を前提にする以上、領域国家は「キリスト教ヨーロッパ」世界全体をカバーした「キリスト教会」（教権）や「神聖ローマ帝国」（帝権）のように、中世的な「普遍志向」をもたない国家である。

かくして、ユーラシア大陸の小さな「ヨーロッパ半島」において、ヨーロッパは統合されもせず、極小化された領主権力の集合でもない、中程度の領土を確保する君主制諸国家からなる文明圏となっていく。人口も限定され、イギリス、フランス、ドイツ、イタリアは今日でもドイツが八〇〇〇万を越えるだけで、いずれも六〇〇〇万内外の人口しかない。

第三に、この領域と人民（people）に対して排他的な権力をもつ統治機構が国家であるが、領域国家の一層の核心は、この排他的権力にこそある。これを通常「主権」（sovereignty）と呼ぶ。つまり一定領域ごとに主権をもつ国家（主権的領域国家）が存在するということこそが、近代ヨーロッパ文明圏の最大の特徴なのである。主権は、国家や国民と並んで、近代ヨーロッパが生み出した少数の、もっとも独創的な政治用語の一つであった。

この「主権国家」（sovereign state）は複数個、存在する。一つの文明圏で、あるいは文化圏（キリスト教）、あるいは経済圏（ヨーロッパ経済）の内部で一国一主権が存在するということは、他の国家、他の主権を容認しなくてはならないということである。この含意は二点ある。まず、主権国家は対等であり、主権国家間の争いを調停する上位の機関、中世なら法王や神聖ローマ皇帝、あるいは中世自然法や伝統のようなものは存在しないということである。一種の「ヤマアラシのジレンマ」のように、終わりなき争いを争うのが主権国家の宿命なのである。ということは、ここにはじめて、近代的意味での（対等な主体間の）「国際関係」が誕生したということである。いいかえると、「近代国際関係」も、近代のヨーロッパ以前には存在しなかった。たとえば前近代東アジアの「冊封体制」のように、中華帝国とこれに朝貢する国々という、上下関係が存在する国家間のあり方は厳密には国際関係ではない。国家と国際関係は同時にヨーロッパで誕生したのである。第二の含意は、「帝国」との比較によって明らかなように、近代国家および近代国際関係はあくまでその「外交」と「戦争」を必然的な要素としてビルトインしているということである。[11]帝国は平和だが近代国際関係は平和ではない、というのはウェーバーの有名な指摘である。[12]この点はどれほど平和主義者が嘆じようと、それが国際関係の現実であって、せいぜい外交で戦争をぎりぎり抑えるという程度の方策を重視せよという主張に帰着するにすぎない。しかし本来は、外交が失敗して戦争になるというのではなく、外交も戦争も二〇世紀前半までは同等の国際関係上の手段であった。世紀後半以降その点は変化したが、戦争はまことに国家が使用できる「正当」な手段であった。

四　歴史のなかの国家（1）――「例外としてのヨーロッパ」という視点

以上を踏まえて、ヨーロッパ史のなかでいかに国家が生まれてくるかを見てみよう。国家の登場がなぜヨーロッパ近代のダイナミズムを生むにいたるのかもわかりやすくなる。近代は国家なしには姿形を現すことなく、他の文明同様、地下に消えていただろう。近代は、たんに社会中心的なアプローチで重視されるような輝かしい近代論系の事象だけで生まれることはないからである。

さて改めて、これまでの社会科学には、歴史のある種の予定調和が存在し、それがヨーロッパをして歴史の近代的幕開けに導いたごとき説明がなされることが少なくない。歴史学や社会科学には、自由、進歩、デカルト哲学、産業革命、社会主義、宗教改革、ルネサンス、啓蒙主義など（産業革命はもとは否定的概念で例外であるが）、輝くヨーロッパ近代の、生まれるべくして生まれた所以を大なり小なり示唆する言葉にあふれている。事実、資本主義の発展（マルクス）、局地交易の興隆（大塚久雄）、ルネサンス的奢嗜の誕生（ブレンターノ、ゾンバルト）、プロテスタティズムの成立（ウェーバー）、あるいは人文主義や啓蒙主義の勃興などの学説はそうした社会中心的アプローチの例である。しかしそうした現象の背後に、あるいは奥に、これら諸事象の活性化を刺激し、助けた本源的な契機があった。少なくとも国家なしには、それらが存続できた確率は低い。

にもかかわらず、近代を時代の最先端とし、前近代（近代以前のヨーロッパと依然そういう状態のヨーロッパ以外の社会）を段階的に遅れたもののごとく扱うという態度が、社会科学を、本来の近代の自己理解というよりは、近代の伴走者＝同調者にしてしまったのではないかと思われる。政治学をその一部に含む社会科学は、全体としては、ヨーロッパの歴史的弁証と化しつつ、ヨーロッパの世界支配を説明し、強化するイデオロギーとしての色彩を、結果的にであれ、色濃くもったということである。例外は勿論あるが、総体的には、ヨーロッパがいかに近代の高みにのぼりつめたかの根拠や過程をさまざまに跡付けるのが社会科学の趨勢となったのである。

ところが例外としての近代という視点は、継子である国家が生まれたことで近代が定着したのではないかという考え方を強調する。ヨーロッパやその移植地（アメリカやオーストラリアなど）以外でなかなか近代が根付かなかったことを見ても、世界史は近代以外に志向するのが普通であって、例外としてのヨーロッパという視点をもつことには重大な意味がある。

以上を要するに、歴史の通常の軌道を踏み外したことがヨーロッパをして近代を生ませ、育ませたのではないか。それはあくまで「歴史の逆説[13]」（アイロニー）であって、ヨーロッパ近代が歴史の正常な軌道であるとは到底思えないといってもよい。しかも、この逆説は、他の文明に比してヨーロッパが文明的にあまりに未熟で脆弱であったがために生じたものなのである。中世が終わりを告げたヨーロッパでは、そこに否応なく生まれた、国家と国際関係からなる歴史のはずれた軌道を不可逆的に歩まざるを得なくなった。それが近代だとしたら、「古代（奴隷制）→中世（封建制）→近代（資本主義）→ポストモダン（社会主義)」というマルクス主義がうたいあげた「世界史の基本法則」や歴史の「単系段階発展論」など、もともと最初から成立する余地はなかったのである。[14]

ヨーロッパを正常な法則的歴史の最前線ではなく、「例外」として見立てること。すなわち「例外としてのヨーロッパ」という視点。では、その例外性はなぜ生じたのか。これを次に見てみよう。

五　歴史のなかの国家（2）——「ヨーロッパ帝国」の不在

例外としてのヨーロッパの正体は、何か。ヨーロッパはなぜ歴史の通常の軌道や循環からズレることになったのか。その答えは、ヨーロッパ文明における統治形態にあるというのがここでの主張である。すなわち、ヨーロッパ史の基本的特徴はヨーロッパ社会おける特性からは納得しがたく（前近代のヨーロッパは他の文明と大きく違わない）、政治・統治・国家という側から見たときによりはっきり理解できる。ヨーロッパ社会のすぐれた特性が近代を生んだのではなく、文明としてのヨーロッパに備わる政治的特徴ないし限界が近代をもたらす。そのような議論の要にあるのは、帝国の問題である。

ヨーロッパは「帝国」を形成できなかった。しかし帝国化の試みは何度も行われていた。ただ実現できなかっただけである。フランク王国のカール大帝、叙任権闘争後のキリスト教会、神聖ローマ帝国のカール五世、ナポレオン帝国、ドイツ第三帝国（ヨーロッパ一円は一時的にほぼドイツの手中に収まる）など。しかしいずれも安定した帝国とはならず、他の文明圏、とくに西・東アジアやロシアにおけるような長期の帝国的統治は実現しなかった。他の文明圏と比較してもっとも不思議で欠落的なことが、この「ヨーロッパ帝国」（Europian Empire）の不在なのである。

では「帝国」（empire）とは何か。さしあたり、相当以上の地理的領域において、政治権力が大きな経済領域を一元的に支配できる可能性と定義しておきたい。つまり政治圏と経済圏がある程度一致するという状態が帝国である。ここには原則的に「国境」（border）はなく、世界＝文明の果てに未踏の「辺境」（frontier）が存在するだけである。ただし広大な領域が帝国のポイントなのではない。広大な領域が一つの宇宙であると感じられることが必要なのである。開国を迫られた清朝中国が自らの世界に必要なものはすべてあるとして列強との交易を拒否したのは、帝国の何たるかを示すエピソードである。すなわち、一つの「宇宙」（cosmos）を一元的な政治権力が支配すること。この頂点に立つ皇帝以外に政治権力はなく、原則あらゆる事柄に介入する権限があると考えること。それが帝国である。帝国では（体制維持の）政治的配慮が最終的に帝国の経済的発展に優越し、体制のあり方を変えるような経済の必要以上の発展は、これを帝国は阻止する。一二、三世紀の中国南宋が資本主義一歩手前で潰えるのは、その印象的な例である。経済の発展を支えることはできないが、経済の不必要な行き過ぎは阻害する。それが帝国というものなのである。

ヨーロッパではそうした意味での帝国は実現しなかった。通常は中華帝国、ペルシア帝国、アラビア帝国、モンゴル帝国、オスマン帝国、ロシア帝国のように、強大な権力が己の文明圏全体を支配するということが歴史では一般的であった。ヨーロッパでは、その山あり谷ありの地理的複雑さ、近距離の民族的多様性、言語の多様性、貨幣経済の停滞、教育制度の遅れ、道路等交通手段の未整備、広域統治を可能にする官僚制の不在などの理由、つまり一言でいえば低い文明程度の故に、強大な政治権力の成立する可能性はなかった。つまりヨーロッパが文明の成熟によって可能になる帝国の成立条件を欠いたがために、結果としてヨーロッパで近代が用意された、という逆説が指摘されなくてはならない。

六　歴史のなかの国家（3）――戦争国家論

では、帝国が成立せず、次善の策として誕生した主権国家を単位とする国際関係は、なぜ近代の苗床となるのか。

ヨーロッパはもともと狭い地域だけに、時代とともに文化的、経済的に一体化が進行した。文化統合はキリスト教が担い、ラテン語という共通語は意思疎通を容易にした。一〇〇〇年前後にはヨーロッパ経済圏もほぼ成立する。しかし政治的には、多数の統治主体によってヨーロッパはますます分断されていく。フランク帝国の早期の解体は、そもそも広域支配の能力が当時のヨーロッパ文明には欠けていたからであるが、そこに第二次民族大移動でバイキングやマジャール人など外敵が襲撃してくると、実質的に防衛・治安維持が可能になる政治の単位が一層縮小していく。その結果、中世盛期には、半径二〇キロから三〇キロ程度の「城塞支配」（シャテルニー）が無数に成立した。これが「封建制」（feudalism）である。中世後期は、この極限にまで断片化した封建制的モザイクが再統合されていく過程であった[15]。統合の核となるのが「王権」である。現在のヨーロッパ国家の多くはこの王国が原型である。しかしオランダやスイスなど「小国」と呼ばれる特異なタイプの国家も今だに存在する[16]。極限にまで解体したヨーロッパの政治権力はある程度の大きさにはまとまるが、結局、単一権力による「ヨーロッパ統合」は実現されなかったのである。ヨーロッパ文明において経済圏と政治圏は一致せず、大きな経済圏の内部で浮遊する複数政治圏の共存が成立した。これが近代国際関係であり、個々の政治圏が近代国家である。

近代国際関係は、相互に主権を承認しあう平等な国家が織りなす「アナーキーな世界[17]」である。そのため問題解決は前述したように、外交と戦争によって行うことになる。中世とは比較にならぬくらい領域的、権力的に増強したヨーロッパの諸国家は、他の国家と鏡像的な関係を結び、安定と危機が隣り合わせの「主権国家体制」（国際関係）を構成する。これはうまくいくと、外交の網の目としての「安全保障」や「勢力均衡」（balance of power）によって平和が維持されるが、表皮を剥げば国家間の侵略と併合がつきまとう「危険な関係」である。したがって国家は常に、国力増進に努めざるを得ないという強迫的な立場に置かれることになる。

「国力」という概念は、哲学者ミシェル・フーコーがいうようにさまざまに内容が変遷するが[18]、弱い国は併合されるという形でそれは試される。三回にわたるポーランド分割がその例である。ポーランド王国は内部の分裂に乗じた列強諸国によって一八世紀末には地上から消えた。再び独立を果たすのは二〇世紀のことである。また、一五世紀のブルゴーニュ大公国は敗戦で消えた。勝っていれば今のオランダ、ベルギーあたりの独仏国境に、大きなもう一つの国が生まれていただろう。だから地図から消されないための政治的努力は、国内的には徴税など行政機構や陸軍など軍隊の整備強化を推進し、対外的には戦争の可能性に対する正確な知識と準備を要求する。それらの焦点である「戦争準備」はヨーロッパ的統治の常態的な特徴となる。「重商主義」(mercantilism)はそうした国家的努力の典型的な一例なのである。国力をどう考えるかは変化し深化するが、基本的にヨーロッパは、マキアヴェリ以来、君主そのものの力(virtu)の拡大から始まって、より正確に数値化されていく国力の増進を第一に考える政策にどの国家も誘導されていく(社会統計学や国家学の誕生でもある!)。どの国家も恣意的な国家運営から遠く離れ、状況即応的な「戦争国家」(war state)となって、平時においても常に「臨戦体制」をとる工夫をしていかざるを得なかったのである。

ヨーロッパ近代の活力となったのは、この戦争国家の、国力のためには(ある程度は)何でも受け入れる捨て身の姿勢であった。資本主義しかり、啓蒙主義しかり。プロテスタンティズムしかり、ユダヤ人しかり。労働者の体制内化もしかり。国家もついには、君主主権的国家から国民主権的国家へと「進化」していった。しかし戦争国家の本質には変更はなかった。その過程でとくに資本主義は、確実に、あたかも近代の主役のように、体制の中に定着したが、マルクスが固く信じたように資本主義が国家を要請・活用したのではなく、国家がこの生意気な客人を生かしておくことを余儀なくされたというのが真実であったろう。それは有無をいわせぬ選択だった。逆にいえば、国家がもし不必要と考えれば、南宋のように資本主義は確実に消え去っていただろう。近代国家を「興行主」(イタリア語のインプレサリオ)と呼ぶゆえんである。近代というひのき舞台では、なるほど主役は資本主義やルネサンスだったかもしれない。でも舞台そのものを企画し設営したのは、舞台裏に隠れて収支計算にいそしんだ会計士のごとき国家だったのである。キャストを決めるのも興行主の役割だった。

国家の恣意的な「専制的権力」(despotic power)はヨーロッパでもなかったわけではないが、それは決して合理的な選択ではなかった。富裕なブルジョワや高度な技量をもつ職人は国家の大切な資源となり、むやみに専横な支配の対象とすることはできなくなっていたのである。レコンキスタ後のスペイン・ミニ帝国がユダヤ人を追放して莫大な損害をこうむったことは、長く他山の石であった。かくてヨーロッパ国家は、社会と妥協し協力する「インフラ構造権力」(infrastructural power)をもつ統治形態をとり、つまりは主権国家を選択し、かくて近代国際関係のなかに飛び込んでいったのである。[19] そこからすべてのダイナミズムが生まれる。帝国の不成立からくる次善の選択(主権国家と主権国家体制)こそ、パンドラの箱だったのである。この終わりなき戦争がビルトインされた危険な世界は合理的な国家でなければ存在を許さなかったのであり、国家が次にはあらゆるものごとに合理性のダイナミズムを要請したのである。こうして誕生したのが近代であった。[20]

七　社会理論からみた国家研究

以上の議論は国家が事実上理論上、最大の合理化の推進力となった点を重視する。この意味で戦争国家論はウェーバーの議論を受け継ぐものである。一種の「合理化論」といってよいからである。

現代の社会科学には三人の始祖（巨人）がいる。マルクスは近代を資本主義の進展とし、「階級社会」の構造を解剖して批判した（第二の社会理論＝マルクス主義社会理論）。デュルケームは技術的複雑さの拡大と見て、「産業社会」の到来を弁証した（第一の社会理論＝自由主義社会理論）。対してウェーバーは合理化の進展をそこに見出して、「監視社会」ないし「管理社会」の不可避の到来を明らかにするとともに、これに抵抗した（第三の社会理論＝ネオ・マキアヴェリ主義社会理論）。

「ネオ・マキアヴェリ主義」は第三番目の、人口に膾炙することのもっとも少ない社会理論である。私はネオ・マキアヴェリ主義という言葉をイギリスのある著作から借用して使っているが、普通は、その系譜に含まれるはずのウェーバーやフーコー、またニーチェといった人々を一個の社会理論に包括することは思いつかないかもしれない。しかし確実に彼らは、ヨーロッパ近代を批判し、相対化する発想を共有していた。歴史の進展は、この種の人々の洞察こそが真実に近かったことを証拠立てているように思われる。

なるほど合理化の契機は多様だろう。まさに資本主義の進展、啓蒙主義の普及、核家族化の進展、科学・技術の展開その他さまざまに考えることができるが、ここまで見てきた方々には、国家こそ基本的な出発点であったという歴史的背景を否定するのは難しかろうと思われる。まさに他の文明と比較したとき、ヨーロッパでもっとも独特なのは、この政治権力の弱さが作り出すパラドクスだからである。

ネオ・マキアヴェリ主義社会理論の故郷は、何といっても政治学である。国家、戦争、軍事、外交、国際関係など使われる用語からもそのことはわかる。つまり近代の解明という社会科学的最重要の課題は、畢竟、社会科学の辺境でしかない政治学によって、しかもその政治学のなかでも辺境に違いない国家への注視によって、もっとも深くかつ適切に捉えることができるのではないか、ということである。第三の社会理論を立ち上げることは近代のトータルな理解にとって必要ということだけでなく、ひ弱な花だった政治学という学問の力量を示す最大の機会でもあるといっておきたい。

八　辺境通信のおわりに

今回は、歴史のなかの国家に焦点をしぼって国家研究の面白さをご紹介した。国家へのアプローチやテーマは他にもたくさんある。この辺境通信はその一端をお知らせしたまでである。国家に興味のある方が出てくるならば、大変嬉しい。

あえて最後にもう一言。国家の社会科学的忘却が物語るのは、国家こそ近代世界最大の公然たる秘密であったということである。国家は国際関係の中に存在する。したがって国際関係もまた、実は一種の見えざる世界であった。これほど多数の学者により研究され、日々報道されるにもかかわらず。近代成立・進展との関連における国家と国際関係の真剣な研究は、まだ途に就いたばかりなのである。

国家への新たな関心が若い皆さんのなかに湧くことを期待したい。そして、国家研究が辺境通信から脱却する日が近いことを切に祈りたい（なお、文献案内は最初に触れた理由でつけないが、重要な概念は本文中にカギカッコで示してあるので留意いただきたい。また、注には初学者には重要だと思う文献をあげてあるので参考のこと）。

注

（1）高野秀行『辺境の旅はゾウにかぎる』本の雑誌社、二〇〇八年、同『西南シルクロードは密林に消える』講談社、二〇〇三年（文庫は二〇〇九年）。

（2）英米の大学では国際政治学は政治学とは別の学部、異なる学問だとされる。国際政治学は新しい学問で、第一次と第二次世界大戦の戦間期の産物である。比較文明論も同様。しかし政治学はプラトンの主著『国家』にいたるもっとも古い学問の一つである。この文脈では、ジェームズ・メイヨール『世界政治――進歩と限界』勁草書房、二〇〇九年の田所昌幸による「文献案内と訳者あとがき」、とくに二一二―三頁を参照のこと。その文献案内もこの章の理解に益するところ大である。
（3）自然科学をモデルに政治行動の実証分析を提唱した戦後アメリカ政治学の代名詞。イーストン、ドイッチュ、アーモンドなどが代表者。
（4）国家を多数の集団の一つに解消したイギリスの「多元的国家論」と行動論政治学には思想的連続性があるから「アングロ・サクソン型政治学」の問題なのかもしれない。
（5）J・A・ホール／G・J・アイケンベリー（星野智訳）『国家』昭和堂、一九九六年、三頁。
（6）東独のシュタージは「独裁国家」のあり方を知る好個の例である。アナ・ファンダー（伊達淳訳）『監視国家――東ドイツ秘密警察（シュタージ）に引き裂かれた絆』白水社、二〇〇五年、T・ガートン・アッシュ（今枝麻子訳）『ファイル――秘密警察とぼくの同時代史』みすず書房、二〇〇二年、参照。
（7）国家は経済的土台の反映でしかないという「土台反映論」（下部構造が上部構造を規定する）。マルクス（宮川彰訳）『「経済学批判」への序言・序説』新日本出版社、二〇〇一年。
（8）このパラグラフで出てくる一九世紀型社会科学をはじめとする概念の詳細は、畠山弘文『近代・戦争・国家――動員史観序説』文真堂、二〇〇六年、第三章。
（9）勿論、例外的研究はあるが、それらの意図がきちんと認識されることは少なかった。後のネオ・マキアヴェリ主義社会理論の提唱と定式化はその是正の最初の試みである。
（10）ヨーロッパ的伝統では国家＝統治形態はラテン語の res publica、英語の commonwealth と呼ばれた。また、プラトンの『国家』は原題を politeia といい、これは polity という言葉に受け継がれている。state はイタリア語の stato（ある状態。だから英語では state となる）を語源としている。
（11）近代的外交の起源はルネサンス時代のイタリア都市国家である。古典はH・ニコルソン（斉藤・深谷訳）『外交』東京大学出版会、一九六八年。

(12)マックス・ウェーバー（木全徳雄訳）『儒教と道教』木鐸社、一九七一年。
(13)むしろ歴史は西アジア、東アジア、ヨーロッパの順に近代化が進み、西アジアの近代化、したがって文明はヨーロッパのそれに七〇〇年は先行していたという有名な議論がある。ただしそこでは近代化ではなく、「近世化」という言葉が使われている。宮崎市定『アジア史概説』中公文庫、一九八七年。
(14)ここの議論は近代を価値的に否定しているのではない。ただ、最初からどの文明もたどり着くはずのゴールであるとする歴史の捉え方が誤りだというものである。
(15)近代国家は実際には封建制を母体とする。これは従来の封建制評価を一八〇度変更する。ヨーロッパ以外では日本が代表的な封建制であるが、近代化に親和的であった日本はそれを裏書きする。今谷明『封建制の文明史観――近代化をもたらした歴史の遺産』PHP新書、二〇〇八年。併せて保立道久『歴史学をみつめ直す――封建制概念の放棄』校倉書房、二〇〇四年、参照。同時に封建制が重要な歴史的段階を形成しなかった地域ではたとえば中国のように二〇〇〇年以上にわたって「専制国家」だった。これも示唆的である。足立啓二『専制国家史論――中国史から世界史へ』柏書房、一九九八年。
(16)小国の研究も国家研究として興味深いテーマである。百瀬宏『小国――歴史にみる理念と現実』岩波書店、一九八八年。
(17)ヘドリー・ブル（臼杵英一訳）『国際社会論――アナーキカル・ソサイエティ』岩波書店、二〇〇〇年、Jeremy Larkins, *From Hierarchy to Anarchy*, Palgrave Macmillan, 2010.
(18)中山元『フーコー　生権力と統治性』河出書房新社、二〇一〇年。
(19)J. A. Hall, *Coercion and Consent*, Polity Press, 1994. 前掲、畠山著所収、付論「見えざる手としての国家」参照。
(20)ただしヨーロッパの中世が終わった段階では「都市国家」（イタリア）、「都市連合」（ハンザ同盟＝ドイツ）、「領域国家」（フランス）の三つの選択肢があり、三者のせめぎ合いから主権的領域国家が生き残るというもう一つの争いがあった。Hendrik Spruyt, *The Sovereign State and its Competitors*, Princeton University Press, 1994.

※　同時期に書いている拙稿「簡略簡便な国家史——課題と視角の素描」『法学研究』第九〇号（明治学院大学、二〇一一年）も参照していただきたい。

第4章　冷戦後日本の政治経済学
――イデオロギー対立軸から見た経済と平和

渡部　純

一　九〇年代以降の変化と不変化

1　相も変わらぬ日本政治？

今、日本政治はどのような状況にあるのだろうか。今の日本政治はいったいどこに向かおうとしているのだろうか。

二〇一一年三月、東日本に巨大な被害をもたらした大地震は、「一〇〇〇年に一度」クラスの大きさであったと言われているが、それを機に、日本政治に、「一〇〇〇年に一度」クラスの大変動が起こったとは、今のところは言えまい。この大震災を経て政権に復帰した自由民主党は、世論には大きな抵抗感が示されているにもかかわらず、原発の再稼働に向けて動き出しているように見える。結局、政治は何も変わっていないという印象をもつ人も多いだろう。実際、世論調査に現れる政治不信の程度は、一九九〇年代から高い数字を示している。

ＴＶを見ると、八〇年代に登場したタレントが、二〇一〇年代に至っても大御所として多くの番組に君臨しているし、九〇年代にデビューして二〇年以上も人気を保っている男性アイドルもいる。日本社会は八〇年代から年を取らなくなってしまったという人もいるほどで、日本こそ、九〇年代に「歴史の終わり」を迎えたかのようである。

しかし、政治の制度に着目してみると、九〇年代からこの二〇年の間には、大きな変化が生じているのも、また明らかなのである。問題は、大きな変化が起こっているはずなのに「相も変わらぬ」という印象が強いのはなぜかという点にある。

2　九〇年代以降の変化

九〇年代以降の変化を、時系列をたどってポイントだけ挙げていこう。

①一九九三年、自由民主党が解散総選挙の際に分裂した結果、細川護熙首相による非自民連立政権が誕生した。

②一九九四年、細川政権において、衆議院の選挙制度が改正され、それまでの中選挙区制に替わる小

選挙区比例代表並立制が導入される。

③一九九三年までは万年野党第一党であった社会党が、九四年、政権復帰を狙った自民党と組んで、村山富市委員長が首相になる（九六年に社会民主党に改称）。

④一九九六年、村山退陣の後を受けて、橋本龍太郎自民党総裁が首相に就き、自民党政権が再び始まる。

⑤自民党内では傍流であった小泉純一郎が、二〇〇一年、総裁選に打って出ると、国民的人気を得て首相となり、大胆な構造改革路線を打ち出す。

⑥小泉後、自民党の短期内閣が続いた後、二〇〇九年総選挙で民主党が勝利し、鳩山由紀夫内閣が誕生する。

⑦二〇一一年東日本大震災が発生し、その後の総選挙で、再び自民党政権となる。

これらの出来事が、日本政治史上大きな変化であったと言えるのは、これらが、それ以前の体制では見られなかった現象だからである。戦後日本では、一九五五年に日本社会党と自由民主党が結党されて以来、自民党が与党を、社会党が野党第一党を占め続けていた。これを五五年体制と呼ぶ。

3　五五年体制と今日の日本政治

五五年体制の特徴を簡単にまとめれば、次のようになる。

①自民党が単独で、衆議院と参議院で過半数の議席を占めた。

②社会党が野党第一党であったが、獲得した議席数は、自民党の半数程度に過ぎなかった。
③衆議院の選挙は、一選挙区の定数を三―五とする中選挙区制によっていた。
④自民党内には、五つ程度の派閥があり、派閥の長の間では、首相の地位を巡って激しい争いがあった。

このような五五年体制と比べてみると、九〇年代以降の日本政治に起こった変化は次のようにまとめることができるだろう。

①長期政権を保ち続けた自民党が、単独で衆議院の過半数を占めることができない事態が生じた。
②野党第一党は、社会党から民主党に変わった。
③衆議院の選挙制度は、小選挙区比例代表並立制になった。
④自民党の中から派閥にとらわれない小泉内閣が誕生し、強力なリーダーシップを発揮した。

では、このような変化はいったい何を意味しているのであろうか。例えば二〇一二年からの自民党政権には、どんな特徴があるのか考えるとすると、

・五五年体制時の自民党政権とどこが違うのか
・小泉内閣時の自民党政権とどこが違うのか
・民主党政権とどこが違うのか

を考えなければならないが、それには、政党と政権の党派的特性を理論的に位置づける座標軸が欠かせない。今、安倍晋三を「右翼だ」と非難する声がある。このような声は、安倍の何をどのような立場か

ら批判しようとするものなのだろうか。それは、右翼という言葉の意味を、その対抗概念である左翼との対比において明らかにしなければ理解できまい。

今の日本政治がどのような状況にあるのかという問いは、いたってシンプルな問いではあるものの、答えることは必ずしも容易ではない。このような問いに答えるために必要な座標軸が見えにくくなっているために変化を把握しにくくなっていることが、今日の政治の特徴であるとも言えるからである。本章では、これを考える手がかりとしてイデオロギー対立軸に着目し、日本政治を概観してみたい。

二　五五年体制とは何か

１　イデオロギー対立軸から見た戦後体制の形成

（１）右翼と左翼

社会の中で、ある集団が特有の意識や思惟のパターンをもっていると観察され、そのような意識や思惟のパターンが、それを共有する集団の社会的位置・社会的関係と結びつけて把握し得ると考えられるとき、そのような意識や思惟のパターンのことを、イデオロギーと呼ぶ。

イデオロギー対立軸とは、政策決定過程において反復的に生じる対抗関係を、イデオロギーの対抗関係として把握しようとするときに、対抗関係の軸となる論点と、その論点を軸として生じる対抗関係を指す。これは、ある政治的立場が何らかに社会的利害関係を反映していると考え、イデオロギー上の対立関係から、社会内における対抗関係とその構造を読み取ろうとする方法でもある。

もともと右翼と左翼とは、一八世紀終盤のフランス革命時の国民公会において、王党派・穏健派が議長席から見て右の議席に、革命派が左についたことに由来する。単純化すれば、革命を起こそうとした側が左翼であり、それに反対して革命の標的にされた側が右翼ということになる。

このとき、革命派は、伝統的な身分制の打破を謳っていた。身分制は、政治的側面と経済的側面の二つの面から批判された。身分制の下では、政治に与ることのできるのは、王族や貴族という特定の生まれの者、そして、それらの者によって個人的に取り立てられた者だけであった。そのような身分には属さない新興の市民階級が、自らの政治は自らの手で決定したい、応分の政治的権力を得たいと望んで革命を起こしたのである。

経済の面で言えば、どのような職業につけるかも、生まれによって定められていた。そのため、新興の市民階級が新しいビジネスチャンスを求めても、大きな利得を獲得できるような領域は、国王からの特許を得た特権的な大商人によって独占されていた。市民階級は、経済活動についても平等なチャンスを求めた。

このような身分制的な政治的・経済的特権を打破し、自由な政治と経済を手にしたいと考えた革命派が左翼であり、それに抵抗し伝統的秩序を擁護しようとした王党派が右翼と呼ばれることになる。

このような革命を市民革命・ブルジョア革命と呼ぶ。市民革命は、このフランス革命が典型例であるが、この他一七世紀のイギリス清教徒革命・名誉革命と、一八世紀のアメリカ独立革命がともにあげられるのが通例で、一八四八年のドイツ三月革命や、さらには一九〇五年の第一次ロシア革命などまでその範疇に属するとされる。

(2) 一九世紀後半のイデオロギー対立

革命時における態度で右翼と左翼を分けるとすると、革命の実現後の政治過程では、右翼は、革命の成果を否定し、古い秩序への復旧を要求する立場ということになる。これを反動と言う。

他方、市民革命後、さらなる革命を求める立場も出てくる。市民革命は特権的な身分を否定して平等を実現しようとしたものであるが、市民革命後の体制が定着した後に、別種の不平等の問題が現れてくるからである。市民革命後の西洋諸国では、産業化の進展にともない、劣悪な労働環境と生活環境を余儀なくされる労働者が多数現れ、それが一九世紀中盤以降、大きな社会問題となったのである。

労働者を働かせることによって大きな富を得る資本家たちを排除し、労働者だけによる平等な社会を作ろうとした思想が社会主義である。社会主義者は、労働者を悲惨な境遇に追い込む政治経済体制を打破する革命を構想した。市民革命後の時代においては、社会主義革命を指向する人々が左翼と呼ばれることになるが、彼らが攻撃した相手は必ずしも王党派ではない。攻撃対象とされた資本家たちは、市民革命を達成した市民やその末裔であることが珍しくはない。彼らは、市民革命が実現した政治経済秩序によって大きな利益を得ていたから、その秩序や制度を擁護する側となった。伝統的な右翼と区別するためには、これを保守派と呼ぶことができる。

他方、労働者の権利を擁護しようという立場でも、革命を起こして既存の政治経済体制を打倒することまでは主張しない党派もあった。議会制と資本主義経済体制の枠を維持しながら、労働者や弱者の権利を拡大しようという立場である。これを広く進歩派と呼ぶことができる。

(3) 二〇世紀後半のイデオロギー対立

二〇世紀の前半から中盤にかけて世界各地で社会主義革命が起こり、社会主義政権・国家が誕生した。そこでは、私有財産は原則的に禁止され、代議制も否定されて共産党による一党独裁体制が敷かれた。共産党のみが正しく労働者の利害を認識・実現し得る存在であるとして、一党独裁が正当化され、これこそが真の民主主義だと主張されたのである(例えば、北朝鮮の正式名称は朝鮮民主主義人民共和国である)。ただし、工業労働者の救済をめざしたはずの社会主義革命が、むしろ、工業後進国でのみ起こったという事実は、革命の方法としての権力集中が、後進国における国家建設にとってこそ有効であったことを示していよう。そして、代議制民主主義の経験の乏しいそれらの地域での権力集中は、たちまち共産党幹部や官僚の特権階級化と腐敗をもたらすことになる。

他方、社会主義革命を回避した西欧を中心にする先進資本主義諸国の国内では、私的財産権・経済的自由を最大限に尊重しようとする保守派と、労働者の権利を擁護し社会的不平等を是正していこうとする進歩派の間での対立が見られるようになる。これらの国々にも、依然として社会主義革命を指向する左翼政党は存在したが、資本主義制度内での改革をめざす社会民主主義の方向へと路線変更した政党が、政権獲得に接近していく。このような路線変更は、階級政党から国民政党への転換と言い換えることもできる。第二次世界大戦後の欧米世界では、戦災からの復興による経済成長の中で、富の再配分による平等化を指向する進歩的・社会民主主義的な政策が拡大していった。実際、戦中から戦後にかけてアメリカでは進歩的な民主党大統領の時代が続き（一九三三—五三、六一—六九、七七—八一年）、六〇年代以降になると、イギリスでは労働党（一九六四—七〇、七四—七九年）、ドイツでは社民党（一九六九—八二年）という社会民主主義的な政党が政権についている。

ただし、そのような左翼政党の路線変更・現実主義化、あるいは、一国主義化に飽き足らない者たちの活動も現れ、彼らは新左翼と呼ばれるようになる。その中には極端な行動に走って七〇年前後に世界各地でテロを起こす者たちも出てきた。これを極左と呼ぶ。それに対して、国内における伝統的な秩序を守ると称して、文化的伝統を異にする者たちを、秩序への敵対者として暴力的に排除していこうとする者たちも現れた。この立場を極右と呼ぶ。移民や在留外国人たちが、彼らによってしばしば標的にされた。

先進資本主義諸国の中でのイデオロギー対立は、社会主義諸国に対する外交方針・安全保障政策の問題ともつながっていた。党主導による革命をめざす左翼政党は、世界革命の本部であるはずのソ連共産党の指示に従おうとしていた。彼らは当然ソ連の利害を重視し、それを損なうような外交政策には反対した。先進資本主義諸国における左翼政党の路線変更は、このような対ソ関係から離れることをも意味していた。

2　日本の五五年体制の特徴

以上のような世界全般の動きと比べてみたとき、日本の戦後体制である五五年体制はどのような違いをもっているだろうか。

①世界的に社会民主主義政党優位の時代にあっても、保守政党である自民党が政権を担い続け、社会党は、政権に参加することがなかった。

②自民党という保守政権にもかかわらず、高度成長期においては社会的な格差はかなりの程度縮小した。

③自民党と社会党の間で安全保障に関する基本的なコンセンサスが生まれなかった。日本は、一九五一年に締結された日米安全保障条約に基づきアメリカによる防衛体制の中に組み込まれたが、社会党は、この条約はアメリカに荷担して戦争に向かう道であるとして批判し続けた。そして、日本国憲法第九条を旗印に、「非武装中立」を唱え、自民党の軍備拡充政策は、いかなるものであっても、強い批判の対象とした（戦後日本では、社会福祉の充実と日米安保への反対を主張している勢力を、特に革新と呼ぶ。六〇

年代から七〇年代にかけては、各地の自治体で、共産党や社会党の支援を受けた首長が誕生し、それらは革新自治体と呼ばれた)。

(1) 社会党の支持基盤の弱さ

比較政治学的に見ると、日本では社会党が政権に接近することがなく、しかし、一定程度の平等が実現されたという点に重要な特徴がある。

先進資本主義諸国で、社会民主主義的な政党が権力を獲得するためには、産業化の影響を被るいくつかのセクターを広範に組織して支持基盤に組み込むことが必要であった。そして、社民政党はそれらのセクターを対象にして再配分を実施することで、社会内格差の是正をはかったのである。しかし、日本社会党はそのような支持基盤をもてなかった。

ポイントとなる第一のセクターは労働組合である。西欧の有力な社民政党は、いずれも強固な労働組合を支持基盤にしている。しかし、日本の場合は、民間では企業別組合が一般的であり、業種を超えて労働者の利益を結集するような組織は存在しなかった。社会党の最も中心的な支持基盤は、公務員や国有企業・国営企業の労働者、教員といった非営利的な職種の組合が中心になった総評である。これらは、市場競争の圧力を相対的に免れていたから、組合が非営利的な目標を掲げて組織的活動を行なうことも可能となったが、民間セクターとの連携は十分ではなかった。

ポイントとなる第二のセクターは、農家や自営商工業者などの層である。この社会層は産業化以前から存在し、また企業を所有する資本家と、ものの生産に直接従事する労働者の中間的な存在と考えられるので、旧中間層と呼ばれる（他方、産業の高度化の結果、企業組織の中には、管理運営や流通、技術開発等を専門とする層が生まれる。彼らも、労働者と資本家との間の存在として、新中間層と呼ばれる）。特に福祉国家で知られる北欧では、農業者組織は有力な社会民主党の支持基盤であった。日本でも、第二次大戦後しばらくの間は、農業地域においても社会党を支持する組織の活動はあり、一九八〇年代後半に至るまで北海道や岩手県などで社会党支持の強い地域は見られたものの、大部分の農業地域では、一九五〇年代の後半から、自民党を支持する農協の組織が拡大するにつれて力を失った。商工業者では、今日でも共産党系の組織は存在するが、全般的には自民党への支持傾向が強い。

これらの政治経済的条件に加え、イデオロギー的な面では、社会党の路線変更の遅れが支持基盤の拡大の制約になっていたことは否定できない。西欧で有力化した社会民主主義政党は、国民政党へと路線転換して支持を拡大したものであるが、日本社会党の場合は、体制内化をめざしたメンバーが一九六〇年代に民社党として分離してしまったため、それとの対抗上、革命を志向する階級政党という方針を捨て去ることは容易ではなかった。

(2) 社会党の安全保障論上の弱さ

社会民主主義的な政党の路線転換は、どのような対ソ連政策をとるかという問題と連動している。各国の共産党にとっては、革命路線の放棄は、世界革命の総司令部としてのソ連共産党の指示に従わないことを意味し、その結果、ソ連を安全保障上の仮想敵国とすることも可能になる。ソ連共産党から独立性をもっている社会主義政党の場合でも、革命路線の放棄は、社会主義諸国のブロックに加わらないことを意味している。

日本においては、もともとコミンテルンの支部としてソ連共産党の指示に従っていたのは日本共産党であって、社会党は、社会主義政党ではあっても、ソ連に対しては一定の自律性をもっていたが、日本国憲法を掲げて安保条約と自衛隊に反対し中立を主張することは、二極化した冷戦状況の下では、アメリカ側から離れてソ連側に接近することを意味する。日本国憲法はアメリカの占領下で定められたものであるが、五五年体制の下では、それに忠実に従おうという社会党の主張は、ソ連と連携しようという含意をもつものとして受け止められることになり、福祉の充実という体制内的な政策を掲げていても、社会党が革命路線を本当に放棄したと言えるのか、疑いをぬぐい去ることができなかった。憲法に依拠した「非武装」という主張も、社会主義諸国による軍事侵攻を準備するための主張ではないかと疑われたのである。その疑念は、非武装が現実的ではないという懸念以上に大きいものであったはずである。

実際、戦争の悲惨についての記憶は、「戦争は一切してはならない」という強い反戦意識を国民の中に浸透させており、それが、憲法九条の原則への一定の社会的支持をもたらしている。このような支持の手応えによって、社会党は憲法擁護を党是として維持することに固執したが、それが逆に、社会党の体制内化を阻害するというパラドクスを生んだ。

（3）一九八〇年代日本における平等社会の実現

日本では、社会民主主義的な政党が弱いにもかかわらず、また、先進資本主義国の中では相対的に政府予算規模が小さかったのにもかかわらず、高度成長過程において、国内の社会的格差が縮小した。一九八〇年代のある調査では、日本人の八割が中流意識をもっていると報じられ、話題になった。国家による福祉政策が十分でないのにもかかわらず、その当時、かなりの程度の平等を実現することができたのはなぜだったのか。三つの要因をあげておこう。

①日本は日本国憲法と日米安保条約によって、防衛予算を相対的に少なく抑えることができた。また、社会民主主義的な再配分政策も多くはなかったため、政府予算規模自体が大きくならずにすんだ。その結果、政府が市場における資金を逼迫させることがなく、中小企業や農業者という弱小セクターにも資金が行き渡るという効果が生まれた。

②日本で一般的な企業別労働組合は、組合と企業の利害関係を一体化させるものであるため、組合は企業経営を批判しにくく、劣悪な労働条件をも容認しがちとなり、御用組合とも呼ばれる。だが、このような企業内組合が、そのような労働条件抑制の見返りに、終身雇用制という長期の雇用保障と年功序列賃金制という将来における確実な昇給の保証を得たならば、労働者は企業経営に献身的に協力するようになる。実際、七〇年代の不況時には、企業内組合が、賃金抑制に耐え企業経営の合理化に尽くした結果、日本経済は、一九七八年の第二次石油危機を乗り切ることに成功した。終身雇用制が維持された

ため失業率は低水準にとどまり、一九八〇年代には日本は、世界でもトップの経済的パフォーマンスを誇るまでになったのである。

日本経済の代名詞となるような大企業は、系列や下請関係を介して多数の中小企業に支えられており、大企業の成功は中小企業にも利益を行き渡らせた。また、日本社会における横並び意識は、とりわけ同一業界内における、ほぼ一律水準の賃上げ（あるいは抑制）をもたらし、平等化を進めることになった（一律の賃上げの実現には、「春闘」が及ぼした影響も指摘されている）。

自民党政権は、このような企業を積極的に支援した。社会的格差を直接的な政府支出によって是正するような福祉政策は多くなかったが、企業活動を優遇する税制上の措置によって、結果的に、企業労働者への一定の再配分を実現した。企業の福利厚生に対する優遇や雇用労働者の配偶者控除や扶養控除である。このような措置は、社会的格差を一定程度是正することに寄与した。

③もう一つ重要なのは、旧中間層、自営業者や農業者への対策である。

自民党は、特に農業セクターについては、農協を介して自己の支持基盤としたが、支持獲得のためになされた様々な優遇政策は結果的に、他の産業セクターからの所得の再配分という効果をもった。また、自民党の開発政策は、衆議院の定数が、農業地域から過剰代表されてきた結果、産業化の進まない地域に優先的に資源再配分するという帰結をもたらした。自民党政治は「土建国家」と批判されてきたが、公共事業に関わる土建業者は、兼業農家あるいは元農家という層が多く、地方への公共事業ばらまき政策は、結果的に地方の農業セクターの貧困化を一定程度抑制したのである。

自営業者・中小企業セクターに対しては、大店法などで大企業との直接対決は緩和させる措置をとりながら、その自主的活動を積極的に支援した結果、独立的で競争力をもった中小企業が多く登場することになった。これら優良中小企業では、大企業との賃金格差は、縮小した。

三　冷戦の終結による戦後体制の終焉とイデオロギー対立軸の変容

1　新自由主義の登場

(1)　保守派による改革

右翼と左翼という表現は、もともとは、既存秩序の擁護者を右翼、その批判者を左翼とするものであった。これを、保守派と進歩派と言い換えることができたのは、社会内の改革は一層の平等化に向かって進歩していくはずだという想定がなされていたからである。この発想の下では、革命によって達成された政治秩序に対する批判は、更に革命の方針を徹底しようという左翼・進歩派からのものか、革命の成果を否定し現在の秩序を過去のものに復旧しようという右翼・反動からのものに色分けされることになる。だが革命によって達成された政治秩序であっても、その体制が長い期間のうちに機能不全を起こすようになっている場合には、旧来の価値観に依拠しながら既存体制を批判して改革を求める主張も成り立ち得る。先進資本主義諸国においては、このような主張が見られるようになるのは、一九八〇年代である。

先に述べたように、第二次大戦後、一九六〇年代をピークにして、多くの先進資本主義国で福祉政策が充実し、経済成長の果実は社会の中に均霑して社会的な貧富の格差は縮小していった。ところが一九七三年の石油危機を契機に経済成長が滞ると、各国の経済運営には大きな困難が生じるようになる。福祉政策は、公的制度によって富を富者から貧者に移転しようとするものである。しかし、経済成長時には再配分を容認できる富者も、経済的に困難な時期には、再配分政策の継続には不満をもとう。特にそのような再配分政策は、いったん制度が確立されると、経済状況にかかわらず運転されるようになるから、再配分を受ける側はそれを既得権益としてうけとめるようになり、制度改革には頑強な抵抗を示すようになる。政府は、税収が縮小する中でもそのような制度を維持していかなければならず、大きな財政赤字が生まれることになった。

このような中で政府による再配分・福祉政策（＝大きな政府）を否定し、市場競争による活性化（＝小さな政府）を主張する立場が現れた。これは、平等と福祉を掲げる進歩派に対して、経済の自由を重視する立場であるから、従来の図式では保守派と言えるが、既得権益体制を破壊し、経済的停滞を打破しようという強い改革指向をもつ点に特徴がある。この立場を新自由主義とか新保守主義と呼ぶ。この立場の理論的指導者は、フリードリヒ・ハイエクやミルトン・フリードマンである。一九八〇年代には、イギリスのサッチャー首相、アメリカのレーガン大統領が、この立場から、急進的な改革を行なった。米英両国は、石油危機後、政府の財政赤字とスタグフレーションに苦しめられていた。二人が推し進めたのは、規制緩和と民営化である。これは政府が市場に介入する余地をできるだけ縮小することで市場を活性化しようという発想に基づいている。政府資金を引き揚げることで政府の赤字縮小が期待できる上、既得権に安住しているセクターに競争圧力を導入することで、経営の合理化を促して、利潤をあげる体質に転換させることができれば、そこから法人税収も期待できるだろう。政治的に言えば、このような改革は、福祉政策の利得を享受していた労働組合セクターの切り崩しを意味する。それは社民勢力の支持基盤の解体を狙ったものだと言える。対外政策的にも、サッチャーもレーガンもソ連に対して強硬な姿勢を示しており、国の内外で左翼勢力と対決したと言えよう。

(2) 日本の場合

日本における新自由主義的改革は、一九八〇年代に中曽根康弘内閣で行なわれた行財政改革が代表的なものである。中曽根は、国有・国営企業であった国鉄・電電公社・専売公社の分割民営化を行ない、JR各社、NTT、JTが誕生した。ただし、当時、国鉄は大きな赤字を抱えていたが、電電公社は、むしろ優良企業であった。国鉄に関しては、政府が負担しなければならない巨額の赤字を解消することが狙いであったと考えられるが、電電公社については、将来大きなマーケットになることが予想される通信分野に、新規参入を促す狙いがあったろう。

重要なことは、これが、社会党の主要な支持基盤であった労働組合の組織力を掘り崩すものであったことである。国鉄の労働組合などを中心としていた総評は解体され、民間労組とともに連合に再編されていった。

中曽根はまた日本の安全保障体制が、アメリカの防衛体制と一体のものであることを明示した首相でもある。彼も、レーガンの対ソ戦略を支持し、軍備の拡充を進めた。

2 米ソ対立の終焉

(1) 冷戦の終結

レーガンの対ソ強硬路線は、ソ連はもはやこれ以上の軍事負担に耐えられないはずという見通しの上にとられていたものである。レーガノミックスを標榜し小さな政府の実現をめざしていたはずのレーガンが、軍事支出は惜しまなかったため、アメリカは、財政赤字と貿易赤字の「双子の赤字」に苦しめられることになる。このため、八〇年代後半のアメリカ経済は困難に陥り、その余剰資金は日本に流れ込んで空前のバブル経済を生んだが、結果から見ると、レーガンの強硬姿勢はソ連の崩壊を導き、九〇年代のアメリカ経済の復活をもたらしたことになる。

ソ連の指導者ゴルバチョフは国家の経済体制の立て直しをめざして改革開放路線をとるが、いったん起こった改革への希求は、とどまることをしらなかった。一九八九年には、東ドイツから大量の市民が西側に流出、東西ドイツを隔てていたベルリンの壁が突き崩される。米ソ首脳は冷戦終結の合意を行なうが、東側の社会主義諸国は相次いで崩壊、ついにはソ連も解体し、資本主義対社会主義というイデオロギー対立が世界を二分した時代は終わりを迎える。

この結果、世界を東と西に分け、敵方の全体を一つのブロックとして安全保障を確保しようとする体制も、過去のものとなる。それは、これまで相手ブロックとの対抗関係を名目にブロック内で抑圧してきた様々な問題の噴出を引き起こすことでもあった。

民族・宗教が入り組み、それまで二大陣営間の緊張の圧力によって押さえつけられていたバルカン半島や中東といった周辺地域においては、深刻な紛争が起こっている。これらの武力紛争に対して、より強大な軍事力を持つ諸国が介入して紛争を鎮圧しようという試みも繰り返されているが、鎮圧されそうになった側からのテロ行為を招いて、事態が一層混乱する例も珍しくはない。また、国際社会から非難対象とされた国家が、テロ行為を計画もしくは実行したと見られる例もある。そのようなテロ行為に対しては、ブロック対ブロックの対決を前提に構築された冷戦型の安全保障体制は十分に機能しないところがある。

(2) 日本政治における影響

冷戦の終結とソ連邦の崩壊によって、それまでヴェールに覆われていた社会主義諸国の実態が白日の下にさらされる。平等な社会という美名の下の惨状があからさまになると、社会主義の理念も説得力を失った。社会党の場合は、後に、友好関係を結んでいた北朝鮮が、日本人の拉致に関与していたことが明らかになったことの影響は致命的で、公党としての信用は失墜したとも言えよう。

ただ社会主義諸国の崩壊によって、社会党の路線変更が最終的に確定されたとも言える。社会主義諸国と連携して革命を起こすという可能性が消滅したからである。この結果、五五年体制下では想像もつかなかった自社連立による社会党委員長の首相就任というアクロバットが可能になったのである。

そして、安全保障政策でも大きな転換が生じる。五五年体制の下での進歩派は、日米安全保障条約を、冷戦の当事者の一方に荷担することであり、国際的緊張をもたらすものであると批判してきた。国際緊張の緩和のためには、中立、あるいは社会主義諸国の東側陣営とも等距離に立つことが望ましいと主張されていた。保守派がアメリカ側に立とうとするのに対して、進歩派は、特に国際連合を信頼することが国際平和に資する道であると謳っていた。

ところが、冷戦の終結によって、二極対立の一方の極が消滅すると、事態は劇的に変化する。国際平和の主たる攪乱因子は世界各地の民族紛争となり、アメリカは国連の中の中心的な存在として、その紛争解決に積極的に関わるようになる。したがって、かつて進歩派が保守派を批判して依拠していた国連中心主義は、冷戦終結後には、保守派の親米路線と接続することになる。冷戦構造を強化するものとして批判されていた日米安全保障条約も、国連中心の国際平和推進のためのものと読み替えられるようになるのである。五五年体制の下では、平和主義は、もっぱら、憲法九条を掲げた進歩派の旗印であったが、冷戦終結後は、日米安全保障条約を掲げる保守派によっても謳われるものとなった。かくして、進歩派は自己に固有の立脚点を失う。

他方、日米安全保障条約は、もともと、米ソのブロック間対決を前提に、その極東地域での前線に対応しようとするものであったから、冷戦の終結によって、東側ブロックという仮想敵が消滅すると、東側ブロックからの浸透・攻撃を防ぐという目的で構築されてきた日米連携の防衛体制は本来の対象を失うことになる。アメリカの安全保障体制は、世界各地で起こるテロ行為との対決を課題にするようになるから、日本がアメリカと連携を続けようとするならば、各地でのテロとの戦いに対応できる体制が求められることになる。

また、ブロック対ブロックという想定が崩壊すると、日本の安全保障上の観点とアメリカの観点は、当然には一致しなくなる。例えば、冷戦状況では、アメリカと日本にとって、中国は、ソ連を牽制するためのパートナーであった。冷戦終結後も、中国は、アメリカにとっては世界秩序の安定のために、良好な関係を保っていかなければならない相手である。しかし、アメリカの国際的な安全保障体制に対して中国が持つ意味は、東アジアにおいて軍事大国化していく中国が日本の安全に与える脅威の意味とは、まったく別のものである。

冷戦終結によって社会民主党の中の現実主義的な部分は、民主党に移行し、自民党から分かれてきた人々と結集することが可能となった。その結果、民主党と自民党との間の政策的相違は縮小し、民主党は政権交代の受け皿となることができた。だが、民主党には、自民党の五五年体制を支えた官僚や業界団体とのパイプはなく、むしろ、自民党政権との違いを際出せようとしてそれらとの絶縁を強調したために、政権獲得後には、円滑な政策遂行能力を欠きがちとなった（そのような政権が、東日本大震災という未曾有の危機に遭遇したのである。菅直人内閣については、自民党政権であったらもっとうまく対応できたはずと考えるべきか、従来の政策決定機構との決別を標榜した彼らにしてここまでよくやったと評価すべきかは、今の時点ではまだ確定はできないだろう）。

他方で、五五年体制以来の憲法擁護を原理とする勢力は周辺的な政党に転落することになるが、それでもこの勢力が少数とはいえ、国会内で一定の議席を占めているという点は注目しておいてよいだろう。

3　グローバル化の進展と市場主義の拡大

（1）中曽根における失敗

二〇〇〇年代以降の自民党政治の特徴については、ここで改めて八〇年代の中曽根内閣の成功・失敗と比較すると見えてくるものがある。中曽根は、一九八五年、「ウィングを左に伸ばす」と称して、自民党の支持層を大都市住民に拡大しようと考えていた。彼は国鉄や電電公社の分割民営化を成功させると、一九八六年、都市部のサラリーマン層が感じている税負担の不公平感を解消しようとして税制改革を構想した。これは、所得税制上、農家や自営業者が優遇されているのではないかというサラリーマン層の不満に応えて、所得税を減税し、国民一般に広く薄く間接税負担を負わせようというものであった。大型間接税は福祉充実化にも親和的な制度であったが、中曽根自身が制度をよく理解せずに公約をぶち上げてしまったために、制度案が具体化するにつれて説明の修正を余儀なくされ、公約違反という疑いを招いてしまう。彼は、大都市住民層の支持を受けることができなかったばかりか、それまでの伝統的な自民党支持層から強い反発を受けることになった。

中選挙区制の下では、自民党内での競争が激しく、農業団体や中小企業団体からの支持に当落の帰趨がかかってくる自民党の候補が多かったため、このセクターの意向を軽視することはできず、中曽根は売上税の導入は断念せざるを得なかった。ここで中曽根が直面した限界が、二〇〇〇年代にはどう変わったかというところがポイントとなる。

(2) 小泉改革の位置づけ

二〇〇〇年代の小泉内閣は、それまでの自民党政権とは大きな違いがあった。五五年体制の下では、首相は、派閥領袖間で選ばれていたが、小泉は派閥の長でないのにもかかわらず、総裁選に打って出、国民に直接支持を訴えて総裁選に勝利し、また、内閣の組織に当たっても、かつてのように各派閥からの推薦によることなく、自分の意向に即して一本釣りした。これらの事情は、中選挙区制の廃止に伴って、自民党内における派閥の拘束力が弱まっていることを反映している。派閥の力は、自民党の支持基盤である有力な業界団体との密接な関係によって支えられていた。このような小泉の行動は、彼が従来の自民党の支持基盤の影響からかなりの程度自由であることを示している（ただし、小泉の行動の特異性については、制度の変化だけでなく、小泉個人の性格も考慮すべきであるという意見は強い）。

彼は、郵政民営化を自身の最大の公約とした。従来、特定郵便局は、自民党の強固な支持基盤として知られていた。そこに認められていた特権を剥奪することは、自民党総裁が自ら党の支持基盤を掘り崩そうというものであり、当初は、自民党内で、小泉が本気でこれに取り組むつもりであるとは信じられていなかったほどだった。

（3）旧中間層切り捨てか？

小泉による郵政改革は、国営企業の分割・民営化という点では、八〇年代の中曽根行革の延長に位置づけることができるのは確かである。郵便事業は宅配業者に比して、郵便貯金事業は銀行業界に比して、簡易保険事業は生命保険業界に比して、それぞれ特権が与えられていると見なされていた。郵政民営化は、これらの特権を廃して自由競争を実現し、さらには業界に新規参入を促そうというものであるから、電電公社—ＮＴＴ型の改革であったとは言えよう。

しかし、これは、政治的に見れば、伝統的な自民党支持組織の切り捨てを指向しているという点で、社会党支持組織の解体を狙っていた中曽根行革とは異なっている。小泉の改革は、伝統的な支持層の保護より、グローバル化の進展に対応した市場開放を優先させた試みであり、むしろ中曽根が失敗した税制改革の試みとつながっている。中選挙区制の下で中曽根は挫折したが、小選挙区制においては、改革の姿勢を国民に直接アピールすることが、流動的な消費者・都市住民を動かし、選挙での勝利につながることを、二〇〇五年の小泉「郵政選挙」は明らかにした（このような小泉のやり方は、「ポピュリズム」とも評されている）。

だが、小泉の退陣後、「格差社会」が問題になるようになる。小泉の構造改革路線が、社会内の格差を拡大したのではないかという批判があり、小泉後、自民党が、安倍・福田・麻生と短命の内閣しかもてなかったこと、そして、麻生内閣での解散総選挙で、ついに敗れて下野したことについては、小泉改革による格差拡大が原因になったという指摘もある。この因果関係はまだ解明されていないが、特定郵便局への優遇は、もともと旧中間層政策という側面のあったことは確認しておきたい。

特定郵便局は、明治維新後まもなくの国家の形成期において、十分な資源を欠いていた国家が地域の有力者に免許を与えて短期間で郵便網を整備したという由来をもつ。これを引き受けた地域の有力者とは伝統的な保守支持層であり、社会階層的には旧中間層、つまり自営業者や農業者と連続している。

このように、小泉の郵政改革に見られるような、二〇〇〇年代に入って以降の市場主義的改革路線は、一九八〇年代の官営大企業の民営化という反社会主義的な改革から、旧中間層の組織を解体する方向に向かっているようである。現在の日本では、旧中間層による最大の組合組織は農協であるが、グローバル化に対応しようというＴＰＰ路線は、農業分野の自由化を進め、優遇されてきた農家と農協を標的にしている。これは政治的に言えば、定数是正によって農業地域の過剰代表の程度が縮小し、また、小選挙区制度によって業界依存の組織選挙の比重が軽減されたことによって、自民党がこれまでの支持基盤を保護するという関心を失いつつあることを示している。それは、八〇年代までは格差緩和のために機能していたシステムを、自民党が放棄しようとしているということも意味している。

四　イデオロギー対立軸のねじれと政党アイデンティティの喪失

戦後世界の政治体制においては、保守派と進歩派の二項対立が成り立っていた。日本においては、保守派が、旧中間層、とりわけ農民層の組織化に成功したこと、進歩派が、国営企業の労働組合の外に支持層を拡大できなかったことが、保守派の長期政権を可能にした。この自民党優位の体制は、旧中間層の優遇政策と、終身雇用制と年功序列賃金制と組み合わされた企業内組合の存在によって、八〇年代には格差の比較的小さい社会を作り出すことに貢献した。

安全保障政策の面では、自民党政権は、一貫してアメリカとの連携による防衛体制を推進してきた。それに対して社会党は「非武装中立」を主張していた。社会党の主張は、現実的ではないという批判にさらされていたものの、憲法上の明文は社会党の主張に近く、実際保守政党自身も憲法制定時にはそのような解釈を認めていたから、自民党のやり方に共感できない者は、憲法を掲げた社会党に投票することになった。社会党が原理的反対を示すだけだったために、有権者は、政策の適否という点で社会党を評価せずにすんだのである。このような意向が社会内に一定程度あったことが、常に自民党の安全保障政策に対するブレーキとなり、自民党の行動を慎重にさせた（ただし、そのような反発を予想するが故に、自民党の方でも、正面からの安全保障論議を極力回避するようになり、その時点その時点での場当たり的な言い抜けで、防衛政策の拡充を取り繕うことになってしまい、重要な日米間の安全保障上の合意が、限られた当事者だけの「密約」で取り決められることになるという弊害も生じた）。社会党は政策的な対案を提示する能力がなかったが、そのことが逆に、冷戦体制の中でアメリカの傘の下で安全保障政策を実現していく以外に現実的な選択肢のなかった日本において、盲目的な対米追随路線を抑制するブレーキの機能を社会党に与えたのである。

社会主義諸国の崩壊に伴う社会党の現実主義化は、安全保障政策における対立軸を消失させた。また、冷戦が終わったとき、日本においては、市場競争圧力に抗し得る大きな労働組織は失われていた。結集のための理念も見失われている。このような対立軸の喪失は、今日の政治の位置を特定するための地図をも失わせたと言えよう。現在の日本社会における格差の拡大に対しても、不安を感じる者たちにとってのオルタナティヴは、まだ見当たらない。

今の日本政治に見られる重要な政治的争点は、かつての保守派対進歩派の対立関係から様々なねじれを示している。環境保護、農業保護、原発反対といった主張について見てみよう。

①環境保護という主張は、昔から存在する自然を守ろうという主張であるから、伝統を守ろうとする

保守派の立場であってもおかしくないのであるが、一九七〇年代以降、これは基本的には進歩派の側の主張であった。なぜなら、環境保護の主張は、環境破壊が起こって初めて出てきたものだからである。土地の私有権が確立している国家では、多くの環境破壊は、土地を買い占めた主体（国家主導の近代化を図る後進国では、国家自体がその主体となることもある）が、その財産権に基づいて土地を自由に開発利用したことが原因になっている。大規模な自然破壊は、経済活動の自由を尊重する制度が生んだものであると言ってもよい。実際、それに反対する急進的な環境保護団体の中には、新左翼の経歴をもった者が含まれていることがある。

だが、自然環境を美しく整備することが土地の資産価値を高める可能性もあり、それが観光資源として地域経済活性化の目玉になることもあることを考えれば、経済的利益という面から積極的に環境保護を主張する人々は増えていくだろう。このような人々は、所有者の自由な土地利用の権利への制限を主張することにならざるを得ない。彼らは、それまでの保守派とどういう関係に立てばいいのだろうか？

②農業保護という主張は、美しい田園風景を守れという主張としてみれば、上の環境保護運動と連続しているようにも見えるが、農家は日本では伝統的に自民党の支持基盤であり、農業を保護しようという政策は、都市部の進歩派からは、利益誘導政策であるとして攻撃されてきた。だが、いまやＴＰＰを打ち出して農家を脅かしているのは保守政権である。

他方で、いくらか高価ではあっても安心できる日本の食材を評価している豊かな消費者は、日本や中国の都市部には多く存在し、彼らは日本の農業が消滅することを懸念している。そこにビジネスチャンスを認めて企業経営者が参入しようとする場合、彼はどの党派の政策を支持していけばいいのだろうか？

③原発反対という主張は、基本的には環境保護と同じ対立構造をもっており、環境保護を主張する進歩派はたいてい原発に反対し、保守派は、電力会社の企業活動の自由を擁護すると同時に企業に対する安定した電力供給を期待して、再稼働を支持しているようである。しかし、地域ごとに独占経営を行なっている電力業界に、新自由主義的な分割民営化を行なったならば、原子力発電に依存しない新規の事業者が参入して、安価で安全な電力供給がなされる可能性もある。だとしたら、電力会社を擁護する保守派の立場は、既得権益にしがみついているとして、かつて保守派自身が批判した国鉄や郵便事業擁護と同じ立場になってしまうのではないだろうか？

このように、近年の論点は、従来の対立軸の上に乗せてはうまく割り切ることのできない部分に関わっている。そのため、既存の政党は、これらの論点をつなぐ政策的な体系を示すことができない。その結果、どの政党も選挙においては、票が期待できそうな政策を総花的に並べるだけになるだろう。これは、政党が政党としてのアイデンティティを見出すことができないでいるということも意味する。

有権者の側では、既存の政党はいずれも似たり寄ったりという印象を受けることになる。特定の政策を望む有権者なら、自分の期待する政策が、それとは矛盾する可能性のある政策と同じような比重で並べられているのを見れば、その党は本当に自分の希望する政策を実現する気はあるのだろうかと疑いを抱き、結局、どの政党に投票しても同じではないかと感じるだろう。イデオロギー対立軸の明示は、有権者にとっての選択肢の提示ということでもある。

このような状況にあって、どのようにすれば新しいイデオロギー対立軸を描き出すことができるのだろうか。それは、今日の政党と政治家の課題であると同時に、これから政治学を学ぼうとする人々の課題でもある。

◎文献案内（本章は、今日の政治経済についてのラフスケッチであり、この極端な単純化と誇張は、読者が自分自身の手で専門研究をひもとき、自ら肉付けしていってくれることを期待してなされている。以下ではそのための最初の手がかりを案内しておきたい）

イデオロギーについては古典的な著作としてマンハイムの『イデオロギーとユートピア』（中公クラシックス、二〇〇六年）がある。社会主義と聞くと、北朝鮮や中国の人権侵害状況しか想起できない今の学生諸君は、それがかつてどれだけ人々を引きつけるものであったかを知っておく必要がある。少々変わったアプローチかもしれないが、ジェイムズ・ジョル『ヨーロッパ一〇〇年史１・２』（みすず書房、一九七五・一九七六年）とマルタン・デュ・ガール『チボー家の人々』（白水Uブックス、一九八四年）を併読してみるのも一興であろう。

日本の戦後体制である五五年体制の構造を概観するには、ケント・カルダー『自民党長期政権の研究』（文藝春秋、一九八九年）が手頃である。自民党政権を支えた現場を取材した広瀬道貞『補助金と政権党』（朝日新聞社、一九八一年）

を読むのも刺激になるだろう。五五年体制における政治経済の構造を、比較政治経済学的な観点からとらえようとした努力としては、樋渡展洋『戦後日本の市場と政治』（東京大学出版会、一九九一年）がある。チャルマーズ・ジョンソン『通産省と日本の奇跡』（TBSブリタニカ、一九八二年）は、高度経済成長に対して官僚制が果たした役割を指摘した有名な著作である。戦後日本政治におけるイデオロギー対立軸については、大嶽秀夫『アデナウアーと吉田茂』（中央公論社、一九八六年）がある。五五年体制下で行なわれていた選挙運動については、ジェラルド・カーティス『代議士の誕生』（日経BPクラシックス、二〇〇九年、原著は一九七一年）が、文化人類学的方法で候補者に長期密着した報告であり、今日でも意義を失っていない業績である。

中曽根行革については、草野厚『国鉄改革』（中公新書、一九八九年）や大嶽秀夫『自由主義的改革の時代』（中央公論社、一九九四年）、消費税導入に至る税制改革については、加藤淳子『税制改革と官僚制』（東京大学出版会、一九九七年）、選挙制度改革については、佐々木毅編『政治改革一八〇〇日の真実』（講談社、一九九九年）などがある。社会党については、新川敏光の理論的な研究『幻視のなかの社会民主主義』（法律文化社、二〇〇七年）をあげておく。

二〇〇〇年代以降の政治を考えるためには、やはり小泉内閣とは何だったのかを知る必要がある。手始めにコンパクトだが高水準の竹中治堅『首相支配』（中公新書、二〇〇六年）と内山融『小泉政権』（中公新書、二〇〇七年）の二著を対比しながら読んでみるとよい。ジャーナリスト上杉隆の『小泉の勝利　メディアの敗北』（草思社、二〇〇六年）や、元秘書の飯島勲による『小泉官邸秘録』（日本経済新聞社、二〇〇六年）は、この内閣を立体的に把握する上で役に立つ。民主党への政権交代と東日本大震災までの日本政治については、佐々木毅・清水真人編著『ゼミナール現代日本政治』（日本経済新聞出版社、二〇一一年）が最も充実した概説書である（増補版の刊行が待たれる）。

政治経済学的な枠組については、新川敏光・井戸正伸・宮本太郎・眞柄秀子『比較政治経済学』（有斐閣、二〇〇四年）が優れた教科書である。現代の民主主義の態様については、アーレンド・レイプハルトの業績が重要で、翻訳では『民主主義対民主主義　第2版』（勁草書房、二〇一四年）がある。建林正彦・曽我謙悟・待鳥聡史『比較政治制度論』（有斐閣、二〇〇八年）は、新制度論の観点から選挙制度と民主主義を考える上で有益である。

※本章は、改訂版のための新たな書き下ろしである。今、現代日本政治の入門用には、大まかでもこのような俯瞰図が必要だろうと判断したことによる。新稿への差し替えという面倒を受け入れてくださった関係各位には御礼を申し上げる。

なお、旧版で触れていた首相の解散権行使のタイミングという論点は、新川敏光編『現代日本政治の争点』（法律文化社、二〇一三年）所収の「解散権の行使と首相の権力」で掘り下げて検討した。本章では割愛せざるを得なかった首相のリーダーシップについて関心のある方は参照されたい。

第5章　競争から見た日本政治史

佐々木　雄一

はじめに

民主政治は、人民による統治である。しかし現在、多くの場合、人々は日々の政治的決定や政治・行政運営に直接たずさわっているわけではない。日本を含め世界中で採用されている民主政治のあり方は、代議制（代表制）民主政治である。

それに関してシュンペーター（Joseph Alois Schumpeter）は、権力獲得のために競争し統治を担うのは政治エリート（政治家、政治指導者）であり、人民は選挙で政治家を選出するというかたちで民主政治に関わると論じた。そのように民主政治における人民の役割を限定的に評価することについては批判もあるが、ここで注目したいのは、「競争」である。競争は、複数性を前提とする。政治エリート内に政権担当能力のある複数の指導者や勢力が存在しなければ競争は生じず、人民は実質的に選択権を行使し得ない。また、複数性・多様性が、そしてそのなかでの競争が、政治の進歩や改良を促すことも期待される。

いかにして、よりよい政治やよりよい政治的リーダーシップが生み出され得るのか。現在および今後の民主政治を考えるうえで、競争は重要な視点であり続けるだろう。そこで本稿では、競争に着目して明治維新以来の日本政治史を通観する。

一　明治維新

近代国家としての日本は、明治維新を経て成立する。したがって、明治維新はいかにして起こったのかというところが日本政治史の起点となる。

江戸時代は、武士が支配階級であり、武士の頂点には将軍・幕府が君臨し、各地は大名などが統治・経営した。対外的には、いわゆる鎖国状態であった。

その体制は二〇〇年以上続いたが、黒船来航を機に揺れ動く。一八世紀末から西洋諸国の船が日本に相次いで来航し、それに対応するなかで日本では鎖国の意識や政策が強化・明確化されていた。そこに一八五三年、アメリカのペリー率いる艦隊が日本にやってきて開国を求め、翌年に日米和親条約、一八五八年に日米修好通商条約が結ばれた。他の西洋諸国とも条約が結ばれ、貿易がおこなわれるようになる。軍事的な威嚇に屈するように西洋諸国に対し国を開いたことで、日本国内では幕府の実力に疑いの目が向けられ、幕府のみで国政を担う状況を変えようとする動きが出てくる。幕府の側からも、一貫した方向性ではないものの、有力大名の政治参画を促す働きかけがなされた。そして第一三代将軍・徳川家定の後継を誰にするかという将軍継嗣問題もからみ、それまで幕政に関わることがなかった有力大名が幕政・国政の中枢に関与するようになる。

それは大名レベルでの中央権力への新規参入だったが、すぐにより大きな変動が生じる。主な担い手は、各藩の下級武士や武士に準ずる身分の人々である。彼らは、能力や識見、功名心があっても、平時においてはそれらを発揮する機会は乏しかった。対外危機はそうした機会を提供し、尊王攘夷の旗印のもと藩の垣根を越えて国事が論じられ、活発に活動が展開された。天皇の権威は一八世紀後半以降、いくつかの要因があって徐々に浮上してきており、そこに日米修好通商条約の不勅許調印問題などが重なり、天皇・朝廷・京都が政治変動の焦点となった。

その後、情勢がめまぐるしく変化するなかで、いったんは長州が京都で幕府・諸藩の軍と戦って敗れ、征討を受けたが、やがて薩摩と長州が手を結び、幕府に圧力をかける。そして第一五代将軍・徳川慶喜は大政奉還をおこなったものの、一八六八年、薩長など朝廷方との戦争（戊辰戦争）となり、幕府は敗れて終焉を迎えた。同年、元号は明治となる。

統治階層である武士のなかで、幕府による国政の独占状態から有力大名レベルで若干新規参入があり、さらに下級武士などがとって代わった。その過程では武力が用いられ、また国家の体制が根本的につくり変えられていった。以上が、明治維新の展開である。

二　憲法制定・議会開設

明治新政府は発足当初、機構は流動的であり、集団指導体制だった。しかしやがて、大久保利通（薩摩）を中心とする体制になる。契機となったのは、明治六年政変である。一八七一年に岩倉具視（公家）・大久保・木戸孝允（長州）ら岩倉使節団が洋行に出てしばらくすると、使節団一行と留守政府との間に疎隔が生じる。そして一八七三年、岩倉や大久保の帰国後、征韓論問題をめぐって対立が決定的となり、参議の西郷隆盛（薩摩）・板垣退助（土佐）などが辞職した。

政府外に去った板垣らは翌一八七四年、民撰議院設立建白書を提出する。自由民権運動のきっかけをつくったのは、政府中枢の対立・分裂であった。明治六年政変後、政府に対する批判・反抗の形態として当初は武装反乱もあったが、一八七七年の西南戦争で基本的には終わる。

一八七八年に大久保が暗殺された後、政府内では大隈重信（肥前）や伊藤博文（長州）を有力指導者としつつ、長州出身者、薩摩出身者、肥前出身者、岩倉、三条実美（公家）、天皇側近など、いくつかの勢力や人物たちが発言力を有していた。一方、自由民権運動は士族以外の人々も参加して発展し、一八八〇年に国会期成同盟大会が開催される。

そうしたなかで一八八一年、政府中枢で再び対立が生じ、大隈が政府外に追放された。明治一四年の政変である。憲法をめぐる政府内の意見聴取において大隈が急進的な構想を提出したことが政府内に波紋を生み、そこに、薩摩出身者同士の癒着が疑われて批判された北海道開拓使官有物払下げ事件が重なる。薩摩の指導者たちは、大隈とその周辺による薩摩閥攻撃と捉え、強く反発した。そして、大隈を排除するかたちで政府中枢の残りの諸勢力がまとまった。同時に、一八九〇年の国会開設を約束する国会開設の勅諭が発せられる。

政府は、内部で漸進論・急進論などの意見の違いはあったものの、憲法制定・議会開設自体を否定していたわけではない。むしろ、それらをおこなうのが当然であるかのように取り組んだ。その背景には、文明国は憲法を持っているものであるという意識などもあったが、そもそも明治政府は、江戸時代末期に幕府による国政の独占に反抗するかたちで各地の下級武士などが活動を展開していった結果、成立したものである。より広範な層に政治を開く、政治に参画させるというのは、政府の正統性の主要な根拠となっていた。

大隈追放・国会開設の勅諭発出と同じ一八八一年一〇月、自由党が結成される。中核を担ったのは板垣以下、土佐の者たちだった。翌一八八二年には大隈を党首とする立憲改進党が結成される。両党は、戦前日本における二大政党の源流である。政府外の動きと政府中枢の再編が共振することによって、立憲政治・議会政治に向かう流れは新たな段階に入った。

その後、政府の側では、一八八二年から八三年にかけて伊藤がヨーロッパで憲法調査をおこなった。そして一八八五年末には太政官制に代わって内閣制度が導入され、伊藤が総理大臣（首相）となる。その頃までに政府中枢の勢力図は段階的に整理され、伊藤を最有力とする薩長の元勲級指導者（長州の伊藤・井上馨・山県有朋・山田顕義、薩摩の黒田清隆・松方正義・西郷従道・大山巌）を中心に政府運営がなされていく。そして伊藤は側近などとともに憲法草案を検討・作成する。

自由民権運動の側は、政府の取り締まり強化や松方デフレによって十分に活動が展開できなくなり、一八八四年に自由党が解党、改進党でも大隈らが脱党した。その後三大事件建白運動・大同団結運動が一時的に盛り上がりを見せたが、いずれにしても自由民権運動の流れを汲む勢力と政府が本格的に対峙するのは、憲法制定・議会開設後である。

一八八九年に大日本帝国憲法（明治憲法）が発布され、翌一八九〇年、第一回の衆議院総選挙がおこなわれて帝国議会が開設、憲法が施行される。選挙は制限選挙であり、有権者数は人口の一パーセント程度だった。選挙の結果、多数を占めたのは政府系勢力ではなく自由民権運動の流れを汲む民党側である。なお帝国議会は貴族院と衆議院の二院制だが、本稿では非公選である貴族院にはほとんど触れない。

三　議会に基盤を持つ内閣の成立

議会開設後の政府（内閣）と議会・政党との関係を理解するうえで重要なのが、大日本帝国憲法の構造と、当時の政府の性質である。

日本国憲法下では、内閣総理大臣は国会議員のなかから国会の議決で指名される。国務大臣は内閣総理大臣によって任命され、その過半数は国会議員である。したがって、A党が衆議院・参議院双方で過半数の議席を有し単独で政権を担っているような状態であれば、基本的にはA党の党首が首相となり、大半の国務大臣はA党の議員が務め、国会でA党の議員は内閣が望む予算や法案を成立させる。そのようにして、政府（内閣）と議会多数派が人的に重なり合い、方針を共有し、政治が運営される。

ところが、大日本帝国憲法では首相やその他大臣の選び方が規定されていなかった。タテマエとしては、そして最終的には天皇が任命するが、天皇自身が選んでいたわけではない。次第に、次期首相は有力者の話し合いで決め、その他の大臣は主に次期首相が選ぶことになっていった。憲法の条文などの根拠はない。慣行としてそうなった。内閣と議会多数派は、制度的に結びつけられてはいなかった。

そして、当時の政府（明治政府、藩閥政府）というのは、国民から選ばれて成立しているものではなかった。倒幕に関わった者たちおよびその周辺の人物たちが新政府の枢要の地位を占め、世代交代や権力闘争を経ながら国政を運営してきたのである。

そこで政府の側で出てくる考えが、政府は政党の意向に左右されずに正しいと信じる施策をおこなうべき、という超然主義である。明治政府の指導者たちからすると、国家全体のことを考えて国政を運営してきたのは自分たちである。それに対し政党・党派というのは、あくまで一部の利害や意見を代表しているに過ぎない。ある政党が議会で多数を占めているからといって、その政党の主張に沿った政策ばかりおこなうようでは、偏った政治になってしまう。したがって、政党内閣も当然望ましくないということになる。

しかしながら、そうした超然主義の考えに基づいて政治を運営するのは実際には困難だった。予算にしても法律にしても議会を通さなくてはならないが、議会（衆議院）は反政府勢力が多数を占めていたからである。そのなかで政府側は多額の支出を必要とし、民党側は政費節減や税負担軽減を求めていた。一八九〇年一一月からの第一回帝国議会（第一議会）では第一次山県内閣が議員の買収工作などもおこないどうにか予算を成立させたが、翌年の第二議会は第一次松方内閣が民党と対立して収まらず、衆議院解散に至った。第二次伊藤内閣が臨んだ第四議会（一八九二―九三年）は、内廷費の節約によって建艦費をまかなうという和協の詔勅を発してようやく乗り切った。第五議会（一八九三年）、第六議会（一八九四年）も解散である。これらの解散は予算ではなく条約改正問題などが原因だったが、いずれにせよ、内閣の意向や方針が衆議院多数派と合致していないことからくる政治の行きづまりだった。

この問題を解決する方法は、まずは政党との提携である。日清戦争をはさんで第九議会（一八九五―九六年）では、自由党が実質的に与党になることで伊藤内閣は順調に議会運営をおこなうことができた。そしてその行賞の意味もあって一八九六年、自由党の板垣が内務大臣に就任する。

他方で、外交問題をめぐって伊藤内閣を批判していた勢力は同じく一八九六年、改進党を中心に合流し、進歩党を結成した。同年、伊藤内閣が退陣すると代わって第二次松方内閣が成立し、この内閣では大隈が外務大臣に就任するなど進歩党が与党の位置づけであった。ただし翌年には進歩党との関係が断絶して協力を得られなくなり、松方内閣の議会運営は困難になる。

第一一議会（一八九七年。第二次松方内閣）、第一二議会（一八九八年。第三次伊藤内閣）はともに内閣が議会に十分な支持勢力を持たないまま臨み、解散となった。そこで、第一次大隈内閣（隈板内閣）が成立する。自由・進歩の二大政党が合流して結成した憲政党の内閣であり、初の政党内閣である。

ここまで述べてきた通り、衆議院多数派の支持を得ないで内閣が政治運営をおこなうのは難しい。しかしながら、衆議院で多数を占める勢力のリーダーが首相に就任するという制度設計になっているわけでもない。ある内閣が退陣した後、次の首相を決めるのは元老（元勲級指導者）たちである。彼らは、また明治政府は、総じて政党内閣に対して警戒心を持っていた。

にもかかわらず政党内閣である第一次大隈内閣が成立した背景にはまず、伊藤の意向があった。伊藤は大日本帝国憲法のもとで政治をおこなっていくうえでは政党の存在を無視できないと考え、自身でも政党結成の意向を持つようになっていた。山県などに比べると、政党に対する拒否感は薄かった。そして、自身の政治運営や新党結成計画に政府内の十分な支持が得られないことへの反発もあり、半ば強引に大隈・板垣に政権を明け渡した。また、大隈は元々明治政府中枢におり、明治一四年の政変で政府外に追われた後も何度か外相を務めた。板垣も、倒幕から明治初期にかけての主要人物の一人である。伊藤らと同じ維新の元勲である大隈や板垣に政権を委ねるというのは、一応の名目が立った。

第一次大隈内閣は一八九八年八月の総選挙が終わるとすぐに内部の対立が表面化し、旧自由党系の憲政党と旧進歩党系の憲政本党に分裂して退陣となる。その後を受けた第二次山県内閣は、第二次松方内閣以来の懸案であった地租増徴を達成した。山県は政党に対して強い警戒心を持っていたが、議会を無視して国政を運営することはできない。そこで、大日本帝国憲法下で政治を進めていくために必要な議会・政党操縦策と割り切って、適宜政党の協力をとりつけた。

一九〇〇年、伊藤を総裁（党首）とする立憲政友会が結成された。それまでも何度か政党結成に取り組んできた伊藤が、ついにそれを実現した。伊藤は山県と違って、国家の統治や統合を支える存在として、政党の価値を認めていた。ただし、一部の利害や意見を代表する政党に政権を委ねるのが好ましいとは思っていない。伊藤としては、自らが先頭に立って国家本位の考えを持つ政党をつくろうとしたのだった。そこに旧自由党系の憲政党などが合流し、大臣経験者や官僚、実業家、従来からの政党政治家などが集う大政党が成立した。政友会結成直後に発足した第四次伊藤内閣自体は閣内・党内の統制がとれず早々に退陣となったものの、その後政友会は最大政党として、次いで二大政党の一角として、日本政治において重要な地位を占め続ける。

四　原敬内閣の成立

一九〇一年、第四次伊藤内閣に代わって第一次桂太郎内閣が成立する。桂は長州出身の陸軍軍人で、陸軍次官や台湾総督、陸軍大臣などを経て首相となった。政治的キャリアの面では伊藤・山県らより一世代下である。しかしながら桂内閣は日露戦争をはさんで約四年半の長期政権となり、その後、西園寺公望・桂・西園寺・桂と交互に政権を担った。桂園時代である。西園寺は公家出身で伊藤と関係が近く、伊藤が首相のときに何度か大臣を務め、政友会にも参加しており、一九〇三年に伊藤の後を受けて政友会の総裁となった。日露戦争を機に桂と政友会との提携が成立し、その後必ずしも常に互いを全力で支援していたわけではないが、おおむね安定的な政治運営・政権授受がなされた。

その状況が変化したのが、大正政変（一九一二―一三年）である。陸軍の二個師団増設問題で第二次西園寺内閣を倒して第三次桂内閣が成立したようなかたちになったことで、憲政擁護運動（第一次護憲運動）が起き、桂内閣はすぐに退陣に追い込まれる。そのなかで桂は新党結成を図り、政友会との提携関係は崩れた。桂は衆議院に関して政友会に依存することに飽き足らず、また自身のさらなる政治的台頭も図っていた。藩閥政府の指導者で自ら政党を組織した伊藤は一九〇九年に暗殺されて既におらず、今度は桂が藩閥政府と議会・政党の双方を掌握しようとしたのである。結局その試みは頓挫し、桂は一九一三年一〇月に病没するが、ここで成立した立憲同志会（非政友会議員、官僚、大臣経験者などが参加）は、政友会と並ぶ二大政党の一角となっていく。

第三次桂内閣退陣後は、第一次山本権兵衛内閣が成立する。山本は薩摩出身の海軍軍人で、第二次山県内閣から第一次桂内閣まで海軍大臣を務めた。政友会が与党である。この内閣がシーメンス事件で倒れると、代わって第二次大隈内閣が組織された。元老の井上や山県は政友会の影響力拡大を警戒しており、その勢力を削ぐために大隈に白羽の矢を立てた。立憲同志会などが与党である。一九一五年におこなわれた衆議院総選挙では政友会が第一党の座を失い、同志会が第一党となった。同志会を中心に大隈内閣の与党は一九一六年に合流し、憲政会を結成する。次に首相になった寺内正毅は長州出身の陸軍軍人で、陸軍大臣や朝鮮総督を経て首相に就任した。寺内内閣に対しては、政友会が協力的姿勢をとっていた。政友会は一九一七年の総選挙で第一党に返り咲き、そこからしばらく、第一党で政権与党・支持党の政友会、第二党で野党の憲政会、という構図が続く。

そして一九一八年、寺内内閣の後を受けて原敬内閣が成立する。首相の原は衆議院議員で政友会総裁であり、外相・陸相・海相以外の大臣ポストを政友会員が務めたため、日本初の本格的な政党内閣とされる。原内閣以前にも政党の党首が首相になった例や大臣ポストの大半を同一の政党の者が占めた例はあったが、伊藤にしても西園寺にしても大隈にしても、衆議院議員ではなかった。

原は戊辰戦争で新政府方と戦った盛岡藩の出身で、農商務省に勤めていたときに農商務大臣に就任した陸奥宗光（後の第二次伊藤内閣の外相）と出会って引き立てられる。陸奥の死後は官界を離れ、政友会結成に際して参加した。一九一四年に政友会総裁に就任している。

原が首相になるうえで最大の障害は、政党に不信感を持つ元老の山県であった。そこで原は山県に接近し、また寺内内閣を支援して自身や政友会が危険な存在でないことを示そうとした。そこに、米騒動が広がりを見せる。日露戦争講和時の日比谷焼打ち事件や憲政擁護運動など、群衆のデモや暴動が政治に圧力をかける事態はたびたび発生していた。世界を見渡せば、第一次世界大戦のさなかにロシア革命が起きている。国家体制の維持という観点から考えたとき、大規模暴動や社会主義は山県にとって、既存大政党である政友会以上の脅威だった。そのようにいくつかの要因が重なり、さらに原が山県に種々圧力をかけた結果、山県は最終的に原内閣誕生を認めた。

五　政党内閣期

原は衆議院に加えて貴族院、軍、植民地など国家機構の多方面で影響力を浸透させていき、強固な政権を築いた。前年の選挙法改正で納税要件が緩和されて有権者数が倍増し、かつ小選挙区制となった一九二〇年の衆議院総選挙も、大勝した。男子普通選挙を求める声があるなかでそれに応じずおこなわれた解散・総選挙であった。

一九二一年に原が暗殺されると、高橋是清が後任の政友会総裁および首相となるが、党内・閣内不一致で早々に退陣となった。高橋は財政・金融のスペシャリストで原内閣の大蔵大臣ではあったが、政治家歴・党歴が長いわけではなく、政友会を安定的に統率するのは無理なことだった。

高橋内閣の次は、加藤友三郎内閣が成立した。加藤は広島出身の海軍軍人で、第二次大隈内閣から高橋内閣まで海軍大臣を務めた。政友会は、いったん政友会内閣が終わってしまうことに不満はあったが、憲政会に政権が渡ることを恐れて加藤内閣を支援した。ところが、加藤の病没後、第二次山本内閣、清浦奎吾内閣とさらに二代続けて政友会には政権が回ってこず、清浦内閣への対応をめぐって政友会は分裂した。清浦は代表的な山県系官僚・政治家で、過去にも首相候補になったことがあった。薩長出身ではないが、官僚として勤めるなかで山県に評価されて引き立てられ、貴族院議員やさまざまな大臣、枢密院副議長を務め、一九二二年に山県が亡くなると代わって枢密院議長に就任した。清浦内閣を支持した政党は政友会から分裂した政友本党のみで、政友会・憲政会・革新倶楽部の護憲三派は対決姿勢であり（第二次護憲運動）、衆議院総選挙を経て退陣となった。

その一九二四年五月におこなわれた総選挙の結果、護憲三派が衆議院で過半数の議席を占め、六月に清浦内閣は総辞職し、第一党である憲政会党首の加藤高明が首相となって護憲三派連立政権が組織された。加藤は外務官僚として大隈外相の秘書官や駐英公使・大使を務め、何度か外相も経験した。同志会創立後まもなく党首となり、そこから同志会・憲政会の党首であり続けた。

衆議院総選挙で第一党となった政党の党首がほとんど間を置かずに首相に就任したのは、大日本帝国憲法下でこの一例のみである。前述の通り、大日本帝国憲法のもとでは衆議院で多数を有しているから首相になることができるというものではない。政権の座と議席数との関係でよくあるのはむしろ、政権党・与党のときに総選挙をおこなうと議席数が大きく伸びるというものだった。政権党・与党の地位にいると、自党に有利なかたちで選挙戦を展開するためにさまざまな手段を講じることができた。

それでは、なぜこのとき、総選挙で第一党となった政党の党首が首相に就任するということが起きたのか。それは直接的には、清浦が辞めると申し出、元老の西園寺が後継首相として加藤を推薦したからである。当初からの元老のなかで唯一存命であった松方は高齢で、同年七月には亡くなっている。西園寺は、必ずしも独断ということではないが、最後の元老として後継首相推薦の任を担った。

加藤内閣から、第一次若槻礼次郎内閣（憲政会）、田中義一内閣（政友会）、浜口雄幸内閣（民政党）、第二次若槻内閣（民政党）、犬養毅内閣（政友会）、と二大政党の党首が首相になることが続く（憲政会は一九二七年に政友本党と合流して立憲民政党）。単純に二大政党間で交互に政権が行き来したのではなく、首相の病没などに伴う首相交代であれば同じ政党が引き続き政権を担当し、失政や政権運営の行きづまりが原因で退陣する場合には二大政党のもう一方に政権が渡った。いわゆる憲政の常道である。政界・

言論界において政党内閣や政党間での政権授受を望む声が強かったという背景は無論あるが、それを保障する憲法上の規定などがあったわけではない。元老・西園寺が望ましいと判断して、そのようなかたちで後継首相推薦をおこなっていた。

したがって、西園寺（および周辺の後継首相選定に関わる人々）が異なる判断をすれば、その慣行は途絶した。一九三二年、五・一五事件で首相の犬養が暗殺される。これはテロであるから失政などではなく、憲政の常道からいけば次の政友会総裁が首相となって政友会内閣存続のはずである。しかし実際には、軍のコントロールが最大の問題となるなかで、海軍穏健派の斎藤実を首相とする挙国一致内閣がつくられた。対外的には一九三一年に満州事変が発生し、国内では血盟団事件、五・一五事件といったテロやクーデター（未遂）が起きていた。斎藤は第一次西園寺内閣から第一次山本内閣まで海軍大臣であり、その後は朝鮮総督を長く勤めた。斎藤内閣には、政友会・民政党双方から入閣している。一九三四年に斎藤内閣が退陣すると、次いで首相となったのは同じく海軍穏健派の岡田啓介であったが、岡田内閣は一九三六年に二・二六事件で倒れる。

六　小括

加藤高明内閣もしくは原内閣の成立以前はそもそも政党内閣が成立するかどうかが不明であり、必ずしも複数の政党が政権獲得を目指して競争していたわけではない。しかしながらその時期の日本政治を、政治エリート層における複数勢力の成立と競争、政党政治の定着といった観点から見ると、現代政治にも通ずるような示唆を得られる。

第一に、複数の有力な政党が並立する状態に至る過程では、政府中枢の分裂や新たな方向性の模索が重要な意味を持っていた。明治六年政変を経て自由民権運動が生じ、明治一四年政変を経て二大政党の源流ができあがった。伊藤博文や桂太郎が藩閥内に反対意見があるなかで新党結成に乗り出し、立憲政友会・立憲同志会は誕生した。

第二に、一方で歴史の大きな流れや制度的背景が、他方で偶然性や個性が、政治の変動をもたらした。例えば、大日本帝国憲法の構造と実際の政治運営上の要請から考えて、何らかのかたちで政府・内閣と議会・政党をつなぐことは必要だった。しかしそこから、従来の議会政治家に加えて大臣経験者や官僚を含む政党の結成という展開が生じたのは、伊藤や桂がそのような行動を起こしたからである。本格的な政党内閣が成立したのも、大正デモクラシーなどの時代の潮流はあったものの、原敬という人物を抜きにしては論じられない。

第三に、指導者を輩出する仕組みの意義である。元々明治政府を構成していた藩閥勢力は、第一次桂内閣以降、軍人を除くと、輩出できた首相は清浦奎吾のみであった。非制度的な人間関係に基づく藩閥には、恒常的にリーダーを再生産する仕組みがなかった。

それに対し、行政・官僚組織としての軍は、大臣がトップである。しかも陸海軍大臣は、他の大臣と異なり複数の内閣にまたがって長期に務めることが多かった。台湾や朝鮮の総督という、統治を担う要職も軍人が務めた。首相候補を生み出し続け得る仕組みになっていたのである。桂や山本権兵衛、寺内正毅は薩長出身という面も持っていたが、そうではない加藤友三郎や斎藤実も首相となった。

政党は無論、党首がリーダーであり、政党内閣であれば党首が首相となる。そして党内では、主導権や党首の座をめぐって競争がおこなわれるはずである。もっとも、圧倒的な存在だった原が突然暗殺されて政友会が次の指導体制を整えられなかったように、実際には、有力な指導者を円滑に選出し続けるのは容易なことではない。また、党内の競争や対立が激化して分裂にまで至ると、党は弱体化する。

原内閣期から二・二六事件までの政党間競争をまとめると、まず、基本的には政友会と憲政会・民政党が二大政党であり、当初は政友会が優勢だったが加藤高明内閣成立以降は憲政会・民政党の方が政権党である期間が長かった。両党間の競争が政策に反映された例としては、男子普通選挙がある。前述の通り、原は普通選挙に消極的だったが、加藤も元来は普通選挙推進というわけではなかった。しかし党内外の圧力と原・政友会への対抗上、加藤・憲政会は普選論に傾斜していき、後に護憲三派の連立政権のもとで選挙法が改正され、男子普通選挙が実現した。他にも、経済・財政・金融政策や対外政策などさまざまな分野で二大政党の方針は異なっており、それが政策に反映された。

他方で、議会や政党の立場を弱めることにつながるような二大政党間の政争も繰り返された。議場は混乱し、不正やスキャンダルが暴露・追及され、怪文書・怪写真が頒布され、センセーショナルに報道されて政党政治に対する不信感を高めた。

二大政党間の対立は、軍の台頭も後押しすることとなった。一九三〇年、民政党の浜口内閣は、海軍軍令部長が反対意見を有しているなかでロンドン海軍軍縮条約に調印した。それについて政友会は、天皇の統帥権を干犯するものだとして率先して浜口内閣を攻撃した。軍事に関して天皇を補佐する役割を担っているのは軍である、という理屈が肥大化して軍の意向が押し通されるようになったのは、ここからである。

一九三七年に日中戦争が始まり一九四一年には対米開戦となるなかでも、大日本帝国憲法や帝国議会は存在した。二大政党も、一九四〇年に解散して大政翼賛会に合流するまでは存続した（ただし政友会は途中で分裂）。一九四二年におこなわれた翼賛選挙でも、非推薦候補が少なからず当選した。しかしそれらは、議会・政党・議会政治家の意義や活動の余地が皆無にはなっていなかったということに過ぎない。二・二六事件もしくは日中戦争開始以降の日本政治の中心は軍である。議会・政党が国政の中心となっていく方向に進んできた歴史の流れは、途絶えていたのである。

七　五五年体制

一九四五年に日本は敗戦を迎え、占領下に置かれる。そのなかで日本政治の指導者となったのが吉田茂であった。吉田は戦前の外務官僚で敗戦直後に外相に就任。一九四六年に衆議院総選挙で第一党となった日本自由党の総裁・鳩山一郎が公職追放された際にその後継を引き受け、首相に就任して約一年間務めた。そして一九四八年に再び政権を組織し、連合国（西側諸国）と講和条約を結び占領終結・独立を導くなどした。

一九五一年以降、鳩山らの公職追放解除を受けて保守勢力のなかで吉田対反吉田の争いが激化し、一九五四年に吉田は退陣して鳩山が首相となる。鳩山内閣のもとで日本はソ連と国交を回復し、また同内閣は、憲法改正を目指すなど、占領下で展開された諸政策を転換・修正することにも熱心だった。権力闘争と政策面での差異は、密接に結びついていた。

一九五五年、左右に分裂していた日本社会党が再統一し、保守政党も合同して自由民主党（自民党）を結成した。ここから、五五年体制が始まる（五五年体制については本書第4章、渡部論文も参照のこと）。

五五年体制は、自民党の一党優位であった。自民党は結党以来、常に衆参両院で第一党であり、衆議院では過半数を確保し続けた。第二党である社会党の衆議院における議席数は、自民党の半分程度かそれ以下であった。また、衆議院の選挙制度は、定数三から五の中選挙区制であった（一部例外あり）。そして自民党は、党所属の国会議員などによる投票で総裁を選出する、総裁公選制を採用していた。自民党は衆議院で過半数を有していたため、自民党総裁は基本的には首相となる。

以上の帰結として、日本政治において自民党の派閥が重要な意味を持つようになっていった。衆院選は中選挙区制であり、過半数を確保しようとする自民党からは一つの選挙区に複数の候補が出馬する。したがって選挙戦でものをいうのは、どの政党に属しているかだけでなく、あるいはそれ以上に、個人の集票力や派閥の力であった。総裁選では派閥単位での行動がなされ、派閥は役職などの配分の受け皿にもなった。各派の長は総裁・首相の座を目指し、自派の勢力拡大に取り組んだ。

つまり、五五年体制のもとでは、実質的な競争は与野党間にではなく自民党の派閥間に存在した。派閥は単に権力闘争の母体となっただけでなく、指導者の輩出や政治家の育成といった機能も担った。派閥ごとに政策志向などの違いもあった。自民党内に、政権担当能力のある複数の勢力が存在していたのである。

長期にわたる自民党政権のなかで、内閣や自民党に対する批判の声が高まることはしばしばあった。選挙で自民党が議席を大幅に減らすこともあり、保革伯仲と呼ばれる時期もあった。それでも、総裁・首相が変わることで疑似的な政権交代をおこない、またさまざまな対策をとり、結局自民党が政権党の座から転落することはなかった。野党や世論の声は、自民党内の派閥間競争に吸収されるかたちで反映された。

八　二大政党制の模索

五五年体制および派閥本位の政治は、不正・不明朗な金銭の授受を横行させ、利益誘導政治を助長した。政党間の競争が事実上機能していないことで、国民の意思や監視の目から離れたところで政治が展開されがちでもあった。首相のリーダーシップが弱く、迅速・大胆な決断を下すことができないとも批判された。

そうした問題点を解決ないし改善すべく、政治・選挙制度改革が取り組まれ、結果的にその末に五五年体制が終わる。その経緯は複雑だが、まず大きな契機となったのは政治とカネの問題である。一九八八年から八九年にかけて未公開株譲渡などのリクルート問題が広がりを見せ、批判が高まるなかで、竹下登首相は政治改革に取り組み始める。改革の根幹は選挙制度改革で、政治とカネの問題を生じさせる選挙制度を見直そうということである。ただし、実際に選挙制度を変えるとなれば、自党・自身に有利か少なくとも不利にはならない内容にしようとするのは当然であって、自民党内でも各党間でもさまざまな意見や駆け引きがあった。国際的には冷戦の終結や湾岸戦争があり、政治的リーダーシップの確立を求める声につながった。そして一九九二年に東京佐川急便事件で自民党の最大派閥・竹下派の会長である金丸信が派閥会長を辞任し議員辞職することとなり、自民党内の主導権争いも深く関わってくる。

一九九三年の通常国会において、首相の宮沢喜一は政治改革実現を公言していたが関連法案の成立を断念し、内閣不信任案が提出、可決される。自民党の羽田孜や小沢一郎のグループ（羽田派）が不信任案に賛成したためである。小沢は一九八九年から九一年まで自民党の幹事長で、竹下派の会長代行も務めた実力者だったが、金丸会長退任後の派内の権力闘争に敗れて羽田を中心とするグループを立ち上げた。そして羽田派は、党内で劣勢に置かれるなかで政治改革を強く主張していった。また小沢は、後に実現していくような内外政全般にわたる制度改革や政策転換を明確に目指していた。権力闘争と個人の政策志向、そして時代の潮流がからみ合って、政治変動は引き起こされた。

衆議院は解散され、自民党からは武村正義らが離党して新党さきがけを結成し、羽田・小沢らも新生党を結成する。そして衆議院総選挙で自民党は「敗北」し、非自民連立政権である細川護煕内閣が成立した。もっとも、「敗北」といっても、自民党は依然として議席総数の四割以上を占める第一党であった。また、選挙で議席を失ったわけでもない。選挙前に大量に離党者が出て過半数を割り込み、そのまま過半数を得られなかっただけである。むしろこのときの選挙で議席を大幅に減らしたのは社会党であり、その後社会党は党勢を回復できなかった。

一九九四年、細川内閣のもとで政治改革関連法が成立する。衆議院の選挙制度は中選挙区制から小選挙区比例代表並立制に変わり、政党助成制度（政党交付金）が導入され、政治献金に関する規制が強化された。政治改革実現までの経緯は複雑であり、関わった人物や勢力も多様であるから、改革に込められた意図は必ずしも一つに収斂するものではない。しかしながら基本的には、その後の諸改革とも合わせて、二大政党が競争し、政党・政策本位で国民の審判を仰ぎ、首相が責任を持ってリーダーシップを発揮するという方向性の改革だった。

非自民連立政権は細川内閣が九か月弱、羽田内閣が二か月で倒れると、社会党の村山富市を首相とする自社さ（自民・社会・さきがけ）の連立政権が成立し、自民党は政権与党に復帰する。次の橋本龍太郎内閣からは、またしばらく自民党総裁を首相とする内閣である。衆参両院で過半数を得るため自民党は他党と連立を組むこととなり、一九九九年に公明党が連立に加わって現在（二〇二〇年）まで提携関係が続く。

それでは、自民党に対抗する勢力はどのように結集が図られたのか。一九九〇年代を通じて多くの政党が新しく生まれ、離合集散を繰り返した。自社さ以外の諸政党が合流して一九九四年末に結成した新進党も、党内対立が相次いだ末に一九九七年末に解党となった。

そうしたなかで自民党と並ぶ二大政党となっていったのが、民主党である。一九九六年にさきがけと社会民主党（社会党から党名変更）の人々などが結成し（旧民主党）、一九九八年、新進党から分かれた政党などが合流した（新民主党）。さらに二〇〇三年に小沢率いる自由党と合併し、その年の衆院選では総数の四割に迫る議席を獲得する。二〇〇四年の参院選でも、改選第一党となる。二〇〇五年の衆院選（郵政選挙）こそ議席を大きく減らしたものの、比例の得票数などを見れば依然自民党と並ぶ二大政党であった。二〇〇七年の参院選では大勝して第一党となり、衆議院は与党、参議院は野党が過半数を占めるねじれ国会となる。そして二〇〇九年の衆院選で民主党は大勝し、鳩山由紀夫内閣（社民党・国民新党との連立政権）が成立する。

九　日本政治の現在地

民主党政権誕生の意義は、それが選挙を通じた本格的な政権交代だったことである。自民党が衆議院で第一党の座を失ったのは、初めてであった。政策決定のあり方にしても、予算の組み方や使い方にしても、諸政策にしても、同一の政党が政権を担い続ければ監視や再検討が難しくなってくる。民主党はそれらに関して自民党とは異なる方針を掲げて政権を獲得した。

ところが、民主党政権は長続きせず、やがて二大政党制に向かう流れは停滞していく。まず、鳩山内閣は約九か月、次の菅直人内閣は東日本大震災をはさんで約一年三か月で退陣となった。いずれも、内閣支持率の急降下と党内対立により早期退陣を余儀なくされた。また、二〇一〇年の参院選で民主党は議席を減らし、与党で過半数を確保できず、ねじれ国会となって政権運営が難しくなった。その後も民主党内の対立は続き、二〇一二年、消費税増税をめぐって大量の離党者が出た。そして同年、野田佳彦内閣および民主党の支持率が低迷するなかで衆議院の解散・総選挙がおこなわれ、民主党は大敗して自民党が政権党に返り咲く。

ここから第二次安倍晋三政権が長期政権となり、その間、国政選挙での獲得議席数を見ると、二〇一三年の参院選は自民六五・民主一七、二〇一四年の衆院選は自民二九一・民主七三であった。民主党が維新の党などと合流して民進党となって臨み、かつ一人区で野党候補が一本化された二〇一六年の参院選では自民五六・民進三二であったが、二〇一七年の衆院選に際して民進党は分裂した。そこで野党第一党となった立憲民主党と自民党の獲得議席数のみ示せば、二〇一七年の衆院選は自民二八四・立憲民主五五、二〇一九年の参院選は自民五七・立憲民主一七である（以上、獲得議席数は追加公認含む）。また、各種世論調査によると、政党支持率は一貫して自民党が他の政党を引き離して高い。有権者から見て、政権担当能力のある複数の政党間の競争は事実上存在していないということになるだろう。

それでは、自民党内はどうか。かつては派閥が競争の担い手となったが、現在では状況が異なる。中選挙区制と違って、小選挙区比例代表並立制は政党本位の選挙である。比例代表はもちろんのこと、小選挙区に関しても基本的には党の公認候補となることが決定的に重要であり、その公認権を有するのは党執行部である。さらに執行部は、資金の配分もおこなう。派閥も資金は集めるが、収支には透明性が求められる。五五年体制の時代のように、派閥の長が大量に資金を調達して自在に使うということはできない。総裁選や役職配分において派閥の存在感はなおあるものの、構造的に見て、派閥単位で新たな政策構想や総裁・首相候補が生み出され続けるとは考えにくい。

もっとも、政治情勢は何か機会があればすぐに変わり得るものである。本稿が読まれるとき、日本政治に競争は存在するだろうか。存在するならば、それはどこで生じているだろうか。存在しないならば、どこに生じる可能性があるだろうか。

◎文献案内

民主政治について、競争や複数性、多様性、長期的な進歩といった視座をもたらす古典的著作として、J・S・ミル『自由論』（関口正司訳、岩波書店、二〇二〇年）、トクヴィル『アメリカのデモクラシー』（全四巻、松本礼二訳、岩波書店、二〇〇五―〇八年）。大学生の間にぜひ読んでほしい。シュンペーターの著作は、シュムペーター『資本主義・社会主義・民主主義』（新装版、中山伊知郎、東畑精一訳、東洋経済新報社、一九九五年）。

日本政治史（日本政治外交史）について最も簡潔に要点がまとめられた教科書は、北岡伸一『日本政治史』（増補版、有斐閣、二〇一七年）。シリーズで書かれた通史としては、『日本近世史』（岩波書店）、『日本近現代史』（岩波書店）、『日本の歴史』（講談社）、『日本の近代』（中央公論新社）などがある。

さらに、読みやすく時代の大きな流れを理解する助けとなる著作として、時代順に、渡辺浩『日本政治思想史』（東京大学出版会、二〇一〇年）、坂野潤治『日本近代史』（筑摩書房、二〇一二年）、筒井清忠『昭和戦前期の政党政治』（筑摩書房、二〇一二年）、北岡伸一『自民党』（中央公論新社、二〇〇八年）、竹中治堅『首相支配』（中央公論新社、二〇〇六年）、中北浩爾『自民党』（中央公論新社、二〇一七年）を挙げておく。

政治史を理解するうえでは、制度・構造とともに人、つまり個々の政治指導者などを捉えることが重要である。神島二郎編『権力の思想』（筑摩書房、一九六五年）、岡義武『近代日本の政治家』（岩波書店、二〇一九年）、渡邉昭夫編『戦後日本の宰相たち』（中央公論新社、二〇〇一年）といったあたりから読み進めてみてほしい。

第6章　政治体制論から見た中国政治

毛　桂榮

一　中国をとらえるための政治体制の概念

二〇〇六年、中国共産党中央編訳局の副局長である兪可平が「民主は良いものだ」（民主是個好東西）との論文を北京日報に掲載し、その後同名の本を中国で出版した。その英訳版も二〇〇八年に出版され、タイトルは"Democracy Is a Good Thing"である。この本の出版に象徴されるように、中国では民主あるいは民主主義政治体制の必要性を否定する議論がほとんどなくなった。議論の焦点は、第一に中国の民主化の道はどうあるべきか、第二にどのような民主主義が望ましいかの二点にある。言うならば、現在の中国政治はどういう状況にあるか、どう改革していくのか、目指す目標が何かが議論されていると言える。

政治学博士号をもつ共産党中央編訳局の現職官僚として、このような議論を展開することは、一時国内外のメディアの注目を集めたが、兪氏は民主（民主制）がこれまでの人類史上、一番良い制度であると言いきった。しかし、この目標をどう達成するかについては「中国の道」を主張する。すなわち、一定の条件のもとで漸進改革を進めることを主張する。「中国の道」として経済的には公有制経済の主導的地位を堅持すること、土地の私有制を行わないこと、政治的には三権分立や多党制を実施しないこと、また多様な思想の自由を許容するがマルクス主義の主導的な地位を堅持することを説いている(1)。この議論を見ると、読者は困惑するであろうが、実際中国でも彼の議論は多くの批判を受けている。中国共産党も多党制と権力分立を導入することはできないと、多党制などの民主政治論をキャンペーンで批判している。二〇一〇年ノーベル平和賞の受賞者が起草したとされる「〇八憲章」では、まさに多党制などを主張した。

中国では政治体制改革論、民主政治論は今に始まったことではない。二〇世紀初頭の「五四運動」においては、「民主と科学」がスローガンであった。一九四九年以後では「新民主主義」、「人民民主」の用語もあり、「人民」が主権者である建前がずっと主張されていた。しかし、その実態は「国民（人民）主権」ではなかった。むしろ後述するように、「党国体制」、一党支配が実態であり、制度でさえあった。この党とは共産党である。一九八〇年前後に鄧小平が政治体制の改革を説いたこともあり、中国では人民代表大会の権限強化、「党政分離」などが議論されていた。現在、中国共産党の政治報告でも民主主義を否定しない時代になっている。上記の「民主は良いものだ」という主張は、その流れの中で現れたものと理解できる。本章では、政治体制論の視点から、現在の中国はどのような政治体制なのか、これからどこへ向かうのかを分析してみたい。

「政治体制」は、社会内で持続的支配を確保し、それを形作る制度と政治組織の総体を指す概念であり、国家による物理的強制力を背景に、正統性原理、統治エリート集団の形成、政治共同体の意思形成の方法と制度、社会の組織化の仕組みをもった政治システムと定義できる。[2]政治体制論においては、全体主義体制、権威主義体制、そして自由民主主義体制がよく知られている概念であり、図表1では三つの政治体制を簡潔に整理した。[3]もちろん、諸類型には多様な下位形態が存在し、またその中間形態もありえる。

自由民主主義体制については、第1章のデモクラシーの議論も参照されたいが、この体制においては基本的人権、国民主権、法の支配が基本原理となり、国民参加、選挙制度、政党政治、議会政治、政府編成、政権担当などが正統性原理やエリート集団形成などを具体化する。[4]もちろん、自由民主主義を語るとき、自由と民主主義とが緊張関係にある場合があり、かつての香港では自由があって民主主義がなかったとされる。この章では自由民主主義体制と民主主義体制とを区別せずに使用する。自由民主主義体制においては、ほとんど代表民主制として成立しているが、例えば住民投票の位置づけを考えるときに直接民主主義と間接民主主義（代表民主制）との関係が問題となり、また代表とは何か、選挙区の代表か、全体の代表（奉仕者）かの議論が現実問題として存在する。さらに代表民主制においては、選挙時の「審判」という表現があるが、選挙後、例えば大統領などにすべてを任せるような「委任民主主義（delegative democracy）が問題として提示され、参加民主主義の重要性が強調されており、さらに形式的・手続的な民主制ではなく、より実質的な民主主義を追い求める議論がある。

世界における民主主義体制の発展は長い歴史をたどってきたが、「三つの波」論がその歴史発展の一端をとらえている。またダール

図表１　政治体制の３類型

	全体主義	権威主義	自由民主主義
政策形成の主体	唯一の前衛党が権力独占(一元的組織政党と権力の集中)、政治的多元主義が存在しない	国家の認可を得た限られた数の集団と個人(制限された多元性)。疑似反対派の一定の空間の存在	自由と多元的政治過程
政策形成の手続	前衛党執行部の決定(個人への集権)、予測可能性が低い	不明瞭であるが、一定の予測可能性の存在	法の支配と諸手続き
リーダーシップ	カリスマ的。予測不可能な方法で支配。指導部への登用は党組織での成功と忠誠に依拠	指導者あるいは小グループが、法的には不明確ながら、実際的に予測可能な形で権力を行使。旧エリード集団を取り込む。官僚制と軍に一定の自律性がある	最高執行部は、定期的な自由選挙によって選出。法による権限行使
大衆の政治参加と動員	組織への広範な動員、一般大衆に対する積極的な政治動員、私的な活動は非難される	一般大衆の政治参加に対して消極的。特定の時期を除き、広範で集中的な動員はない	大衆の自発的参加を奨励、競合する政党を通じた参加
体制を支える思想・信条、イデオロギー	前衛党が独占する洗練された体系的なイデオロギー(社会主義)、ユートピアへのコミットメント、使命感	精緻なイデオロギーはないが、国民統合や社会的協調のような、独特のメンタリティを有する。「経済成長イデオロギー」	法の支配、基本的人権、国民主権

のポリアーキー論では自由化と参加の軸で多様な歴史経路の類型化を分析しており、さらに民主主義体制の多様性に着目して多数決民主主義とは異なる、多極共存型民主主義（あるいは合意型民主主義）の優位を説く比較研究も有名である。[5] 政府編成に関しては、大統領制と議院内閣制、そして半大統領制（フランス型大統領制）の類型論が一般的である。日本では首相公選制の議論に見られるように大統領制への素朴な憧れがあるが、大統領制より議院内閣制の優位が主張されており、これについては、最近アジア諸国の大統領制のケースでも検証が行われている。[6] そのほかに日本の国会のねじれ問題が示唆するように、（連邦制などの政府間関係とも関連する）一院制か二院制か、及びその相互関係、議会の役割の分析などが政治体制論として重要な検討課題である。[7]

全体主義体制は、ファシズムやスターリン体制を指す概念として、単一のイデオロギー、単一政党、秘密警察と監視、権力の集中と統制などを特徴とする政治体制とされる。ファシズム体制と共産主義体制（スターリン体制）を同列視することに反論があり、またその概念はどこまで現実をとらえているか異論もある。[8] 一枚岩的な統制や抑圧を強調しすぎた面があるが、社会全体を規制する排他的なイデオロギーの存在、単一政党による統制と動員を特徴とする体制が全体主義体制であることに意見の一致があると言える。例えば全体主義体制の概念を社会主義の現実に合わせて検討し、社会主義体制は、イデオロギーの体系性、党規律の強固さ、党による国家機構掌握の完成度、社会全体への浸透度と大衆動員の広さなどの指標では全体主義体制であることが指摘されている。[9]

社会主義イデオロギーは、強度に理想主義で社会変革・改造的な特徴をもっている。体系的な社会主義イデオロギーに支えられ、「民主集中制[10]」を組織原則とする共産党では内部分派（中国の場合、「反党集団」として打倒される）が禁止され、集権的規律を課されることが一般的である。また共産党と政府との関係においては、政府と政党との密接な一体化関係をもつ「政府党[11]」よりも高度な結合、あるいは党による政府及び社会全体の掌握（多くの場合「党国体制」と呼ばれる）が見られる。社会全体への浸透と大衆動員においては、計画経済を含め経済社会の全面的な統制と社会主義への参加動員を志向する。政党あるいは政府から自立した社会エリート、経済エリートは結果として存在しない。ちなみに全体主義体制の登場は極めて二〇世紀的現象とされ、大衆社会における動員などはテクノロジーの発達とマスメディアの登場によって可能となり、それが全体主義の成立の重要な基盤になっている。全体主義における政治指導者は、毛沢東のようにしばしばカリスマ的リーダーである。

第二次世界大戦後、全体主義体制と自由民主主義体制の二元対立的な体制分析は、イデオロギー的な分析として批判され、また多くの第三世界の体制分析に適合しないなどの問題があり、リンスなどによって権威主義体制論が理論化された[12]。その体制特徴は、限定的多元性、一定の予測可能性、弱い政治動員とイデオロギー性とされている。自由民主主義体制においては、多元的個人と集団の政治参加が可能であるのに対して、全体主義体制ではその多元性は一元化されたイデオロギーと政治動員などによって抑制される。権威主義体制では、限定（認可）された範囲で多元的集団や個人の政治活動を容認する。

また権威主義体制では、国家の危機的な状況においてナショナリズム的な大衆的熱狂を動員するが、一般的にイデオロギー的な政治動員に消極的で、むしろ大衆の政治的無関心を助長し、体制の安定を図ろうとする傾向が強い。権威主義体制の下位モデル・類型としては、軍支配型（例えば民主化宣言以前の韓国）、一党支配型（一九八〇年代以前のメキシコ）、そして個人支配型（フィリピンのマルコス支配）を上げることができるが、諸類型の比較分析が決して多くはない。

権威主義体制と重なる概念としては、より政治経済学的な視点からの「開発独裁論」がある。政治的な集権（限定的な多元性）と経済開発を特徴とするこの体制では、経済成長を正統性の根拠とし、戦後アジア高度経済成長期の政治体制を分析する場合、しばしば有効とされる。[13]いわば、この体制では社会主義などの洗練されたイデオロギー及びその参加への政治動員ではなく、ナショナリズム、国家統一（場合によっては反共など）とともに、経済成長を政治的目標に据える傾向があり、何らかのイデオロギーが存在するなら、それを「経済成長イデオロギー」と表現することが多い。多くの権威主義体制では経済成長、そして開発による体制の正当化を維持している。また経済開発のため、官僚制組織（及び軍）が活用され、経済成長に向けて社会の資源を集中する傾向が強い。政策決定などでは一定のパターンが形成され、予測可能性が高くなっていく。

もちろん、全体主義体制、権威主義体制、民主主義体制のほかに、例えばポスト全体主義の概念などがある。リンスはイデオロギーの弱体化、動員の形式化などを特徴とするポスト全体主義体制の類型化などを行っているが[14]、これらの概念を用いた実証分析が非常に少ない。例えば、毛沢東時代の中国を全体主義体制として、その後の体制をポスト全体主義体制としてとらえる分析が可能である。ここでは基本的に以上の三つの概念をもって中国政治の分析を進めていきたい。

以下、第二節では伝統支配としての皇帝支配、近代国民国家の建設に言及し、第三節では全体主義体制としての毛沢東時代、第四節では改革開放時代の政治変容と権威主義体制論を分析し、そして最近の議論として、日本ではあまり紹介されていない「立憲党主制」を検討し、中国の政治体制論を展望してみたい。

二　王朝支配と革命

中国政治を議論するときに、広い国土、膨大な人口、多民族国家、長い歴史の伝統を無視することはできない[15]。中国の政治集権が伝統的特徴とも指摘されている。始皇帝が中国を統一した後、王朝の盛衰交替はあるが、皇帝支配というほぼ同じ集権体制が二〇〇〇年余り持続した。上記の政治体制論は、近現代の国民国家を対象とした分析であるが、この伝統的な支配体制については、皇帝支配のほか、専制政治などの表現が一般的である。

中国の伝統的な皇帝支配を「大一統」の超安定システムとして分析する研究[16]があり、そこでは科挙官僚にも支えられる皇帝の専制支配体制の持続と循環が分析されている。始皇帝は中国統一後、「封建制」ではなく、「郡県制」を選択したことが有名である。その郡県制はまさに集権体制である。これ以後は体制構想や選択はほとんどなくなり、再び議論されるようになったのは二〇世紀に入ってからである。中国の体制構想史上、始皇帝期の体制選択を第一の画期とするならば、二〇世紀初頭の選択は第二の画期と指摘されている。[17]

中国の「公式見解」（例えば中国の憲法）では、二〇〇〇年余りの歴史を「封建社会」と表現し、アヘン戦争後を「半植民地・半封建的」社会への過程としている。この「封建制」の概念はマルクス主義の影響によって使用されるようになったが、「封建制」とは言っても分権的という意味合いは全くなく、むしろ中国の「封建制」における皇帝支配を言う場合、「封建専治」（封建専制政治）と表現し、その集権制を強調することが一般的である。[18] 伝統中国を「封建制」よりもウェーバーの「家産制国家」とした方が理解しやすいが、[19] いずれの概念も、伝統社会は専制政治、あるいは皇帝支配であることに議論の一致があると言える。

伝統的専制政治を打倒した辛亥革命の後、孫文を中心とした近代国民国家の建設は紆余曲折し、近代的議会制度を導入することなどを試みるが、結局、国民党や蒋介石の支配体制になった。上述したように、二〇世紀初頭の中国は政治体制構想が盛んな時期であった。その体制構想では立憲君主制か共和制かの議論だけではなく、大統領制か議院内閣制か、そして政党政治（一党制や多党制）をどうするか、地方分権をどう考えるか、政党と国家の関係をどうするかなど多岐にわたって議論された[20]。結局、共和国が選択された。しかし、中華民国は共産党と国民党との内戦で国民党の台湾への退却により、中国大陸では終焉を迎える。

国民党による「国民革命」に代わって、中国共産党は実質上、農民戦争を主体とする革命を通じて、新中国を成立させたのである。二〇世紀は戦争と革命の世紀と言われるが、中国の二〇世紀の前半はまさに戦争と革命の連続であった。中国は近代への転換、あるいは国民国家の建設で共産革命の歴史をたどったのはなぜか、政治体制の変動論としては大きな研究課題であり、多くの研究が出されている[21]。また王朝は革命によって打倒されたが、王権による権力集中など専制政治の伝統が完全に打破されていなかったのではないか、王朝体制と社会主義体制（毛沢東王朝）との連続性問題として議論されている。

他方、革命によって王朝が崩壊し、新しい社会の構築、新しい国家の構築が始まったことは確かな事実である。上述の「半植民地・半封建的」社会の規定では資本主義の未発達という判断があり、マルクス主義の議論からして、当然、資本主義から社会主義への歴史法則に外れるもので、いきなり社会主義革命ができないことになる。国民革命、あるいはブルジョア革命は先行するが、中華民国の国民革命はその歴史的な任務を完成することはなかった。そこで、共産党による「新民主主義革命」が成功し、新中国が一九四九年に成立したのであると、中国の憲法前文で説明されている。

三　社会主義の建設と全体主義体制

ここで改めて中華人民共和国が成立した時、中国は社会主義の国ではなかったことを強調したい。中国共産党の「新民主主義論」は、毛沢東の「連合政府論」などに示されるように経済体制と同時に政治体制の問題でもある。「新民主主義体制」は政治協商会議による臨時憲法としての「共同綱領」（一九四九年）に規定されており、共産党は当時唯一の政権担当政党ではなかったし、経済的には私営経済を許容した混合経済であった。改革開放以後の経済体制（社会主義市場経済）が「新民主主義論」、あるいは「共同綱領」で規定する経済システムと重なるところがあり[22]、「新民主主義論」の再検討も進められている。

新民主主義体制は相当長い期間になると予定されていたが、やがて朝鮮戦争を経て、中国は社会主義へ急ぐようになった。続く社会主義改造、大躍進、人民公社化などの政治動員はその歴史の一端であるが、政治的に「共同綱領」に代わる新憲法が一九五四年に成立し、「人民代表大会制度[23]」が発足し、また計画経済体制もスタートする。そして「反右派闘争」、「反党集団」の摘発などを経て、一〇年にわたる「内乱」とされる「文化大革命」へ進み、一九七〇年代末、中国は政治経済の破綻を迎える。その過程で確立した体制をいくつかの側面から見てみよう。

第一に、社会主義憲法などでは社会主義ないし共産主義が唯一のイデオロギーとなり、共産党による排他的権力システムが確立した。唯一の政権党（前衛党）が独占する社会主義イデオロギーへの政治動員も進められるようになった。言論統制とイデオロギーの動員という全体主義体制が制度的に確立した。

第二に、共産党による一元化指導体制が漸次確立する。憲法では政治制度として人民代表大会制度が規定されているが、形骸化して機能停止もあった。共産党の政治指導、そして共産党と政府との一体化が進められた。具体的には政府機関、司法機関、企業組織などに党グループが、さらに共産党では各組織に対応する対応（対口）組織が設置され、また党の幹部管理制度（政策）が整備され、共産党の一元化指導体制が確立された[24]。

第三に、共産党そして国家による計画経済など経済社会システムの集権化と統制強化が進められた。さらに一九五八年に居住の自由を制限する「戸籍制度」が創設され、また中国社会が「単位社会」へと再編されるようになり、国家による社会の一元的管理体制も形成されていった。政治、経済、社会のあらゆる領域において共産党の支配が浸透し、国家による統制が確立されたのである。伝統中国にみる、県レベル以下の粗放行政、ある種の自律は崩壊し、社会底辺までが動員の対象となり、カリスマ的指導者の呼び掛けに熱狂した。党や政府に対する対抗軸の形成は、社会からも党内からも不可能となった。

第四に、この時期は毛沢東のカリスマ的支配が頂点に達した時期でもある。党による国家や社会の統制、そして共産党の「民主集中制」によって共産党中央、なかんずく共産党主席である毛沢東の権限と権威が絶対的となった。大躍進政策はもちろんのこと、盧山会議や文化大革命などのケースでも、カリスマ的指導者である毛沢東の恣意性が明白であった。党内の分派は禁止され、権力闘争で「反党集団」

として抹殺された。毛沢東への個人崇拝も文化大革命で絶頂に達するのである。

中国共産党による社会主義の政治体制は、一九七〇年代末まで全体主義体制として見ることが妥当であろう。「党国体制」として分析する場合、国民党の支配は共産党と比較されることがあるが、国民党は社会主義イデオロギー性もなく、共産党ほど党内規律もなかった。戦後台湾の政治体制は、せいぜい「疑似レーニン主義的党国体制」と表現されるのである。(25)

四　改革開放と権威主義体制の構築

中国では一九七八年末を転換点として実権は鄧小平の手に移り、改革開放政策がスタートした。中国は混乱の時代から高度経済成長の時代へと突入することになった。一九七八年を境に中華人民共和国の前三〇年とその後の三〇年が全く異なり、同じ共産党が支配する中国とは思えないほどの変化である。中国は政治の面では共産党の一党支配を維持しながら、経済の面では市場メカニズムを積極的に導入した。この戦略が功を奏し、中国経済はそれまでの低迷から脱出し、年平均一〇%ほど高成長を遂げてきた。(26)その変化をいくつかの側面にまとめてみよう。

第一に、「社会主義市場経済」の構築である。中国の経済改革は農村から都市へ漸進的に進められ、一九九二年に「社会主義市場経済」が提起され、計画経済は完全に放棄された。(27)株式制度、企業統治制度などの市場経済の確立を目指し、二〇〇一年にはＷＴＯ加盟を達成し、二〇〇四年には私有財産権保護を憲法に明記した。

第二に、「社会主義初級段階論」の提起と非公有制経済の憲法規定である。社会主義として国有企業などの「公有制」経済が経済の中核であったが、経済改革に伴って「非公有制」経済が著しく成長した。「公有制」経済の比重が低下し、民営企業、外資系の企業が経済全体に大きな意味をもち、輸出では大きな牽引力となっている。一九八七年に中国は社会主義の初級段階にあることが示され、「社会主義市場経済論」と合わせて、私営企業の発展など資本主義的な経済への道を開いた政治理論が形成された。一九九三年の憲法改正では「社会主義初級段階論」が憲法に規定され、九九年の憲法改正では「公有制」を主体とし、「個体経済・私営経済」を「社会主義市場経済の重要な構成部分」と規定した。

第三に、「三つの代表論」の登場と私営企業家の入党である。二〇〇〇年に江沢民総書記が発表した「三つの代表論」は、多くの反対を押し切って二〇〇二年第一六回共産党大会で共産党規約に明記され、二〇〇四年にこの私営企業家の共産党入党をも認める「三つの代表論」が憲法に規定された。この「三つの代表論」とは、すなわち中国共産党は中国の先進的な社会生産力の発展の要求、中国の先進的文化の前進の方向、中国の最も広範な人民の根本的利益を代表する政党という理論である。共産党はプロレタリアートの「階級政党」で、その「前衛党」であるが、広範な人民の利益を代表する政党と宣言され、それは「階級政党」の変質で、「国民政党」への脱皮、さらに共産党は「包括政党」（catch-all party）へと変化しているのではないかと議論された。

第四に、法治国家の建設と人権論の登場である。中国憲法を読むと、「法治国家」の表現があることは驚かないかもしれないが、「人治」の国と言われる中国では、「社会主義法治国家」の建設が主張されている。今の中国では人民代表大会の立法活動が活発になり、村などの基層選挙も行われている。個人が政府機関を相手に行政訴訟を起こすことも急増している。政府を批判すること、人権を擁護すること、政府の憲法違反を訴えること、そして限定的であるが、政治改革を主張することなどが、いずれも可能である。

第五に、経済の発展に伴って、「戸籍制度」、「単位社会」が実質上崩壊し、経済活動や個人に対する統制が緩やかになり、イデオロギーは日常生活から消え、エリートの権力闘争は大衆の政治動員と分離するようになった。中間層が形成され始め、インターネットの発達もあり、中国人がより多くの自由を享受するようになった。

中国社会の変化を列挙することがここでの問題ではないが、政治体制論としてはこの変化をどう捉えるかが課題である。この時期の政治体制を権威主義体制とすることが多い。事実、中国国内では新権威主義論も展開されていた。一九八〇年代後半に、民主化など政治体制改革を通じて経済体制改革を推進すべきか、それとも政府、中でも中央政府の権威を強化することで市場化改革を加速させるべきかを巡って、「自由主義者」と「新権威主義者」との間で大論争が起きていた(28)。穏健な民主派と自称する新権威主義論者は、中国では市場経済の確立を促進するために権威主義体制が必要で、集権体制により市場経済が発展し、中産階層の成長で民主政治の前提あるいは条件を育成することを主張した。その権威は古い権威体制（全体主義体制）と区別し、市場経済推進のためとされた。そして市場経済の改革と確立によって、「新権威主義」が民主化の方向へ改革を進め、民主制の確立が最終目標とされた。

新権威主義論は、明らかに発展途上国における「開発独裁体制」からヒントを得ており、英雄待望論とも評された。さらに権威主義体制を全体主義体制から民主主義体制への移行期に適する体制とし、市場化を通じて全体主義体制を権威主義体制に変え、更なる改革の推進を通じてそれを民主主義体制に変えることも主張されている。一部では中国はすでに権威主義体制が形成され、次の課題はその権威主義体制をさらなる改革で民主主義体制に変えていくと指摘する。権威主義体制論の変容、民主化のプロセスが始まったと主張するのである。

五　変化をどう見るか

改革開放以後の中国をどう見るのか、一見単純な問題であるが、実に複雑である。もちろん、一九八〇年代、一九九〇年代、そして二一世紀に入ってからの中国は異なり、細分化する作業[29]も可能であるが、ここでは全体の傾向を分析する議論を紹介しよう。

第一に、全体主義体制からの移行過程[30]、あるいはポスト全体主義体制として理解するケースがある。改革開放期の中国では経済的、社会的多元性が生まれるが、政治的には共産党の権力独占が継続し、政治的多元主義がほとんどなく、社会主義イデオロギーも持続する。言わば全体主義体制を脱し切れていない。他方、指導的イデオロギーが公式には依然として存在するが、それへのコミットメントや信奉が低減しながら、プラグマティックな政策合意が目指されている。社会主義への動員あるいは動員への関心が漸次失われ、リーダーシップにおいてはカリスマ性が低減し、最高指導者がテクノクラートから生れる姿がみられるようになった中国は、リンスのポスト全体主義体制の概念に符合する。

第二に、改革開放後の三〇年を権威主義体制、あるいはその下位モデルである一党支配型として理解するケースが多い[31]。これは上述した開発独裁体制論と重なる。この議論では、党を中核にしながらも、「党政分離」、「政企分離」などの進行で分権的、機能分担的な政策決定メカニズムが形成され、規則的・手続的な集団指導体制へ中国は移行したことを指摘する。社会主義イデオロギーは形骸化し、より実利重視な政策調整が目指されている。「三つの代表論」は共産党が多元的な利益調整を意識することを示し、「和諧社会論」は利害の調整を政策目標として掲げたことを示すものであり、専門化、知識化などのテクノクラートを重視する人材養成もその現れとされる。

第三に、権威主義体制の溶解・変容を強調する議論、あるいは民主化プロセス論がある。権威主義体制がすでに溶解し、民主化のプロセスはすでに一部では始まったと強調する議論がある。この種の議論では共産党の「党内民主」論と村などでの「基層選挙」を強調する。また権威主義体制においては議会の機能低下が一般的であるが、中国では人民代表大会の機能強化が進められ、それは民主化の要素として指摘される。「人代」の制度構築は疑似議会制民主主義の発展、そして村などの選挙は「草の根」民主主義と評される。「党内民主」と「基層選挙」などによって、限定的ではあるが、自由な参加と公的異議申立てを可能にして、一定の民主化を見ることができ、これからはその一定範囲の民主化をいかにして拡大していくかが課題である。これがいわゆる「増量民主論」である。実際、「人代」代表の「常任化」が一部では試行され始め、基層選挙も郷鎮などのレベルまで拡大しつつある。[32] これから民主化と自由化は、漸次拡大していくと期待され、民主化プロセス論は民主主義待望論とも評されている。

中国政治が大きく変化したことは事実であるが、体制論的に見た場合、中国政治はまさに多面体である。上記の議論は、ある意味ではいずれも中国の一面をとらえている。唯一の政権党である共産党支配の持続などを強調するならば、全体主義体制の継続を、そして経済開発に邁進し、集団的政策決定メカニズムが形成されることなどに着目するなら、権威主義体制の形成を、さらに「党内民主」、「基層民主」などを期待的に分析すると、民主化プロセス論を主張することができる。今日の中国政治は、ある特定の体制類型で分析するよりも、以上の三つの類型論で多面的に分析した方が良いのではないかと考える。図表2では中国政治を三つのモデルから分析した諸側面を整理して一覧にした。若干の補足をしながら、中国政治に同時併存する三つの体制特徴を見ていこう。

中国政治に全体主義体制的な側面が持続していることは厳然たる事実である。「民主集中制」を原則とする共産党による国家指導は憲法前文でも規定されている。最近は「革命党」より政権担当政党という意味の「執政党」を強調する傾向があるが、党による国家の指導が強化され

図表2　三つの側面から見た中国政治の変動

	全体主義体制としての側面	権威主義体制としての側面	自由化・民主化への側面
政策形成の主体	唯一の政権党となる共産党が国家を指導	八つの「民主党派」は、共産党の指導のもとで協力政党(政治協商会議)。社会団体は許可制で管理。新党の結成を禁止。自主組合(工会)結成の禁止	「群体事件」(集団的異議申し立てなど)が多発。住民運動の多発。ネット社会の発達など一定の自由と参加。限られているが、政府批判は可能。透明政府論、政府への世論監督
政策形成の手続	「民主集中制」原則党国体制の持続	一定の予測可能性。毎年は秋の党大会、そして実務の工作会議を経て、年明け3月に全人代会議と政治協商会議(いわゆる両会)の開催など	「党内民主」論。「政治協商」。「人代」の機能強化といった疑似議会制。情報公開、公聴会などの意見徴収。法の支配、法治国家の強調
リーダーシップ	第3世代、第4世代論などでそのカリスマ性を高めようとする	同志的、官僚的傾向(任期制と序列制)	党内の派閥(団派、太子党、上海閥など)は公然の事実、排除論はなし。不調和音も常態化
大衆の政治参加	政治動員・キャンペーン。例えば共産党員「先進性」教育、愛国(社会主義国家)主義教育など	政治参加の動員や政治学習が形式化し始める	基層(村など)選挙政治の推進。批判票の続出。動員は形式化。政治動員に対する批判が多い
体制を支える思想・信条	四つの基本原則、社会主義初級段階論、社会主義市場経済論、三つの代表論が憲法に規定	経済成長イデオロギー、中華民族の再興(ナショナリズム)、和諧社会論	社会主義などイデオロギーの弱体化とナショナリズムの喚起。 個人主義、物質主義(拝金主義)

ようとし、「党国体制」は堅持されている。立法機能などが人民代表大会では強化されているが[33]、共産党による指導は制度的に継続し、かつ強調されている。公務員制度の構築では共産党が幹部を管理する政策が公務員法に規定されている[34]。民主化を主張する議論でも共産党の指導を前提にした「増量」の民主化である。

イデオロギーに関しては、「四つの基本原則」を中心とする社会主義イデオロギーが再確認されている。「マルクス・レーニン主義と毛沢東思想、社会主義の道、人民民主独裁、共産党の指導」を内容とする「四つの基本原則」は一九七九年に鄧小平によって提唱され、一九八二年に中華人民共和国憲法の前文に明記され、それはまた「鄧小平理論」として憲法に明記された。鄧小平の時代では「四つの基本原則」論、「社会主義初級段階論」が形成され、江沢民の時代では「社会主義市場経済論」、「三つの代表論」が形成され、現在は共産党第四世代指導者として「和諧社会論」、そして「科学発展観」が提示され、共産党員の「先進性」学習キャンペーンが展開されている。それはイデオロギーの再確認であると同時に、後退する指導部のカリスマ性を高めようとする動員でもある。最後に、強制的暴力装置である軍隊は依然として共産党の軍隊である。上述した「〇八憲章」では、軍隊の国家化が提起されている。

中国政治を権威主義体制として見た場合、政策決定の予測可能性が大いに高められたことは事実である。党大会の定期開催、任期制による指導部の交替が継続的に行われている。江沢民が総書記に就任したとき、長く続かないと予測されたが、予想は見事に外れた。続く第四、五世代も安定的に交替した。

また共産党の指導のもとにある「民主党派」は、政治協商会議を中心に政治に積極的に参加し、人民代表大会の開催に合わせて政策提案などを行っている[35]。中国における政策形成は一定のパターンとなっているると言ってよい。

また共産党は、革命党から政権党（執政党）への転換を積極的に図り、執政能力の強化を強調し、手続的・合理的な政策形成を目指し、経済成長をもって正統性を補完するようになってきており、社会主義イデオロギーよりも「中華民族の復興」（ナショナリズム）を説きながら、「和諧社会論」を展開し、国民の支持獲得を行っている。経済発展の牽引車となる地方との交渉で中央政府は妥協を強いられるほど、中央地方関係は集権的と言われながら、連邦制的な政策形成が行われている[36]。さらに私営企業家の入党もあるように、中国共産党は経済団体を含む社会の諸アクターを抱え込みながら、コーポラティズム的な利益調整メカニズムを構築する傾向があると指摘されている。これもまた、共産党の政策柔軟性や対応能力が高められ、政権の安定性が保たれた理由の一つである。

自由化と民主化の側面から「民主化途上国」中国を見た場合、前述したように、中国においては「法治国家」の建設が進められてきた[37]。人民代表大会の機能強化だけではなく、共産党の「党内民主」、民主党派との「協商」、そして「基層選挙」が一定の自由化と民主化の要素として指摘できる。党内競争の制度的拡大、民主党派や政治協商会議など党外への競争メカニズムの拡大、基層選挙の郷鎮レベルへの拡大が提案され、一部では試行され始めている。共産党内では任期制のもとで指導部の交替が順調に進められ、「分派の禁止」は実質上なくなり、「太子党」、「（青年）団派」、「上海閥」あるいは「地方閥」の権力闘争は公然の事実となっている。エリートの権力競争が多元化し、制度化していく方向にあるといってよい。

他方、中国は経済成長に伴うひずみ、格差の拡大、深刻な腐敗問題を抱えており、いわゆる集団的異議申し立てである「群体事件」（デモ、役所騒乱攻撃など）が多発し、住民運動も頻繁に発生するようになった。インターネットの発達で「ネット民主主義」とも評されるほどネット世論が無視できない存在となり、この政治空間で腐敗の摘発とともにナショナリズムもしばしば増幅される。[38] よって、中国共産党と政府は世論を無視できなくなり、政府への監督・監視を歓迎する姿勢を示し、政府の透明性を高めるように公聴会を開き、情報公開を進めざるを得なくなった。例えば温家宝総理が二〇一〇年にたびたびメディアに登場し、改革の必要性を訴えていた。まさに「異常現象」と言われるほど、党内の不協和音が伝えられている。

経済の成長、都市化の進行で中間層が成長する議論も「市民社会論」「公民社会論」として展開されている。しかし社会主義イデオロギーの後退で物質主義、拝金主義が蔓延し、民主化より自由化が先行し、中国の経済社会を中国式資本主義と批判的にとらえる議論もある。中国の政治改革は避けて通れない状況であるが、中間層の「保守性」で「増量民主」論が単なる待望論に終わる悲観的な意見も現れている。

以上のように中国政治には多面的な要素が存在する。経済発展のために地方の実験改革を許容するが、政治的安定も重要視される。地方への分権が行き過ぎると、集権強化が行われる。社会の変容で自由化による混乱が生じたときに、反自由化と統制強化が行われる。改革開放政策を堅持すると同時に、政治安定を維持するために共産党の指導も強調される。場合によっては、反体制勢力あるいは民主化勢力を抑制し、自宅軟禁、逮捕まで行われる。中国政治における改革と穏健あるいは保守との「振り子」現象が発生するのはその多面性によるところが大きい。三つの体制論から現在の中国政治をとらえた方がその実態をより正確に分析することができる。

六　結びに代えて――「立憲党主制」提案をめぐって

以上、三つの政治体制類型から中国政治の変容を分析してきた。言うまでもなく、この三つの体制特徴が併存して現在の中国を形作っていると言える。それをビジュアルに表現すると、全体主義的中国、権威主義的中国、自由化・民主化する中国が三角錐の三つの側面を構成する。もちろん、この三角錐の頂点に位置するのは中国共産党である。

中国共産党の役割については、中国憲法前文では「共産党の指導」が規定されている。中国政府が発行した『中国民主政治建設』白書（二〇〇五年）及び『中国政党制度』白書（二〇〇七年）でも、共産党の指導的位置が繰り返し論証されている。中国では共産党は国家の上にそびえたつものである。政権党である中国共産党は、選挙によって政権を担当するようになった政権与党ではなく、革命によって政権を獲得した革命党である。ここに共産党政権の正統性根拠がある。これは古い王朝を打倒して、新しい王朝を作ることと同じではないかと、現在ではますます疑問視されるようになっている。経済成長をもって正統性を補強するようになったのはそのためである。

このような共産党と国家や社会との関係を、中国のある学者が「党主制[39]」との概念で表現している。この「党主制」の概念は君主制のアナロジーで、別に党の主導という意味ではない。「党主制」では、政権党は選挙によって選ばれるのではなく、武力闘争で政権の座に着く。体制は政権党が法律の拘束を受けず、至上の権力を持つ専制的な政治体制であるとされる。提案者は、中国共産党による一党支配を「党主制」とした上で、「立憲君主制」ならぬ「立憲党主制」を提案する。提案者の英訳では、党主制は「party's sovereignty」になり、「立憲党主制」は constitutional monarchy（立憲君主制）に倣い、system of constitutional party's sovereignty、あるいは system of party's sovereignty dominated by a constitution とされる。Sovereignty は言うまでもなく、至高な権力、主権である。「党主制」概念は、権力の所在を直接、言い当てたと言える。

中国憲法では人民代表大会制により、司法機関も「人代」に責任を負うことになっているが、政党（共産党など）と軍隊は「人代」に責任を負わないことになっている。また、全国人民代表大会は「最高の国家権力機関」とされているが、実態では共産党に従属している。「立憲党主制」の提案は、法をもって政党を制約する構想である。具体的には、共産党の権限を法律によって明確化することなどが提案されている。

「立憲党主制」構想は、提案者によれば現実に立脚した漸進主義の改革案で、いわば唯一の政権党である共産党を憲法で約束する改革案である。「立憲党主制」は、立憲民主制という理想からは大きくかけ離れるが、「党主制」という現状よりは一歩前進とされる。立憲君主制が立憲民主制に進歩・変容するように、「立憲党主制」はあくまでも移行期の戦略で、民主化の段階的な改革目標である。もちろん、「立憲党主制」に異論を唱える論評が多い。民主化推進者にとっては、中国が目指すべき目標はあくまでも立憲民主制であって、共産党の特権を追認する「立憲党主制」ではないという。

二〇世紀初頭の中国政治体制構想において、「革命派」と「改良派」が君主専制（皇帝支配）を共和制へ再編することを目標として共有するが、「改良派」はその中間に立憲君主制の段階を構想した。「立憲党主制」構想は同じく、民主主義体制に到達するまでの段階的な目標として提案されており、果たして中国の政治システムはこの方向へ向かうであろうか。

改革開放で中国の生活水準は大幅に向上し、また個人の経済的自由と社会的権利は部分的に回復し、人権と政治的自由への要求は日増しに高まっていることは事実である。全体主義体制の性格を持続する中国共産党も、政治改革を不可避な課題として認識している。中国人が「民主は良いものだ」と理解し始めているからである。(40)

注

（1）日本語で読めるものとしては、兪可平『中国は民主主義に向かう――共産党幹部学者の提言』（かもがわ出版、二〇〇九年）を参照。

（2）山口定『政治体制』（東京大学出版会、一九八九年）を参照。ちなみに中国では「政治体制」の改革を言うが、「政治制度」の改革を言わないようになっている。

（3）J・リンス（Juan J. Linz）『全体主義体制と権威主義体制』（高橋進監訳、法律文化社、一九九五年）、J・リンス／A・ステパン（Alfred Stepan）『民主化の理論――民主主義への移行と定着の課題』（荒井祐介ほか訳（部分訳）、一藝社、二〇〇五年）第三章を参照。

（4）前掲山口定『政治体制』、田口富久治編『比較政治制度論』第三版（法律文化社、二〇〇六年）、建林正彦ほか『比較政治制度論』（有斐閣、二〇〇八年）などを参照

（5）サミュエル・ハンチントン（Samuel P. Huntington）『第三の波――二〇世紀後半の民主化』（坪郷実ほか訳、三嶺書房、一九九五年）、アレンド・レイプハルト（Arend Lijphart）『民主主義対民主主義』（粕谷祐子訳、勁草書房、二〇〇五年）を参照

（6）J・リンス／A・バレンズエラ（Arturo Valenzuela）編『大統領制民主主義の失敗』（中道寿一訳、南窓社、二〇〇三年）、粕谷祐子編『アジアにおける大統領制の比較政治学』（ミネルヴァ書房、二〇一〇年）を参照。

（7）前掲山口『政治体制』、田口『比較政治制度論』、建林『比較政治制度論』、ジョヴァンニ・サルトーリ（Giovanni Sartori）『比較政治学――構造・動機・結果』（工藤裕子訳、早稲田大学出版部、二〇〇〇年）を参照。

（8）多様な社会主義及びその変動を分析した、塩川伸明『現存した社会主義』（勁草書房、一九九九年）などを参照。

（9）塩川伸明『現存した社会主義』、一四三―一四九頁。

(10) この組織原則については、加藤哲郎『社会主義と組織原理Ⅰ』（窓社、一九八九年）、いいだもも『レーニン、毛、終わった――党組織論の歴史的経験の検証』（論創社、二〇〇五年）を参照。中国共産党の場合、「党員個人は党の組織に服従し、少数は多数に服従し、下級組織は上級組織に服従し、全党の各組織とすべての党員は党の全国代表大会と中央委員会に服従する」と規定されている。

(11) 「政府党」の概念については、藤原帰一「政府党と在野党」（萩原宜一編『講座現代アジア3　経済発展と民主化』〔東京大学出版会、一九九四年〕所収）を参照。毛里和子は、この「政府党体制」が中国に符合するとしているが（毛里和子『現代中国政治』新版〔名古屋大学出版会、二〇〇四年〕、二九三頁）、「政府党体制」と「党国体制」との相違をどう整理するかが課題となる。

(12) 前掲リンス『全体主義体制と権威主義体制』、リンス／ステパン『民主化の理論――民主主義への移行と定着の課題』、また高橋進『国際政治史の理論』（岩波現代文庫、二〇〇八年）を参照。

(13) 開発独裁体制の概念に関しては、東京大学社会科学研究所編『20世紀システム4　開発主義』（東京大学出版会、一九九八年）、川田順造ほか編『開発と政治』（岩波講座・開発と文化6）（岩波書店、一九九八年）、特に末廣昭の諸論文を参照。また末廣昭『キャッチアップ型工業化論』（名古屋大学出版会、二〇〇〇年）を参照。「開発主義」の理論的展開としてよく引証されるのが、村上泰亮『反古典の政治経済学』上・下二巻（中央公論社、一九九二年）である。

(14) 前掲リンス／ステパン『民主化の理論――民主主義への移行と定着の課題』第三章を参照。

(15) 例えば、天児慧『中国――変容する社会主義大国』（東京大学出版会、一九九二年）。

(16) 金観濤・劉青峰『中国社会の超安定システム』（若林正丈ほか訳、研文出版、一九八七年）を参照。

(17) 佐藤慎一「近代中国の体制選択――専制の問題を中心に」（溝口雄三ほか編『アジアから考える5　近代化像』〔東京大学出版会、一九九四年〕所収）、二二〇頁。

(18) 中国史における封建制問題は、一時期盛んに議論されたマルクスの「アジア的生産様式」概念（『資本主義的生産に先行する諸形態』〔大月書店、一九六三年〕）と関係する。また関連して「東洋的専制論」として、ウィットフォーゲル（Karl August Wittfogel）、湯浅赳男訳『オリエンタル・デスポティズム』（新評論、一九九五年）、湯浅赳男『「東洋的専制主義」論の今日性』（新評論、二〇〇七年）も参照。

(19) 例えば富永健一『マックス・ウェーバーとアジアの近代化』（講談社学術文庫、一九九八年）を参照。ウェーバーの中国論を理解するには、ウェーバー『儒教と道教』（木全徳雄訳、創文社、一九七一年）の一読を勧める。

(20) 近代中国の体制選択構想に関しては、横山宏章『中華民国史――専制と民主の相克』（三一書房、一九九六年）などを参照。

(21) 中国革命を比較分析の視点から見たものとしては、例えばバリントン・ムーア（Barrington Moore）『独裁と民主政治の社会的起源』（宮崎隆次ほか訳、岩波現代選書、一九八六―八七年）、シーダ・スコッチポル（Theda Skocpol）『現代社会革命論――比較歴史社会学の理論と方法』（牟田和恵ほか訳、岩波書店、二〇〇一年）を参照。

(22) これについては、例えば天児慧「新民主主義共和国への展望と挫折」（宇野重昭・天児慧編『20世紀の中国――政治変動と国際契機』〔東京大学出版会、一九九四年〕所収）、一六五頁を参照。

(23) 中国憲法第三条では民主集中制との規定があり、国家の行政機関、裁判機関などが全人代などによって選出され、これに対して責任を負うとされる。したがって、中国の国家制度の基本は人民代表大会制度であるとされ、それは三権分立、司法独立を否定する制度と理解してよい。この「民主集中制」は、共産党の組織原則である「民主集中制」（前掲注10）とは異なる概念である。

(24) 唐亮『現代中国の党政関係』（慶應義塾大学出版会、一九九七年）、毛里前掲『現代中国政治』、第四章。

(25) 国民党と共産党の党国体制の歴史分析は、西村成雄・国分良成『党と国家――政治体制の軌跡』（岩波書店、二〇〇九年）を参照。疑似レーニン主義的党国体制については、若林正丈『台湾――分割国家と民主化』（東京大学出版会、一九九二年）を参照。
（26）中国の経済改革に関しては、呉敬璉『現代中国の経済改革』（日野正子訳、ＮＴＴ出版、二〇〇七年）を参照。
（27）計画経済の導入から終了までのプロセスを分析した国分良成『現代中国の政治と官僚制』（慶應義塾大学出版会、二〇〇三年）を参照。
（28）新権威主義論に関しては、加々美光行編・解説「新権威主義：改革派の異端的イデオロギー」（『世界』一九八九年一二月号所収、二九八―三一三頁）を参照。
（29）これは、例えば毛里前掲『現代中国政治』、序章を参照。
（30）武田康裕『民主化の比較政治』（ミネルヴァ書房、二〇〇一年）では、中国を一党支配型の全体主義体制からの移行ケース（移行の兆しとその挫折）として議論している。
（31）毛里前掲『現代中国政治』、また天児慧「政治体制の構造的変容」（毛里和子編『現代中国の構造変動Ⅰ　大国中国への視座』〔東京大学出版会、二〇〇〇年〕所収）などを参照。
（32）唐亮『変貌する中国政治――漸進路線と民主化』（東京大学出版会、二〇〇一年）、また唐亮『現代中国の政治』（岩波新書、二〇一二年）を参照。
（33）加茂具樹『現代中国政治と人民代表大会――人代の機能改革と「領導・被領導」関係の変化』（慶應義塾大学出版会、二〇〇六年）。
（34）毛桂榮・白智立「中国の公務員制度」（武藤博己ほか編『東アジアの公務員制度』〔法政大学出版局、二〇一三年〕所収）、毛桂榮「人民団体と公務員制：中国政治の一側面」（明治学院大学『法学研究』第九七号、二〇一四年所収）を参照。
（35）中国の政治協商会議に関するまとまった日本語の研究はないが、この組織は中国憲法の前文によって設置され、国家機関に関する憲法第三章では登場しない組織であり（毛里前掲『現代中国政治』では、これを国家機構の章で扱っている）、また指名と推薦によって組織されており、したがって立法機関への改組や選挙制度の導入が提案されている。さらに中国ではこの政治協商会議に関わって、「協商民主」の議論が展開されており、これは「熟議・討議・協議デモクラシー」論（篠原一『市民の政治学――討議民主主義とは何か』（岩波新書、二〇〇四年）参照）を中国的に読み替えたものである。

(36) 趙宏偉『中国の重層集権体制と経済発展』（東京大学出版会、一九九八年）、劉迪『近代中国における連邦主義思想』（成文堂、二〇〇九年）を参照。

(37) 中国法の概要は、本間正道ほか『現代中国法入門』第五版（有斐閣、二〇〇九年）、西村幸次郎編『現代中国法講義』第三版（法律文化社、二〇〇八年）を参照。

(38) 前掲唐亮『変貌する中国政治――漸進路線と民主化』第三、四章、また毛桂榮「インターネットと中国政治」（明治学院大学『法学研究』第七七号、二〇〇四年、三三―八一頁）を参照。

(39) この「党主制」及び「立憲党主制」（党主立憲制）の議論は、中国共産党江蘇省委員会学校（党校）の劉大生が提起したもので、初出は上海『社会科学』一九八七年第七号、以後複数の異論と反論が展開されている。

(40) 中国の民主化動向に関する英語の研究書は、例えば Andrew J. Nathan, *et al.* eds., *Will China Democratize?* Johns Hopkins University Press, 2013 を参照。

第7章　比較政治制度分析から見たアメリカ政治

久保　浩樹

一　アメリカ政治を語る上での難しさ

アメリカ、と聞いてどのようなイメージを思い浮かべるだろうか?　マクドナルドなどの食生活やハリウッド映画や音楽、ファッションなどを通じて親しみやすい文化を思い浮かべる人もいるだろう。学生諸君はまだ学生で就職は先のことと考えているかもしれないが、日本とアメリカの経済的結びつきは強い。アメリカ経済の影響は将来学生諸君が就職する会社や勤め先の動向に影響するかもしれない。また、中国の台頭により世界の中では相対的に衰えつつあるとはいえ、アメリカは未だ世界最大の軍事大国である。日本とアメリカの間には日米安全保障条約が存在し、沖縄の基地問題は日本の内政の重要課題である。
このように見てくると、アメリカが日本に与える影響は極めて大きく、どの面から理解すればいいのか戸惑ってしまう人もいるかもしれない。アメリカの情報はテレビや新聞、インターネットやSNSなどから日々膨大に発信されていて、正直、情報量の多さや複雑さに戸惑う人も多いのではないだろうか。実はこの点にこそアメリカ政治理解の難しさが含まれているのであり、情報量の多さに素直に戸惑いを見せることこそ、アメリカ政治理解の出発点である。逆に気をつけなければならないのは、狭い情報源や安易な情報を鵜呑みにして、アメリカ政治の一断片だけを理解してアメリカを理解した気になることにアメリカ政治理解の危険性が含まれている。

例えばアメリカは歴史のない国だと主張されることがあるが、一七八八年に発効した憲法に基づく世界で最も古い権力分立制に基づく憲法を持つ国である。その後の一九世紀前半の民主化の時代も含めて考えるならば、アメリカは約二〇〇年の民主主義の伝統を持つ国であると言える。また、アメリカは発達した社会保障制度を持っておらず、貧困が放置されていると主張されることもある。しかしこのことも、自由主義的な政治文化の影響や、連邦と州の間の複雑な権限関係といった要素を含めて考える必要がある。

いずれにせよ、アメリカ政治を安易に一断面や印象論などを見て「わかったつもりになる」のではなくて、その複雑さや難しさを率直に認めた上で「わかりにくさ」をまずは理解してもらいたい。その上で鍵となるのが、政治学の理論、とりわけ比較政治学の理論である。現在これを執筆している時点（二〇二〇年六月）で、二〇二〇年のアメリカ大統領選が話題にのぼり、（コロナウィルスに話題が圧倒されているが、）現職の共和党のトランプ大統領と、民主党の大統領候補として確定したバイデン候補の一騎打ちが展開されると予想されているが、本章ではそのような時事ニュースの解説はせず、むしろ理論、とりわけ政治アクターの戦略的行動を規定する、長期的に安定している制度に着目して解説していきたい。

以下、第二節ではアメリカを比較政治の観点から概観し、第三節では立法＝行政＝司法の権力分立制が生み出すダイナミズムを解説し、第四節ではアメリカの特徴的な政党と政党システムのあり方と近年問題になっている分極化について説明したい。最後に締めくくりとして、比較政治としてのアメリカ政治の可能性に言及する。

二　比較の視座から見たアメリカ政治

1　比較から見たアメリカ政治の難しさ

この節では、アメリカ政治を比較の視座から概観したい。アメリカを比較政治の枠組みで捉えることは、容易ではない。比較政治学者のレイプハルトは以下のように述べている。「日本の政治は分析が難しいとよく言われます。アメリカで研究する政治学者は、日本の政治は他の国の民主主義とは異なるので、比較分析は困難と考えがちです。しかし、第一版、第二版の執筆を通じ、私は日本の分析がとくに難しいと感じたことはありませんでした。分析が困難だったのは、実は日本ではなくアメリカです。多国間比較の観点からすると、例外的なのはアメリカの民主主義で、日本ではありません。(1)」

アメリカ政治の比較分析が難しい理由は、先ほど述べた情報量の過剰さに限らない。確かに、アメリカには一見すると「特殊」に見える要件が揃っている。第一に、規模の大きい民主主義国家の一つであるということ、第二に、(先行例はいくつか考えられるものの)最も古い民主主義国家であるということ、第三に、最も古い民主的な憲法を持続して用いていること、第四に、(予備選挙の広範な利用に見られるように)特徴的ないくつもの民主主義制度を持っていることが挙げられる。またそれらに加えて、アメリカが二〇世紀に入りさらには第二次世界大戦後、冷戦下で外交政策を展開する際に、自らを「民主主義」の模範として位置付ける発想が広く浸透し、今に至っている。(2)一見するとこのような民主主義国家は他に存在しない、と考えても不思議ではないのかもしれない。

さらに深いレベルでは、(アメリカの)アカデミックな知識人や研究者の間にも、アメリカを特殊としてみてしまいがちな構造的な理由がある。古くは建国の父祖の時代の憲法制定をめぐる論争や、トクヴィルの『アメリカのデモクラシー』は、大西洋を隔てて、アメリカとヨーロッパを「比較」することで、アメリカの特殊性を抽出しようという意図が存在した。しかしながら、アメリカにおいて二

○世紀に入り政治を分析する学問が「政治学（political science）」と自立して行く過程で、アメリカと他国を比較する視点は失われてしまった。まずは、アメリカの自国の内政を扱う学問が「アメリカ政治（American Politics）」として自立し、世界各国の対立や協調を扱う学問が「国際政治（International Politics/International Relations）」として自立し、結果的に残されたアメリカ以外の全ての国々の内政を扱う学問が「比較政治（comparative politics）」として残された。アメリカ政治のテキストやトレーニングと比較政治のテキストやトレーニングは分離し、アメリカ政治における自国の社会科学的な研究が精緻になる一方で、比較政治はそれらの影響をあまり直接受けることはなく、独自のかたちで地域研究の質的手法や比較分析の方法を発展させていった。[3]今でも選挙研究や議会研究など一部の分野を除いて（あるいは、それらの分野においてすら）、アメリカ政治と比較政治の融合的研究は稀である。アメリカを比較の視座から捉えるというのは並大抵の作業ではないことがわかる。

2　多国間比較の枠組みとその中でのアメリカ

このことに対する一つの答えは、多国間比較可能な枠組みの中でアメリカを捉えるということである。比較政治学者レイプハルトは、「多数決型民主主義」と「コンセンサス型民主主義」という類型の元で、三十六カ国の民主主義を比較しようと試みている。[4]「多数決民主主義」と「コンセンサス型民主主義」はどのように異なっているのだろうか？　リンカーンの「人民の人民による人民のための政治」という言葉こそ、民主主義の本質を表している言葉であるとされる。では、「人民」とは一体何を指すのであろうか？　この解釈の違いによって、民主主義は二通りに二分されるとする。第一の解釈は「人民の多数派の意志」を「人民の意志」とみなすものである。多数決の勝者の政策をどんどん促進し、政策の効率性が重視される代わりに少数派の意見が省みられない恐れがあるとされる。第二の解釈は「できるだけ多くの人民の意志」を「人民の意志」とみなすものである。政策の反映させる範囲を多数決の勝者に区切るのではなく、その範囲をできるだけ拡大し多数派も少数派も包摂した政策決定と実現を目指すのがコンセンサス型民主主義である。少数派を排除せず幅広い合意を目指しながら政策形成と実現を目指すコンセンサス型デモクラシーは、包括性と代表性が利点であるが、政策過程に停滞を招きかねないことがマイナス面であるとされている。単純明快にいえば、多数決型民主主義が権力の集中を目指して政策過程における効率性を重視するのに対し、コンセンサス型民主主義が権力の分散を重視して政策過程における包括性を重視すると言える(5)。

表1は、レイプハルトの多数決型民主主義とコンセンサス型民主主義の類型を示したものである。多数決型民主主義とコンセンサス型民主主義を構成する要素として、一〇の項目を挙げている。第一要素の政府・政党次元として、選挙制度、政党システム、内閣構成、執政府と立法府の関係、利益媒介制度の五つが挙げられ、第二要素の連邦制次元として、連邦制、議会構造、憲法改正手続き、違憲立法審査、中央銀行の五つが挙げられている。多数決主義民主主義の典型例は、小選挙区制、二大政党制、一党単

表１　レイプハルトの多数決型民主主義とコンセンサス型民主主義の類型[6]

	多数決型デモクラシー	コンセンサス型デモクラシー
選挙制度	小選挙区制	比例代表制
政党システム	二大政党制	多党制
内閣構成	一党単独内閣	連立内閣
執政、立法府の関係	執政府首長の優越	執政府と立法府の均衡
利益媒介制度	多元主義	コーポラティズム
連邦制	単一制	連邦制
議会構造	一院制	二院制
憲法改正	軟性憲法	硬性憲法
違憲立法審査	違憲立法審査制なし	違憲立法審査制あり
中央銀行	政府に依存した中央銀行	政府から独立した中央銀行

独内閣、執政府首長の優位、多元主義、単一制、一院制、軟性憲法、違憲立法審査の不在、政府に依存した中央銀行などの制度的特徴が挙げられ、具体的な国としては、イギリス、政治改革前のニュージーランド、バルバドスなどが挙げられるという。また、それと対置されるコンセンサス型民主主義の典型例としては、制度的特徴として比例代表制、多党制、連立内閣、執政府と立法府の均衡、コーポラティズム、連邦制、二院制、硬性憲法、違憲立法審査の存在、政府から独立した中央銀行などを持ち、具体的な国としてスイスやベルギーなどが挙げられる。

それでは、この枠組みに沿って考えてみた場合、アメリカはどう位置付けることができるのだろうか。第一要素である政府・政党次元に立って考えてみた場合、大統領制を採用しており、執政府と立法府の均衡が図られているという点においては、コンセンサス型民主主義であるといえるが、それ以外の四つの要因に関していえば、選挙制度に関していえば小選挙区制であり、政党システムという点では二大政党制であり、政権構成という点に関しては一党単独（大統領選挙で勝利した政党が行政府を支配する）であり、利益媒介制度という点では多元主義であるという点で、四つの要因で多数決型民主主義であると言える。総じて、第一要素である政府・政党次元では、多数決型民主主義が採用されていると結論できる。

第二要素の連邦制次元についてはどうだろうか。アメリカは、中央地方関係についていえば連邦制を採用しており、議会構造に関しては強力な第二院を持つ二院制を採用しており、憲法改正という点では改正のハードルが高い硬性憲法であり、違憲立法審査に関しては（憲法には銘記されていないものの判例として確立しているという意味で）強力な違憲立法審査権を持っており、中央銀行制度という点では比較的政府から独立した中央銀行を持っており、総じて第二要素の連邦制次元においてはコンセンサス型民主主義の特徴を保持していると言える。

こうして見てくると、アメリカの特徴は、第一に大統領制・権力分立制という執政府=立法府関係を除く政府・政党次元においては多数決型民主主義であり、第二に連邦制次元においてはコンセンサス型民主主義の特徴を持っていると言える。ここで振り返っておきたいことは、多数決型民主主義の特徴は、それが別名で競争型民主主義とも言われるように、多数派を中心に政治が行われ少数派が排除されがちである代わりに、政策決定の責任を明確に一元化し、効率的に政策を進めていくということにあった。アメリカにおいては、小選挙区制と二大政党制こそその中核部分である。コンセンサス型民主主義においては、より幅広い人民を包括していくプロセスを重視し、政策過程においては人民全体の代表性を尊重することに特徴があった。アメリカにおいては、大統領制・権力分立制と、連邦制がその役割を担っていると言える。このことは何を意味しているのであろうか？

これに対する一つの答えは、大統領制・権力分立制と連邦制というコンセンサス型民主主義の特徴で、小選挙区制と二大政党制という多数決型民主主義の特徴を抑制しているというものである。レイプハルト流にいえば、第二要素の連邦制次元のコンセンサス型民主主義で、第一要素の政府・政党次元の多数決型民主主義が緩和されているということもできるかもしれない(7)。

これをアメリカの政治史からみれば、アメリカには憲法制定に至る建国当初から「民主主義の過剰」や「多数の専制」に対する深刻な懸念が存在し、党派（faction）の存在についても否定的な見解が有力であった。アメリカが建国当初から民主的であったというのはやや事実と異なる。建国当初意図されていた政治は、民主主義というよりもむしろ共和主義と呼ばれる公共の精神にあふれ経済的に自立したエリートによる統治であった(8)。それが一九世紀前半（具体的には一八三〇年代から一八四〇年代にかけて）民主化が進行し、（従来憲法には規定されていなかった）小選挙区制と二大政党システムがアメリカに定着していくことになる。それにともなって激しい党派対立が発生し、のちに見るように現在は「分極化（polarization）」が進行し、共和党と民主党の間に激しい対立が存在するが、このような激しい党派対立も権力分立制と連邦制によって緩和されているというのは一つの見方であろう(9)。

また、このことをヨーロッパとの対比で考えることは興味深い。アメリカは権力分立制・大統領制によってコンセンサス型民主主義を担保し、小選挙区制・二大政党制によって多数決型民主主義を促進しているのに対して、ヨーロッパ諸国の多くは権力の融合と議院内閣制によって多数決民主主義の礎を築き、比例代表制と多党制によってコンセンサス型民主主義を推し進めようとしていることがわかる。具体的にいえば、アメリカにおいては大統領と議会の間のバーゲニングや大統領の拒否権などがコンセンサス型民主主義を維持する制度装置となっているのに対し、ヨーロッパ諸国では連立政権交渉や連立政権維持における多党間の交渉がコンセンサス型民主主義を担保する要素になっているのである[10]。

以上をまとめると、アメリカは世界の中の多国間比較の文脈で見た場合、憲法によって規定された大統領制・権力分立制と連邦制によって人民の意志の代表性や包括性を担保し、その後の一九世紀前半に定着した小選挙区制と二大政党制によって政策過程の効率性や説明責任の明確性を担保していると言える。以下、大統領制・権力分立制と小選挙区制・二大政党制についてそれぞれ論じてみたい。

三　権力分立制とその作用

1　大統領

アメリカの大統領として何を思い浮かべるだろうか?　しばしば、「世界の指導者」「強大な権力を持ち、強力なリーダーシップを発揮する」という印象のもとに語られることが多い。また、四年に一度の大統領選挙は日本でも大きく報道され、大統領選挙と大統領に関して華やかな印象を持つ人も多いかもしれない。しかしながら、一般にもたれているイメージ以上に、アメリカの大統領の権力は小さく、政策過程においてできることは限られていることを理解することが重要である。

まず最初に理解すべきことは、大統領制と議院内閣制の相違である。日本やヨーロッパ諸国が採用している議院内閣制は、有権者である国民が議員を選び、議員から構成される議会が首相を選ぶという点に特徴がある。ここでは国民は直接首相を選ぶことはできず、あくまで議会を通じて執政府の指導者を選ぶという点に特徴がある。ここでは、立法府の多数派と行政府が融合することが期待されている。首相と行政府は、議会多数派の一致した強固な支持があるという前提において、権力の融合の下、予算や法案の提出や成立を主導することで、強力なリーダーシップが発揮できるのである(11)。

立法府と行政府の権力の融合を企図した議院内閣制に対して、立法府と行政府の間で権力の分立を図るのが大統領制である。有権者は議会と大統領をそれぞれ別個に選出し、議会の選挙基盤と大統領の選挙基盤が異なるのが大統領制の特徴である。大統領の権力は主として憲法が保障する制度的な権力と、議会の支持派の多さと強固さの程度という党派的な権力に依存するが、主として立法府と行政府の間で均衡と抑制を働かせ、大統領と議会が相互に暴走しないようにチェック機能を働かせるというところに大統領制の特徴がある。

このようにしてみた場合、アメリカの大統領の最大の特徴は、予算も法案も大統領自身単独では提出できないということにある。この点を踏まえておかないと、アメリカ政治の全体像を大きく見誤ることになる。アメリカの大統領が可能なのは、議会が提出した法案に対して拒否権を発動することだけであり、それも議会の三分の二の特別多数で乗り越えられてしまう。また任期が四年であり、二回八年までの就任は可能であるが、三選は禁じられていることも、大統領職への大きな制約の一つになっている[12]。

比較論的に見れば、議会の法案に対して、包括拒否権は持っているものの、部分拒否権は持っておらず、大統領令を発することはできてもそれを法制化することができないことや、排他的法案提出権を持っていないこととは、アメリカの大統領制の制度的な弱さの特徴とされる[13]。

大統領選挙の特徴についても見ておこう。アメリカの大統領選挙は、選挙人団の数を巡って争うという点で、厳密にいえば間接民主制であることに特徴がある。下院議員の総数四三五人と、上院議員の総数一〇〇人、それにワシントンDCに与えられる三人を合わせた五三八人の票の動向を巡って争われる。大統領選挙は一一月に行われ、各州に配分された大統領選挙人の数を、各州の一般投票において勝利した候補者が全部獲得する勝者総取り方式であることに特徴がある。この方式のために、一般総得票数で負けても獲得した選挙人の数で上回った候補が勝利するという現象が起き、実際に二〇〇〇年のゴアとG・W・ブッシュの争い、二〇一六年のヒラリー・クリントンとトランプの争いではそれが起こった。

アメリカの大統領選挙の特徴はいくつか挙げられるが、一つは予備選挙からその準備まで含めれば、一年近くかかる非常に長い選挙戦であることが挙げられる。また、その長い選挙過程の中で副大統領も選ばれる。またアメリカ政治の分極化については後に触れるが、「赤い州」「青い州」「激戦州」と呼ばれるように、共和党優位の州と民主党優位の州が地域的に固定化しつつあるのも現在のアメリカ大統領選挙の特徴である。また、アメリカの大統領選挙にも「一票の格差」は存在する。下院議員は人口に比例配分して割り当てられるが、上院議員は各州二人割り当てられるため、どんなに小さな州でも最低三人の選挙人の数が割り当てられることになり、小さな州の政治的影響力が大統領選挙において、過剰代表されていることになる。(14)

2　議会

すでに述べたとおり、合衆国憲法においても実際の政治過程においても大統領の果たす役割は限られている。それに対して、政策過程の中心に位置しているのが、議会である。大統領は議会の提出した法案に拒否権を発動することができるだけであり、基本的には大統領が行政権を、議会が立法権を有し、権力分立制を採用している。また、行政府の閣僚は、連邦議会議員を兼任することを憲法で禁じられているなど、権力分立は徹底されている。さらに権力分立制は議会内部でも徹底され、上院と下院に立法権力を分立させ、二院制というかたちで、立法権の内部でも権力の分立が図られていることがわかる。

そのようなアメリカ議会は立法と予算に関する権限を独占しており、アメリカの政治過程の中核を担うことが期待されていた。（実際、アメリカ合衆国憲法の第一条は議会についての詳細な権限関係の記述である。）とりわけ、「財力（power of the purse）」こそ、議会権力の重要な位置を占めるとされるように、徴税と予算編成こそ議会の重要な権力の源であるとされてきた。また、法案成立に関しても重要な役割を果たしている。毎年、五〇〇〇から七〇〇〇の法案が審議入りし、二五〇から五〇〇の法案が成立している。[15]

上下両院議員は、どのように選出されるのだろうか？　上院に関していえば、各州の代表として位置付けられ、各州から二名が選出されており、任期は六年である。二年おきに下院議員の選挙が行われるので、それと同時期に行われる上院議員選挙では、片方の上院議員が選出される年と、もう片方の上院議員が選出される年と、何も起こらない年が各州で繰り返されることによって、上院の構成は変化していく。当然のことながら、人口の多い州にも少ない州にも平等に二名の上院議員が割り振られるため、激しい一票の格差の問題が生じる。他方下院議員では、四三五名が、一〇年に一度の国勢調査に基づく人口調査によって、人口に基づいて比例配分される。近年は、南部諸州の経済的発展に基づいて選出される下院議員の数が増大しているのに対して、中西部などのラストベルトと呼ばれる地域では選出される下院議員の数は減少している。人口に比例して下院議員が配分されるため、「一票の格差」の問題は生じにくいが、ゲリマンダーと呼ばれる問題が生じる。ゲリマンダーとは自己の党派に有利な選挙区の区割りを進めることである。紙数の関係上、詳述はできないが、司法と、選挙の実施と執行に関しては基本的な権限を持つ州政府も絡んで、複雑な争いが繰り広げられてきた(16)。

このようなアメリカ議会を比較論的に眺めた場合、どのような特徴が見えてくるのだろうか？　第一に立法に関しては対照的な二院制であるということ、第二に条約や人事など一部の面に関しては上院に有利な二院制であるということ、第三に上院は特別多数を必要とするのに対し、下院は多数決主義を取っているということ、第四に、下院の大きさが四三五と一九一二年以来固定されているということ、第五に、下院議員の任期が二年と固定されており、国際比較の観点から見ても短いこと、第六に、選挙の期日が固定されていることなどが挙げられる(17)。

3　大統領と議会の相互作用

以上に見てきたように、大統領制のアメリカというのは、決してアメリカの大統領が華々しく強力にリーダーシップをとるシステムではなく、むしろ政策過程の中心は議会であり、大統領と議会の二元代表制の下、相互抑止することに焦点があった。ここで問題が生じるのは、議院内閣制が議会多数派と執政府・行政府の一致を企図し、権力の融合を目指しているのに対して、大統領制が、議会多数派と執政府・行政府の一致を必ずしも意図せず、異なってしまう場合が生じることであろう。大統領と議会多数派が異なっている状況のことを分割政府と呼ぶ。これを執筆している二〇二〇年六月の時点で、大統領と上院多数派は共和党が占めているのに対して、下院多数派は民主党が占めており、典型的な分割政府状態と言える。

一九世紀後半から一九二〇年代までは、共和党多数派の時代が続き、一九三〇年代から一九六〇年代にかけては「ニューディール連合」と呼ばれる民主党多数派の時代が続いた。しかしその後は一九七〇年代や一九八〇年代はニクソンやレーガンに見られるように共和党の大統領に対して民主党の議会が対峙する分割政府が頻発し、一九九〇年代以降になると民主党のクリントン政権下の一九九四年の共和党多数派議会の出現に伴い、分割政府がさらに頻発するようになる。最近では、G・W・ブッシュ政権末期の二〇〇七年から二〇〇九年まで、オバマ政権三年目以降の二〇一一年から二〇一七年まで、トランプ政権三年目の二〇一九年から現在に至るまで（本稿執筆時点の二〇二〇年まで）が分割政府とされる。分割政府が立法府の活動に停滞をもたらすかについては議論があるが、分割政府が立法活動を停滞させるという有力な見解がある。(18)

仮に分割政府でなかったとしても、大統領制下の立法活動や政策過程の困難さは変わらない。アメリカの政党はその内部で一致して投票しようとする政党規律が低く、仮に統一政府（行政府と立法府の多数派が一致していること）だとしても、大統領の好む政策を推進できるとは限らない。

このような厳しい限定された状況下で、大統領はいかにして政策を推し進めていくのだろうか？　このことに関する論点や論争は数多いが、さしあたって四点を挙げることができる。第一は、大統領個人の「説得する力」である。「大統領の権力とは説得する力である」と政治学者ニースタットが喝破したように、大統領の説得する力こそが政策過程を前に進める源泉という考え方がある[19]。第二は、世論へ訴えかける力である。Going Public とも呼ばれるこの手法は、世論を政治過程に巻き込み、世論を通じて議会へ働きかけを行うというものである[20]。第三は、政党を通じた力と呼ばれるもので、大統領と近しい党派を巻き込んで政策を前に進めていくという考え方である[21]。大統領選挙と議会選挙は同時期に行われるため、ある意味で大統領と大統領の政党は一蓮托生であるとも言える。第四は、制度的な力と呼ばれるものである。憲法上保障されている拒否権を使ったバーゲニングや、行政命令や署名声明を通じて、その政策過程を円滑に進める方法がある[22]。

総じて、アメリカの大統領制において大統領は制度的に弱く、議会の支持を取り付けなければ何もできないということが理解できたと思う。大統領と議会の間の抑制と均衡を軸とする権力分立制は、アメリカにコンセンサス型民主主義、少数派を排除せず、政策過程において時には党派を超えた合意形成や世論を重視した政策形成を可能にしていると言える。政策過程の停滞や大統領と議会の抗争もそう言った幅広い文脈の中で捉えられるべきだろう。

四　政党システムと分極化

1　小選挙区制と二大政党制

選挙制度と政党システムは密接に関係することが政治学の領域では広く知られている。簡単にいえば、小選挙区制は二大政党制を生み出し多数決型民主主義となり、比例代表制は多党制を生み出しコンセンサス型民主主義となるというものである[23]。小選挙区制と二大政党制が徹底されていることこそ、多数決型民主主義の下に政策過程を進めるアメリカの政治制度の特徴と言える。

アメリカはなぜ二大政党制を採用しているのだろうか？　第一は、デュヴェルジェの法則が挙げられる。彼は「小選挙区制は二大政党制を好む」とし、小選挙区制と二大政党制の関連性を指摘した。小選挙区制は機械的効果と心理的効果を持つとされ、機械的効果とは議席決定方式と選挙区定数が持つ直接的な少数政党への効果をさし、心理的効果とは少数派が戦略的に当選可能性のある大政党への投票を行うこととされる。これら二つの効果によって、第三政党以下が排除されていくとされる。確かに、一九世紀前半に民主化の過程で小選挙区制と政党政治が確立していく過程[24]から、二〇世紀にかけて第三政党は存在したものの結局政権獲得には至らず、消滅していった。

また、二〇世紀に入り、中央＝地方関係が変化したことも影響している。特に一九三〇年代以降、F・

D・ルーズヴェルト大統領の登場とニューディール政策の推進によって、連邦政府の果たす役割が決定的に重要となった。中央＝地方関係において中央政府が果たす役割が大きければ、それだけ大規模連合を作って政権獲得をするインセンティブが生じる。第三政党や地域政党では、大統領選挙でも議会選挙でも多数派を得ることができない。ここに大規模な政党連合を作るインセンティブが生じ、中小政党が消滅していく原因があるとされる(25)。

また、一度二大政党制が形成されると、大政党は自らに好ましい制度的障壁を設け、第三政党の参入を阻止する傾向に向かうとされる。予備選挙や投票用紙などを通じて、中小政党を排除することは州レベルでは可能である。他には二大政党がともに緩やかな連合体であり、新しい組織や運動体に非常に柔軟に対応してきたことも挙げられる(26)。

いずれにせよ、第三政党や中小政党が（歴史的に一時期勃興した時期もあったが、いずれも程なく衰退し、現在存在するものも二大政党システムにインパクトを与えるほどではない。）ほとんど活躍していないのが、アメリカの政党システムの特徴である。これは同じ多数決型民主主義でアングロサクソン圏のイギリスやカナダと好対照をなしている。これらの国々では二大政党システムが崩れかかり、第三政党や中小政党が一定の役割を果たしている。

また現在のアメリカでは、大統領選挙でも議会選挙でも用いられている現状で採用されている多数代表制、小選挙区制に対する批判が少なく、多数代表制を採用している国々の中では比較的、議席数と得票数の乖離が少ない比例的な結果を生み出しているということも付け加えておこう。[27]

2　政党システムの分極化

分極化（polarization）とは、主として現代アメリカ政治において、民主党がリベラル化し、共和党が保守化することで、二大政党のイデオロギー的距離が拡大していく現象を表す言葉として用いられる。民主党と共和党のイデオロギー的対立の激化は、政治的妥協を困難にさせ、政策過程の停滞[28]や政治不信の増大にもつながるとされている現代アメリカ政治過程の一大特徴である。

ここでは紙幅の関係上、いくつか考えられる原因について素描するにとどめたい。まず分極化についていえば、政治的エリートの分極化と有権者の分極化が存在し、前者については広く受け入れられているものの、後者についてはその存在に論争がある。その原因についてであるが、長期的な要因としては第一に、南部における政党再編成が挙げられる。一九六〇年代まで民主党一党支配であった南部地域に共和党の保守勢力が浸透することで、南部の保守派は共和党へと鞍替えし、共和党は保守的な政党として一枚岩となり、逆に民主党はリベラルな政党へと再編成された。第二に、所得の不平等とイデオロギー的分極化の関連性を指摘する研究が存在する。[29]そのほかには、政党指導者の役割や権限の増大、SNSやインターネットなどのソーシャルメディアの変化を指摘する声もある。第四に、党派的なゲリマンダリングといった選挙の区割りの仕方に原因を求める研究も存在する。他には、党派的な予備選挙や、党派的な寄付金の増大が分極化を招いているという議論も存在する(30)。

五　終わりに

本章では、アメリカ合衆国の政治を比較政治制度分析の枠組みを用いて分析した。アメリカの政治制度の特徴は、憲法に規定された連邦制と大統領制・権力分立制というコンセンサス型民主主義を基礎とし、一九世紀前半の民主化の過程で根付いていった小選挙区制と二大政党制という多数決型民主主義を付加することで発展していった。アメリカの大統領制の最大の特徴は、アメリカ大統領の権限が制度的に弱いということであり、それを乗り越えるために、拒否権の発動や議会への働きかけ、世論への説得活動などを行わなければならない。このようにアメリカの政治制度は、拒否権プレイヤーが多く、政策が停滞しがちであることがわかる。それに対してアメリカに多数決型民主主義の要素を注入し、政策過程を効率化・促進し、説明責任を明確化させているのが小選挙区制と二大政党制の役割であり、一九世紀前半に民主化して以降このシステムが定着して以来二〇〇年間、現在に至るまで崩れる気配がない。現在アメリカの政党システムに進行している最も大きな特徴はイデオロギー的分極化であり、これについては様々な角度から研究がなされていることについてはすでに述べた。以上で簡単に比較政治制度分析の立場からアメリカ政治の簡単な分析を試みたが、各節ごとに様々な論点が詰まっており、議論しきれなかった点も多い。気になる点や疑問に思ったことがあれば、是非これまでに掲げた注や以下に掲げる文献案内を頼りに、アメリカ政治の知識を蓄積し、自分なりのアメリカ政治分析を行ってもらえれば筆者としても幸いである。

注

（1）アーレンド・レイプハルト（粕谷祐子、菊池啓一訳）『民主主義対民主主義　多数決型とコンセンサス型の36カ国比較研究〔原著第二版〕』（勁草書房、二〇一四年）、vii頁。
（2）Steven L. Taylor, Matthew S. Shugart, Arend Lijphart, and Bernard Grofman. 2014. Different Democracy American Government in a 31-Country Perspective. Yale University Press, pp. 2-4. 佐々木卓也『冷戦　アメリカの民主主義的生活様式を守る戦い』（有斐閣、二〇一一年）。
（3）Steven L. Taylor et al. Ibid, pp. 5-6.
（4）レイプハルト、前掲書。
（5）同様の分類は、G. Bingham Powell Jr. 2000. Elections as Instruments of Democracy: Majoritarian and Proportional Visions. Yale University Press も行なっている。
（6）レイプハルト、前掲書、三頁を基に作成。
（7）レイプハルト、前掲書、二一一、二七〇頁には三十六カ国の一〇の制度的変数に関する因子分析の結果が掲載されている。その結果は、一九四五年から二〇一〇年にかけて、コンセンサス型民主主義の程度が、第一要素は-0.67と低く、第二要素が2.25と高いことがわかっている。
なおレイプハルトは、因子分析の解釈の結果について、アメリカとカナダについて以下のように述べている。

「概念図の右下では、カナダが政府・政党次元では多数決型、連邦制次元ではコンセンサス型というイスラエルとは逆の混合型も最も典型的な例である。」「アメリカも同じく右下に位置付けられ、連邦制次元ではカナダよりも強いコンセンサス型の傾向をもっているが、とくに執政府の優越がカナダほどではないため、政府・政党次元ではそれほど多数決型というわけではない。」（レイプハルト、前掲書、二二一—二二三頁。）

また、カナダとアメリカが多国間比較の観点から酷似しているというレイプハルトの指摘は興味深い。紙幅の関係からカナダとアメリカの二国間比較に関しては掘り下げて取り上げることができなかったが、アメリカとカナダを比較政治論的に分析した最新の成果として、Paul J. Quirk ed. 2019. The United States and Canada: How Two Democracies Differ and Why It Matters. Oxford University Press を勧めたい。

（8）久保文明『アメリカ政治史』（有斐閣、二〇一八年）、一八頁。J・G・A・ポーコック（田中秀夫、奥田敬、森岡邦泰訳）『マキァヴェリアン・モーメント　フィレンツェの政治思想と大西洋圏の共和主義の伝統』（名古屋大学出版会、二〇〇八年）。

（9）この点に関して議論した最新の論文として、Paul Pierson and Eric Schickler, 2020. "Madison's Constitution Under Stress: A Developmental Analysis of Political Polarization" Annual Review of Political Science 23:37-58 が挙げられる。

（10）この点を理論的に明らかにした著作として、やや古いが、ジョージ・ツェベリス、（眞柄秀子、井戸正伸訳）『拒否権プレイヤー　政治制度はいかに作動するか』（早稲田大学出版部、二〇〇九年）が挙げられる。この中でツェベリスは、制度的拒否権プレイヤーと連立政権内部での政党などを指す党派的拒否権プレイヤーを区別している。

（11）建林正彦、曽我謙悟、待鳥聡史著『比較政治制度論』（有斐閣、二〇〇八年）、高安健将『議院内閣制　変貌する英国モデル』（中公新書、二〇一八年）。

（12）ワシントンが三選を果たさなかったことにより、その後慣例として三選禁止はアメリカの中に定着したが、二〇世紀に入ると、F・D・ルーズヴェルト大統領が四選を果たした。その後トルーマン政権下で、一九五一年に三選が憲法で禁止された。

(13) Matthew Soberg Shugart, Stephan Haggard. 2001. "Institutions and Public Policy on Presidential Systems," in Stephan Haggard and Mathew D. McCubbins. eds. Presidents, Parliaments, and Policy. Cambridge University Press, pp. 64-102.

(14) Steven L. Taylor. et al. op. cit.. 258-281.

(15) Roger H. Davidson, Walter J. Oleszek, Frances E. Lee, Eric Schickler. 2017. Congress and Its Members 16th edition. CQ Press, p. 29.

(16) Anthony J. McGann, Charles Anthony Smith, Michael Latner, Alex Keena. 2016. Gerrymandering in America. Cambridge University Press.

(17) Steven L. Taylor et al. op. cit., pp. 205-226.

(18) William Howell, Scott Adler, Charles Cameron, Charles Riemann. 2000. "Divided government and the legislative productivity of Congress, 1945-94" Legislative Studies Quarterly, 25 (2). 285-312.

(19) Richard Neustadt. 1990. Presidential Power and the Modern Presidents. Free Press.

(20) Samuel H. Kernell. 2006. Going Public: New Strategies of Presidential Leadership 4th edition. CQ Press. Brandice Canes-Wrone. 2005. Who Leads Whom? Presidents, Policy, and the Public. University of Chicago Press.

(21) Jon R. R. Bond, Richard Fleisher. 1992. The President in the Legislative Arena. University of Chicago Press.

(22) Charles M. Cameron. 2000. Veto Bargaining. Cambridge University Press. 梅川健『大統領が変えるアメリカの三権分立制　署名時声明をめぐる議会との攻防』(東京大学出版会、二〇一五年)。

(23) Gary W. Cox. 1997. Making Votes Count: Strategic Coordination in the World's Electoral Systems. Cambridge

University Press.

（24）小選挙区制度導入の経緯については Erik J. Engstrom. 2016. Partisan Gerrymandering and the Construction of American Democracy. University of Michigan Press. 政党政治の確立については John H. H. Aldrich. 2011. Why Parties? A Second Look. University of Chicago Press が詳しい。

（25）Pradeep Chhibber, Ken Kollman. 2004 The Formation of National Party Systems: Federalism and Party Competition in Canada, Great Britain, India, and the United States. Princeton University Press.

（26）Marjorie Randon Hershey. 2017. Party Politics in America 17th edition. Routledge, pp. 40-41.

（27）Steven L. Taylor et al. op. cit., pp. 142-147.

（28）Frances E. Lee. 2015. "How Party Polarization Affects Governance" Annual Review of Political Science 18:261–82.

（29）Nolan McCarty, Keith T. Poole, Howard Rosenthal. 2016. Polarized America: The Dance of Ideology and Unequal Riches second edition. The MIT Press.

（30）Nolan McCarty. 2019. Polarization: What Everyone Needs to Know. Oxford University Press.

◎文献案内

アメリカに関する概説書や教科書は多く、日本語で読める良質なものも多い。まずはそれらからアプローチしてみるという方法がある。代表的な日本のアメリカ政治に関する教科書としては、久保文明、砂田一郎、松岡泰、森脇俊雅『アメリカ政治 第三版』（有斐閣、二〇一七年）、岡山裕、西山隆行編『アメリカの政治』（弘文堂、二〇一九年）、西山隆行『アメリカ政治入門』（東京大学出版会、二〇一八年）などが日本のスタンダードなアメリカ政治の教科書として読むことができる。また、地域研究アプローチにより特化したものとしては、鈴木透『実験国家 アメリカの履歴書 第二版　社会・文化・歴史にみる統合と多元化の軌跡』（慶應義塾大学出版会、二〇一六年）が挙げられる。

古典も重要である。文中に述べているように、建国の父祖やトクヴィルは、主としてヨーロッパとの対比のもとに、勃興する新しい国、アメリカの行く末を考察した。今日のアメリカを理解する上でも、アレクサンダー・ハミルトン、ジョン・ジェイ、ジェームズ・マディソン（斎藤真、中野勝郎訳）『ザ・フェデラリスト』（岩波書店、一九九九年）や、トクヴィル（松本礼二訳）『アメリカのデモクラシー　第一巻　上・下』（岩波書店、二〇〇五年）、トクヴィル（松本礼二訳）『アメリカのデモクラシー　第二巻　上・下』（岩波書店、二〇〇八年）などは必読文献である。

また、アメリカ政治を歴史からアプローチするというのは古典的かつ重要な役割を果たしてきた。やや古いものではあるが、斎藤眞、古矢旬『アメリカ政治外交史　第二版』（東京大学出版会、二〇一二年）は、アメリカ政治外交史の日本語の概説書の古典である。より新しい時代（二〇世紀以降）を扱ったより新しい世代の概説書としては、久保文明『アメリカ政治史』（有斐閣、二〇一八年）や青野利彦、倉科一希、宮田伊知郎編『現代アメリカ政治外交史「アメリカの世紀」から「アメリカ第一主義」まで』（ミネルヴァ書房、二〇二〇年）が挙げられる。

一見迂遠なようにも思われるかもしれないが、比較政治学の知識がアメリカ政治の分析の上で役立つことがある。内政の分析は主として政治行動分析と政治制度分析から成り立っているが、それらの理論の多くがアメリカ人政治学者のアメリカ政治分析の成果から得られたものであることも多く、制度論や行動論の基本的知識を踏まえておくと、よりアメリカの理解が深まる可能性がある。制度分析の有益な概説書としては、文中で紹介したアーレンド・レイプハルト（粕谷祐子、菊池啓一訳）『民主主義対民主主義　多数決型とコンセンサス型の36カ国比較研究［原著第二版］』（勁草書房、二〇一四年）に加えて、建林正彦、曽我謙悟、待鳥聡史『比較政治制度論』（有斐閣、二〇〇八年）が挙げられる。政治行動分析の有益な概説書としては、山田真裕、飯田健編『投票行動研究のフロンティア』（おうふう、二〇〇九年）と飯田健、松林哲也、大村華子『政治行動論　有権者は政治を変えられるのか』（有斐閣、二〇一五年）が挙げられる。

外交政策、外交史は国際政治学、国際関係論とも重なり合う特殊な領域であるが、この分野でも日本語で読める良質な概説書や教科書は存在する。スタンダードなものとしては、佐々木卓也編『戦後アメリカ外交史 第三版』(有斐閣、二〇一七年)が挙げられるだろう。佐々木卓也『ハンドブックアメリカ外交史　建国から冷戦後まで』(ミネルヴァ書房、二〇一一年)も有益である。現代アメリカ外交（主として二一世紀に入ったばかりのブッシュ政権期以降）に関していえば、村田晃嗣『現代アメリカ外交の変容　レーガン、ブッシュからオバマへ』(有斐閣、二〇〇九年)や、久保文明『アメリカ外交の諸潮流　リベラルから保守まで』(日本国際問題研究所、二〇〇七年)が有効である。また日米関係の重要性も見逃せない。個別トピックに関する研究書は数多くあるが、概説書としては、五百旗頭真編『日米関係史』(有斐閣、二〇〇八年)が最もまとまったものである。また、アメリカの武力行使・対外政策に関して、計量分析からアプローチした日本では数少ない貴重な研究として、多湖淳『武力行使の政治学　単独と多角をめぐる国際政治とアメリカ国内政治』(千倉書房、二〇一〇年)が挙げられる。

異色なものとしては、資料集が挙げられる。アメリカ政治の重要な局面で役割を果たした文書や演説をコンパクトにまとめたものが以下の資料集である。概説書や通史と並行して使うと使いやすいかもしれない。斎藤眞、久保文明編『アメリカ政治外交史教材　英文資料選　第二版』(東京大学出版会、二〇〇八年)。

大統領・大統領制に関しては、日本でも近年急速に研究が進展しつつある。やや古いが出発点として読みやすいものとして、砂田一郎『アメリカ大統領の権力　変質するリーダーシップ』(中央公論新社、二〇〇四年)がある。近年重要性を増している大統領の署名声明に関する研究書としては、梅川健『大統領が変えるアメリカの三権分立制　署名時声明をめぐる議会との攻防』(東京大学出版会、二〇一五年)、歴史的経緯や比較分析、基本統計量や事例分析を組み合わせた一般にも読みやすい総合的研究として、待鳥聡史『アメリカ大統領制の現在　権限の弱さをどう乗り越えるか』(NHK出版、二〇一六年)、アメリカにおける大統領＝議会関係、とくに大統領の議会への立法に関する影響力行使に関する計量分析と事例分析として、松本俊太『アメリカ大統領は分極化した議会で何ができるか』(ミネルヴァ書房、二〇一七年)が挙げられる。また近年の研究として、東京財団政策研究所監修、久保文明、阿川尚之、梅川健編『アメリカ大統領の権限とその限界』（日本評論社、二〇一八年）も見逃せない。

本文でも述べたとおり、議会は法律や予算などを作成する政策過程の中心に位置する最も重要なアクターである。デイヴィッド・メイヒュー（岡山裕訳）『アメリカ連邦議会　選挙とのつながりで』（勁草書房、二〇一三年）では、議会研究のアメリカにおける古典が日本語の翻訳として読むことができる。日本語の概説書として、今日最も包括的なものとしては、廣瀬淳子『アメリカ連邦議会　世界最強議会の政策形成と政策実現』（公人社、二〇〇四年）が挙げられる。またトランプ当選前後の近年のアメリカ議会の分析として、中林美恵子『トランプ大統領とアメリカ議会』（日本評論社、二〇一七年）がある。

本章では触れることができなかったが、司法はアメリカの政治に果たす役割が大きい。また憲法に規定された権力分立制や連邦制の仕組みといった統治構造を知る上でも、憲法の知識は不可欠である。司法や連邦最高裁の果たす役割として、入門的な書物としては、阿川尚之『憲法で読むアメリカ史（全）』（筑摩書房、二〇一三年）と阿川尚之『憲法で読むアメリカ現代史』（NTT出版、二〇一七年）が最適である。本格的な概説書としては、松井茂記『アメリカ憲法入門　第八版』（有斐閣、二〇一八年）が挙げられる。

アメリカの政党や政党システム、イデオロギー的分極化については、重要なトピックであるにもかかわらず、日本語で読める文献は少ない。共和党と民主党については、やや古いが、それぞれ、久保文明編『G・W・ブッシュ政権とアメリカの保守勢力　共和党の分析』（日本国際問題研究所、二〇〇三年）と、久保文明編『米国民主党　2008年政権奪回への課題』（日本国際問題研究所、二〇〇五年）がある。イデオロギー的分極化については、五十嵐武士、久保文明編『アメリカ現代政治の構図　イデオロギー対立とそのゆくえ』（東京大学出版会、二〇〇九年）が日本の研究の一つの到達点である。

オバマ政権に関しては様々な研究者が編著を出版している。日本語で読めるものも多い。久保文明編『オバマ大統領を支える高官たち　政権移行と政治任用の研究』（日本評論社、二〇〇九年）、久保文明編『オバマ政権のアジア戦略』（ウェッジ、二〇〇九年）、久保文明、東京財団「現代アメリカ」プロジェクト編『オバマ政治を採点する』（日本評論社、二〇一〇年）、久保文明、中山俊宏、渡辺将人『オバマ・アメリカ・世界』（NTT出版、二〇一二年）、久保文明、高畑昭男、東京財団「現代アメリカ」プロジェクト編『アジア回帰するアメリカ　外交安全保障政策の検証』（NTT出版、二〇一三年）、吉野孝、前嶋和弘編『２００８年アメリカ大統領選挙　オバマの当選は何を意味するのか』（東信堂、二〇〇九年）、吉野孝、前嶋和弘編『オバマ政権はアメリカをどのように変えたのか　支持連合・政策成果・中間選挙』（東信堂、二〇一〇年）、吉野孝、前嶋和弘著『オバマ政権と過渡期のアメリカ社会　選挙、政党、制度、メディア、対外援助』（東信堂、二〇一二年）、吉野孝、前嶋和弘『オバマ後のアメリカ政治　２０１２年大統領選挙と分断された政治の行方』（東信堂、二〇一四年）などを挙げておこう。

トランプ政権の分析はまだまだ少ない。思想史的アプローチによりトランプ大統領出現の背景を読み解いたものとして、会田弘継『破綻するアメリカ』（岩波書店、二〇一七年）が挙げられる。ボブ・ウッドワード著（伏見威蕃訳）『FEAR 恐怖の男 トランプ政権の真実』（日本経済新聞出版、二〇一八年）は、アメリカで最も著名なジャーナリストの一人が分析したトランプ政権の内実の詳細な叙述である。現在日本語で読める最も包括的なトランプ政権の政治過程の分析としては、吉野孝、前嶋和弘編『危機のアメリカ「選挙デモクラシー」　社会経済変化からトランプ現象へ』（東信堂、二〇二〇年）が挙げられる。

英語が読めるようになるならば、さらにアメリカ政治の文献の無数の宝庫の中に飛び込むことができる。まず手始めにお勧めしたい入門書として、Ken Kollman. 2017. The American Political System, 3rd edition, W. W. Norton & Company. Steven L. Taylor, Matthew S. Shugart, Arend Lijphart, and Bernard Grofman. 2014. Different Democracy American Government in a 31-Country Perspective. Yale University Press. Samuel H. Kernell, Gary C. Jacobson, Thad Kousser, Lynn Vavreck. 2019. The Logic of American Politics 9th Edition. CQ Press. の三冊を挙げておこう。また応用編として、アメリカ人研究者によるアメリカ政治理解の現在の到達点として、Nolan McCarty, Keith T.

Poole, Howard Rosenthal. 2016. Polarized America: The Dance of Ideology and Unequal Riches second edition. The MIT Press. Alan S. Gerber, Eric Schickler eds. 2016. Governing in a Polarized Age: Elections, Parties, and Political Representation in America. Cambridge University Press. Nolan McCarty. 2019. Polarization: What Everyone Needs to Know. Oxford University Press. Frances E. Lee, Nolan McCarty eds. 2019. Can America Govern Itself? Cambridge University Press. をお勧めしたい。

第8章　自治と統治

鍛冶　智也

はじめに

一九九三年の衆参両院による「地方分権の推進に関する決議」から二〇年余り、国主導の地方分権改革は一段落し、新たな段階を迎えている。歴史的には、一九六〇年代あたりから、いくつかの自治体が現場の課題を「権限なき行政」によって解決しようとした「革新自治の時代」が出現し、八〇年代の「地方の時代」、九〇年代の「地方分権の時代」があり、ミレニアムを経て「分権改革の時代」へと繋がって、自治に関わるシンボルは少しずつ変化しながらも、今日に至っている。しかしながら、問われてきているのは、問われ続けているのは、「自治」のあり方の問題であり、「統治」構造の課題である。

一　自治と統治に関わる諸改革

一九九五年に地方分権推進法が制定された後、総理府に設置された地方分権推進委員会を主な舞台として改革課題の審議が進み、二〇〇〇年に地方分権推進一括法[1]が施行され、日本の中央―地方の関係は大きく変革された。この改革は、明治維新の際の改革、第二次世界大戦後の戦後改革と並ぶ近代日本の「第三の改革」と称され、大規模な統治構造の改革であった。これまで住民に身近な地域の政治や行政に対して、中央政府が余りにも多くの側面に口を挟み過ぎていたことを改め、地域の自治権限を拡充しようとした改革であった。「地方分権改革」とも呼ばれたこの改革の中心は、自治体の首長などを国の一機関として位置づけ、国家の業務を委任していた機関委任事務を廃止し、自治体固有の自治事務と国の事務が委託された法定受託事務とに再編して、中央政府と地方政府（自治体）を法的に対等な関係に位置づけたことである。また、自治体の業務に対する国による関与も法定主義としながら削減され、中央諸官庁の通達による仔細な干渉も制度上廃止された。

この時の改革は、同時に理念的・原則的な成果ももたらした。すなわち、「補完性の原理」に基づいて国と地方の役割分担の原則が確立されたことである[2]。憲法九二条に記された「地方自治の本旨」とは、団体自治と住民自治の実現と解釈されてきたが、国から与えられた役割を自主的に行うという意味での団体自治ではなく、自治体はそもそも役割自身は自ら規定することができるという原則が付け加わった。このことは、自治権の大小よりも意義は大きいと考えられる。

ともあれ、この時拡充された地方自治体の行政権限には、財源の拡充が伴わなかった。地方自治体にとって、仕事は増えたものの、そうしたサービスの元手は国が握ったまま、あるいは国が自治体の支出に対していちいち口を出さないようになったと言っても、国の補助金などが前のまま、といった状態だったわけである。そこで、二〇〇一年からは、地方分権推進委員会を引き継ぎ内閣府に設置された地方分権改革推進会議が、中央—地方の事務事業の見直しに着手し、首相を議長とし内閣府に設置された経済財政諮問会議が、中央—地方の税財政の見直しを始めた。

時すでに、以前のような高い経済成長を享受できなくなり、国も地方も財政は逼迫して火の車状態で、お金の奪い合いになっていたために、税財政の問題は店晒しになっていた。こうした一時期棚上げにされていた問題を、一遍に解決しようと提唱されたのが「三位一体の改革」である。国と地方との役割分担の見直しを機に、国と地方との税財政を見直そうと考えられたわけである。ではなぜ、三位なのかと言うと、第一に、国から地方への補助金を削減しようという方針である。国が細かく地方のやることに口を出さないということならば、補助金も削減すべきということで、地域で支出していたサービスに対して国が補助をしていたが、それを削減し、結果として約四兆円の国庫補助負担金が圧縮された。第二に、補助金が削減されたらこれまでの公共サービスの財源がなくなってしまうので、独自の財源を保障しなくてはならない。そこで、国から地方への税財源の移譲をする内容で、全体で約三兆円分の移譲が行われた。第三は、地方交付税交付金制度の改革である。自治体のなかには、財政基盤の強い自治体と、脆弱な自治体があり、どこに住んでいるかによって、住民が最低限の公共サービスを受けられない事態になってはいけないので、自治体間の財政上の格差をある程度是正する必要がある。そのために、国税と地方税の配分をおおむね三対二となるように分け合って、国が多く集めた分は財政基盤の弱い自治体に多く配分する財政調整制度である。この再配分の仕組みが複雑であるのを簡便な制度として見直すことになった。この三つを一度に進めるので、三位一体と呼んだ改革となった。

この間、二〇〇二年と〇四年には、更なる地方自治法の改正があり、分権改革の「受け皿」となり、自治体の行政の効率化を促進させ、財政基盤を強化するという名目で、市町村による「平成の大合併」が進められた。

二〇〇七年には、新たに地方分権改革推進委員会が発足し、国と地方の役割分担、すなわち国による事務の義務づけや基準づけ等の見直しと条例制定権の拡大を図って、国の制定する法律の規律密度の緩和が検討されるようになった。二〇〇九年には、国政での民主党への政権交替があったため、新政権の「一丁目一番地」の改革課題である地域主権を実現するため地域主権戦略会議[3]を二〇〇九年に首相を議長として内閣府に設置し、更に二〇一〇年には地方政府基本法の制定（地方自治法の抜本的見直し）のため地方行財政検討会議が総務大臣を議長として総務省に設置された。二〇一〇年六月に閣議決定された地域主権戦略大綱によれば、地方政府基本法は上位規範として位置づけられ一般の法律に優位し、準憲法的な性格を有する基本法（憲法実施法あるいは憲法附属法）[4]が想定されており、現在の自治体の基本構造である首長と議会の二元代表制の採用を含めて住民が選択可能な姿を目指し、住民投票制度や条例制定権に関する新たな手法も模索している。[5]自治事務について国が法令で事務の実施やその方法を縛っている義務付け・枠付けが多数存在することに関し、その見直しと条例制定権の拡大を進めるために第一次一括法[6]が二〇一一年に成立、翌一二年の自民党と公明党の連立政権への交替を挟んで一四年の第四次一括法まで順次制定され、地方政府自らの判断と責任において行政を実施する仕組みに改めていく改革が進められてきた。二〇一四年六月に地方分権改革有識者会議がまとめた「地方分権改革の総括と展望」では、自治体主導の分権の有力な手法として、全国で実施できる規制緩和などの具体策を自治体に求める「提案募集方式」と、希望する自治体だけに特定の権限を移譲する仕組みである「手挙げ方式」が新たに採用されることになった。これまでの分権改革にはみられなかった地域の自己決定権をどのように捉えるかの視点が、論点として採用されているのが特徴である。

こうしてみると一連の改革は、日本の統治構造を改革しようとする、広い意味での行政改革であると位置づけることができよう。行政改革とは、複雑化している行政機構や事務・事業を整理したり、統合したりするという「行政の簡素化」のことを指している場合が多く、道路公団や郵政公社などの特殊法人の民営化などはこの意味の行政改革によってなされたものである。しかし、本来行政改革とは、行政をめぐる内外の環境の変化、つまりグローバル化の進展であるとか、財政の窮迫化、都市化、高齢化といった環境の変化に対して、行政は常に適応し、政府の行う諸政策が総合性を確保しながら、効率的で、国民に責任を果たすものであるように改革することであるので、政・官・財の間の固定化した利権体制を変革することも、じつは行政改革の重要な目的の一つである。具体的には、規制緩和、地方分権の推進、縦割り行政の弊害是正などという課題に取り組むことである。

政治家が、地元の利益を確保するだけでなく、自分自身の懐も潤すために、地元の土建業者やゼネコンとよばれる大手の建設業者と癒着し、そこに公共事業の許認可権を有する国土交通省などの中央諸官庁や地方自治体が参画して、利権を共有するといった構造を改革することは、行政改革の目的でもある。行政が特定の利益を温存して、環境の変化に追いついていかずにひずみが生じたり、政治の腐敗を生み出してきたりした原因の一つとして、国政レベルにおいては、政権交替が長年実現されなかった政治体質があり、地方レベルにおいても、知事や市町村長といった首長の多選という長期政権があると考えられ、一人の人間、あるいは一つの集団に権力が集中し、そして長い間権力の中枢に君臨することによって生じた政治の機能障碍であると考えられる。

二　統治の機能

では、ここでなぜ、ともすると利権が集中してしまうほど、権力というものが集中する方向に働く傾向にあり、国家の諸制度は、ある程度それを認めているのか。一方で、権力が集中してしまうことに対して、その機能障碍を未然に防ぐために、どのような仕組みを、私たちは用意してきているのかについて、考察してみよう。

人間は、絶海の孤島で生活するのでない限り、他の「仲間」と一緒に生活し、大小さまざまな社会の一員として生活を営んでいる。[7] 最小の単位としての家族や大学の学生、町内会の住民、○×市の市民、日本国の国民、国際社会のメンバーなどといった社会の一員である。太古の昔と違って、変化の多い多様な現代においては、各レベルの社会での構成員相互間の考え方や利益が異なり、時にはそれらが激しく対立し合うことも自覚されるようになる。テレビのチャンネル権の争奪から人生観の違いまで、両親や兄弟、先生といった人々と時に全く考え方が合わないことを感じることも多いと思うが、一定規模以上の社会ではその違いが複雑化し、先鋭化してしまいかねないことも想像できるであろう。最近はビデオもあり、テレビが複数ある家庭も稀ではないのでそう深刻ではないであろうが、チャンネル権一つのために毎日喧嘩をしていてはたまったものではないので、多様な社会をある程度安定させるためにも、ルール作りといった秩序が自覚的に形成されなければならない。

政治の重要な機能は、こうした異なった意見、対立する考え方や利害を調整し、協力させて、一つの社会としてまとめ、安定と秩序を形成していくことにあるといえる。これを統治と称することができるし、換言すれば、政治における「統合の機能」とよぶこともできる。この統合を推進するためには「力」を必要とすることはいうまでもない。しばしば、物理的な武「力」を伴って強制されることもあるが、経済や情報による「力」によっても実現されてきている。こうした「力」による強制がない場合、個々人はそれぞれにとって当面の利益の追求に向かい、その結果は秩序の失われた状態が出現することとなる。これを政治思想史においては、トマス・ホッブズ（Thomas Hobbes）が「万人の万人に対する闘い」と称しているし、ジャン・ジャック・ルソー（Jean-Jacques Rousseau）が、単なる個々人の私的利益の総体（全体意志）ではなく、共同体の共通利益と福祉を志向する一般意志の重要性を強調した所以である。

ところで、各個人にとっての利害を判断するのは誰なのか。また、こうした判断に基づいた、社会全体の利害についての決定は誰によって、いかようになされていくのであろうか。個人の利害に関しては、その人自身が考えれば一応よいと思われるが、社会全体の利害の決定に関しては、個々人がプライベートに勝手に考えれば独りでにうまくいくというものではなく、パブリックな、公的な世界で行われなければならない。それは、その社会の構成員全体を拘束し、構成員全体に強制されていくものであるからである。したがって、こうした政治的な決定をする権利は、そのまま「政治権力」を意味し、決定に参加する者は「権力者」と呼ぶことができる。その決定方法の理想としては、構成員全員の決定への自発的な服従が保障されるもので、構成員全員で決定に参与する方式が考えられる。家族会議などでは、親が決定する場合もあるであろうが、関係する家族全員で決定することも多いと考えられる。しかしながら、こうした方式が全ての社会で実現するとは限らない。否むしろ、実際にはほとんど実現不可能である。

現実の政治状況からみて、こうした理想に最も接近している統合の方式としては、代表制を通じて展開される議会制民主主義であろう。ここでは、個人の利害が直接表明されるのではなく、代表が選ばれるのであり、その代表は選ばれた代理人ではなく、信託者として行動するため、個々人の具体的な利益とは切り離された、社会全体の利益という観点が生じてきていることに注意しなければならない。そこでは、個人の利益を大幅に阻害することは慎重に避けながらも、個々人の利益を最大限に確保するような社会全体の利益を保障するよう統合への努力がなされることとなる。こうした手続きがなされている限りにおいて、統合をより効果的に実現するためにリーダーシップが求められるわけである。社会の隅々にいる構成員の意思を汲み上げ、利益を保全するために、利害が複雑であればあるほど強力なリーダーシップが求められることになる。歴代の首相が、自らの政治的リーダーシップに実質的な調整能力を付与するために、首相官邸の機能を拡充してきたのはこのためであるし、自治体においても、知事や市長の企画調整機能を有効に確保するために、知事本部や市長公室を設置して、首長の右腕左腕を配置して補佐させ、頭脳中枢を強化しようとしてきているのはこのためである。

こうしてみると、社会を構成する個々人の利害を調整し、統合するためには権力をある程度集中させて、リーダーシップが確保されることを制度上保障しなければならないことがわかる。歴史的にみても、中世の封建社会においては、自給自足的な閉鎖社会であり、領主・貴族層の特権が温存されていた。こうした特権の固定化から市民を救うためには、絶対主義王権の担い手が権力を自己の下に集中させたのであり、また外部からのさまざまな圧力から権力の集中によって地域を守ったのである。また、自由放任の経済体制において、次第に優位を保つようになった特定企業による独占が生じ、自由な競争は阻害され、企業は不当な利益を得ることにより社会の構成員全体の利益が損なわれるようになると、政府は市場を調整するための国家の権力を一手に集中させて、統合を図るようになった。

このように社会の諸利益を統合するために、権力を集中させていったプロセスを、集権化と表現することができる。統合においては、政府の集権化が必要である側面があることが、ここで理解できよう。

さて、集権化によって、社会は満足のいくような状態が保障されるのであろうか。集権化によってもたらされた権力が、恣意的に用いられ、多くの犠牲を強いるものとなる可能性はないのであろうか。そもそも、理想的であると前に記したような、社会の構成員全員が参加する統合のプロセスと、集権化は全く反対の方向を向いているのではないだろうか。この点について、もう少し考えてみよう。

三　権力の分立

集権化に成功した絶対王制によって、社会はバラ色になり、人々は幸福感に酔いしれたのではなかったことは、周知のとおりである。(8) 集権化された権力は腐敗し、市民革命と称する大規模な改革によって、集権的な制度に一定の枠をはめるようになる。権力の過度の集中化とその濫用を抑制する必要が生じてきたわけである。君主の恣意的・個人的な権力を制限するために、「人の支配」に代わって「法の支配」が打ち立てられるべきであることが提唱される。そのためには、権力が分割されなければならないことが主張されるようになる。

少々驚かれるかもしれないが、近代国家において最も歴史のある成文憲法は、じつはアメリカ合衆国憲法である。[9] この憲法案の起草に大きな役割を果たし、後に「憲法の父」と呼ばれるジェイムズ・マディソン（James Madison）は、『ザ・フェデラリスト』において「人民によって委譲された権力は、まず二つの異なった政府（中央政府と地方政府）に分割される。そのうえで、各政府に分割された権力が、さらに明確に区分された政府各部門[10]に分割される。したがって、人民の権利に対しては、二重の保障が設けられているわけである。異なった政府がそれぞれ相手方を制御しつつ、同時にその各政府が内部的に自分自身によって制御されるようになっているわけである。[11]」と記している。権力の分割は、まず中央と地方の政府間の分立と、政府の中における権力の分立によってなされるべきであるといっているのである。

ここで言及されている「権力の分割」とは、通常「権力の分立」と呼ばれるもので、特に後半で示されている「権力の分立」は、「三権分立」と称されている。「法の支配」のためには、法の制定と執行を担う機関、さらには紛争が起きた際に裁判を行う機関を別々にするというもので、立法権を有する議会、行政権を有する内閣あるいは大統領、司法権を有する裁判所の三機関は、異なった人々によって運営されるべきだという原則である。権力分立の原則は、もともと君主、ひいては人間性に対する不信に基づくものであり、権力が地上の人間によって担われているかぎりは、それは絶えず私的な利益のために濫用される危険性をともなっている。さらに、権力はそれを統制する立場にある人々に名誉や利益をもたらすものであるので、常にそれをめざす闘いが引き起こされることになるわけである。したがって、現に権力を保持している人々にとっては、権力を維持することが常に最大の関心事となるのであり、その結果、権力維持のために不当な権力を行使するといった事態も生じるのである。

さらに、この三権分立だけでは、権力は過度に一つのところに集中してしまうおそれがあるために、各部門の所有している権力が、それぞれ他の権力を抑制する機能が果たされるべきであり、それによって権力相互間に均衡が保たれるとき、権力の濫用は抑止され、人々の自由は確保されるであろうと考えたのである。この抑制と均衡を、通常チェックス・アンド・バランスイズ（Checks and Balances）の原則といっており、三権分立の原則と不可分に結び付けられている。相互に作用する概念であるために、複数形であることに注意されたい。

「権力の分立」のもう一つの形態は、「分権」「地方分権」である。権力の腐敗を防止するためには、三権分立と同時に、いやそれに先立って「地方分権」が推進されなければならないとしている。これは、中央政府にすべての権力を集中することを拒否して、自治体、すなわち地方政府（日本の法律用語では地方公共団体といい、一般に地方自治体とよんでいるが）にも相当の権力を付与し、中央政府と地方政府との相互の抑制によって、それぞれの権力の濫用を防ごうとする考え方である。またこの地方分権は、中央集権による権力の濫用を抑制するという消極的な側面だけではなく、各地域の政府がそれぞれの地域における公的な問題を地域の責任において、かつ地域の立法・行政の機関により処理するという積極的な側面をも有している。

さて、ここまでの議論を整理してみよう。多様な利害が錯綜し、その対立が深刻化しているような現代の社会においては、社会を構成している人々の不利益を最小限度に抑えておくために、社会はある程度安定して営まれなければならない。そうした社会の統合を進めるためには、人々は利害を正しく調整するための政治権力を創設することとなる。こうしたプロセスを、より効率的かつ民主的に行うために、権力をある程度集中させ、なおかつ集中した権力に人々の意思を最大限反映させるような政治制度をつくりあげる必要に迫られるわけである。その際の集権化は、人々の利害を調整するためになされたものであるので、集権化によって人々の利益が全体として損なわれることになっては集権化の意味はなくなってきてしまう。そこで、いったん集権化によって集中した権力を、再び分割する、すなわち権力の分立を行う必要がでてくるわけである。こうした権力の分立は、いわゆる三権分立と同時に、地方分権によって果たされることになる。この分権化によって、当初、社会の統合のための理想的な仕組みである、社会の構成員全員が社会の意思の決定に参加するという形態に、再び近い状態に戻ってきたということを、今ここで思い出す必要がある。

ここで読者は、重要な事実に気がついたはずである。社会の統合のためには、あるいは政治の適正な運営のためには、集権化と分権化が同時に必要になってくる。集権化と分権化の調和がとれてはじめて、社会の統合もうまくいくというわけである。したがって、昨今の日本で、分権化の必要が熱心に説かれたり、地方分権が提唱されたりしてきているのは、日本の統治構造においては、過度の集権化が行われ、また分権化が阻害されているために、両者の調和が保たれておらず、政治や行政の機能不全がもたらされていることが広く認識されるようになったということである。

四　分権と集権の座標軸

では、なにをもって「集権」と称し、なにをもって「分権」と呼べるのか、これは必ずしも自明のことではない。少なくとも、中央政府の権力と地方政府の権力がどのように分割されているか。言い換えると、中央政府と地方政府とが、いかなる関係にあるのか、をみるとそれがわかる。この関係を「政府間関係」とよび、英語ではIntergovernmental Relationsである。国際関係がInternational Relationsで国家間関係であるので、政府間関係の一類型とみることも可能であるが、ここでは国内の政府間の関係を示す。

この政府間関係において「集権」的であるとか、「分権」的であるとかという判断の材料はいったいどこにあるのだろうか。集権度・分権度の判断の指標として、どのようなものが考えられるのであろうか。自治を構成する要素として、六項目にわけて検討してみる(12)。

分権の度合いの指標として、第一に、地方政府の代表機関の性格がどのようになっているかが挙げられる。現在の日本における地方政府の議会と知事、市町村長などの首長は、選挙制を採用しているが、戦前の首長は任命制であった。このように、選挙で選ばれるのか、任命されるのか。選挙制であっても、地域の住民から直接選挙で選ばれるのか、首長を議会が選ぶというような間接選挙制であるのか。また任命制であっても、誰を任命するのか、中央政府の職員か地元の人間か、といった違いがある。地方政府が、地域住民の意思を正しく代表しているかどうかが、判断の指標である。地方政府には、市町村長や知事と地方議会が設置されている二元代表制が採用されているが、このことは私たち日本人にとっては自明のことであるが、世界的には必ずしも普通のことではなく、むしろ少数派である。市長は地方議会から選出される議長を意味している例もある。

第二に、地方政府に勤務する職員に対する人事権がどのようになっているかである。現在の日本における地方政府の職員は、原則的にその政府（自治体）が独自に採用することとなっている。しかし、都道府県や市町村の総務部長などの重要なポストに、中央政府、つまり総務省や財務省、国土交通省などからの職員が任命されている例も多くあるし、都道府県が運営している警察(13)の幹部職員は、国（国家公安委員会・警察庁）が人事権を握っている。また、かつては地方が運営する社会保険事務所や公共職業安定所などには国家公務員が働いていたりしたこともあったので、原則は必ずしも実現しているとは限らない。職員の定数、職員の給与、退職金などが、どれだけ独自に決められるかということも判断の指標となる。また、いわゆる天下りによって、中央―地方の政府間に上下関係が生じていることも考えられる。

第三に、地方政府の管轄する事務、あるいは権限がどのような性格を有しているかである。地方政府の所管する事務の内容、水準、方法などを地方政府自身が決め、執行することができるような自主性を有しているのか。あるいは、そうした事務が、本来は中央政府の事務であり、地方政府に執行が委任されているにすぎないのであるのかどうかである。地方政府の事務の執行に際して、その地域住民の意思がどれだけ反映されるものとなっているかどうかが判断の指標となる。日本では、地方政府の執行している事務のうち、地方政府に固有な事務としてみとめられている事務の割合は、伝統的に三割程度ともいわれ、「三割自治」という表現を生む素地をつくっている。また別の側面として、権限が地方政府にどのように与えられているかという授権の方式として、事務の内容を比較的細かく特定する制限列挙方式をとっているのか、大きな枠組みを設けて詳細に関しては地方政府の裁量に委ねる包括授権方式をとっているのかも考慮されてよい指標であろう。

第四に、自主財源の割合がどの程度になっているかである。地方政府の歳入に占める自主財源がどの程度であるか、そして国から地方政府に交付される財源はどれくらいの制約があるか、つまり用途が指定されているか、ヒモつきかどうかである。日本では、地方政府の歳入に占める自主財源の割合が三割程度であったことからも、「三割自治」と呼ばれた理由の一つである。さらに、地方政府の自主財源が、地方税を中心に構成されているか、それとも使用料、手数料、地方政府の所有している財産からの収入に依存しているかとか、地方税が設けられていても、住民税とか固定資産税といった地方税に固有の独立した税目が設定されているのか、国税に数パーセントを付加して地方税分とするといった付加税になっているのかといった点である。[14] どのような課税対象を設定して、つまり税目を設定して、それにどの程度の税率をかけるかを、どれだけ独自に決めることができるかということが、判断の指標となる。

第五に、地方政府の設立に関する問題と管轄区域の変更の問題である。これを廃置分合というが、地方政府の存立を撤廃することと新設すること、そして地方政府の管轄区域を分割したり、合併したりすることである。こうした地方政府の廃置分合は、中央政府の意思によってなされるのか、地方政府の意思によってなされるのか。また、中央政府によるものでも、法律に基づいて議会の審議を経てなされるものであるのか、そうでないのか。地方政府の意思といっても、住民投票などが行われるのか、そうでないのかといった問題である。中央政府のさまざまな政策に対抗、あるいは抵抗する政策をとるような、中央政府にとって「目の上のたんこぶ」のような存在の地方政府であっても、中央政府がそう簡単にはその地方政府の存立そのものに影響を与えないのであれば、地方政府の潜在的な権力はそれだけ強いということになる。「平成の大合併」により、多くの市町村が合併の協議を進め、三〇〇〇を超えていた市町村は、二〇一四年四月には一七一八となり、従前よりおよそ四割少ない自治体数に再編された。こうした動きに対して、地域住民がどのように関わっているのかが問われる指標である。

第六に、政党政治のあり方の問題である。中央政府においても、地方政府においても、市民と政府との間のパイプ役を果たしているのが、政治政党である。社会の規模が大きい国政レベルの政治においては、特に政党は重要な役割を果たしているが、地方政府も政党化することによって、地方政治を国政に連動させることになり、選挙においても、地域の諸問題について争うのではなく、全国的な論点について争われるようになる。そのことが地方政府の独立性を弱めることがある。また、政党組織が、地方を基盤としているのか、全国組織を基盤としているのかも、判断の指標となる。市長や知事などの選挙の際に、特定の政党の公認候補にならずに、市民党や県民党を名乗り、国政との区別を図るのもこうした点を意識しているものと思われる。

以上、集権・分権の指標となり得る六つの項目をみてきたが、一つの項目で分権の度合いが高いからといって、他の項目で分権の度合いも高いということは、必ずしもいうことができない。また、ある時期にある項目で分権の度合いがかなり高くても、時間を経て、時に制度改革があることによって、その項目の分権の度合いは大きく変化してしまうこともある。さらに、時系列として、集権的であることから次第に分権的であることに移行してきているとも、必ずしもいえないのであって、特定の項目、ある時点、地域により、どちら向きにも変動しているものでもある。

五　ガヴァメントからガヴァナンスへ

これまで考察してきた集権・分権の座標軸の他に、中央―地方の関係においては、国と地方の行政機関が独立して設置されており、それぞれの担当する業務も明確に分かれている「分離型」か、地方政府が中央政府の事務を担い地方政府の担う業務の中に純粋に自治的な業務と国に委任（委託）された業務が混在している「融合型」[15]かという分離・融合の座標軸[16]によって、自治のあり方が説明されることもある。長らく日本は、集権的な融合型の統治構造であると解説されてきた。このように、政府間関係における「自治」、すなわち分権（伝統的な表現を用いれば、団体自治のあり方）のみでは、その地域の自治の度合いは理解できない[17]。政府内関係、すなわちIntra-governmental Relationsのダイナミクスをも射程にいれる必要がある。知事や市町村長などの首長と官僚機構（補佐機関）との関係、首長と議会の関係、地方政府における職員組合（労働組合）の影響力、教育委員会や人事委員会などの各種行政委員会の実質的な役割などが検証の対象である。さらに地元の政府の意思決定を地域の意思決定の手続と捉えるのであれば、地域における自己決定の度合いを、自治の指標として捉えることができる。

では、地域における自己決定の度合いが高いか低いかという判断をする材料はいったい何なのだろう。

どのようなものがあるのか、自治を構成する要素として、四項目にわけて検討してみる。[18]

第一に、自治立法の範囲の問題である。地域の実情に合わせて地方政府が日々の行政を行うが、その際に独自のルールを制定して対応しているかどうかの問題である。歴史的にも、地方政府は「法令に違反しない限りにおいて」条例・規則を制定しているのであるが、特段の地域の実情がある場合には、上乗せや横出し[19]をして社会を規制してきた。伝統的に法令優先主義（法律占有論）の考え方から、国の制定する法令には「規律密度の高さ」があり、法律に対象事務の範囲が設定されていなくても、法律に政省令の根拠しか置かずに、政省令に「法的仕組み」を任せている例が極めて多く、明示のない場合は地方政府の定める条例に委任することが困難だと考えられている。こうした地方政府の条例・規則による法律の上書き権（書き換え権）の問題[20]も課題であるが、一方で地方政府側でも政策のフロンティアに対応する専門能力と意思（気概とも言うべき）がどれだけあるかということも問題にすべきである。

第二に、地方議会がどれだけ有効に機能しているかの問題である。議会が行政監視機能を充分に果たしているか、独自の立法活動に取り組んでいるか、地方議員が「どぶ板」案件だけでなく、どれだけ地域のニーズを吸収し、議会活動に反映させているか、という「古くて新しい」論点である。議会審議の公開度、請願・陳情の有効な活用、議員立法の範囲と件数、議員及び議会事務局の調査能力、議員あるいは議会の議案設定効果（agenda setting）などが具体的な指標になろう。

第三に、地方政府の意思決定における住民参加の問題である。地域における行政の事務・事業に対する情報公開や広報・広聴がどの範囲で、どのような方法でなされているかがまず問われる。住民による意見提出（パブリックコメント）手続や公聴会の制度が有効に活用されているか。そして、地域における特定のイシュー（政策領域）ごとに、ステイクホルダー（利害関係者）が適切に認識され、組織化され、住民の意思が有効に反映されるような工夫がなされているか。そして、ひとたび決定され、執行された個別の事務・事業について住民にどれだけ説明がなされているか、が指標になる。

第四に、地域内の自治的な組織の公共性の問題である。伝統的に自治会・町内会が、国にしろ、地方にしろ、政府の下請け的な役割を果たしてきた[21]。また、道普請など公共的ではあるが、政府の業務としては位置づけられていなかった領域についても、自治会・町内会、あるいは隣組・常会・結などと称する下位の地縁的組織が担ってきており、日常的な役割を果たしてきている。今日、自治会・町内会の加入率は全国平均では九割を誇っているが、都市部では低い加入率であるし、一世帯一票的な運用もなされ、課題も多い。そのため、自治体内分権として、地域委員会や地区協議会等の名称で条例により設置される地域自治区が、コミュニティレベルでの自治的な活動を行っている例もあるが、こうした地域の自治組織が自治会・町内会の代替となり、どの程度機能しているか。今日では（特に都市部では）、上記のような地縁組織の他に、ＮＰＯなどの市民活動団体が活発な地域活動を展開している例もあり、民間企業による地域貢献（ＣＳＲ：Corporate Social Responsibility）も含めて、政府部門と民間部門が協働できるような支援体制がどの程度とられているかが、判断の基準になる。近年、「新しい公共」の名の下に、公共サービスの提供や問題解決を住民同士で担おうという考え方が熱心に議論されているが、伝統的な手法も含めて[22]、大きな課題を負っている。

六　自治と統治の課題

さて、現在の日本の統治構造には、どれだけ自治が機能しているのだろうか。これは、先にみた分析のための指標に照らして、充分詳細に検証しなければならない問題であり、早急な結論づけはできない。ただ指摘すべきことは、近年になって「生活者の利益の優先」が提唱されるようになってきたことで、これまで政治の舞台にのぼらなかった社会的なマイノリティ、少数者の利益も積極的に政治の統合過程に組み込んでいかなくてはならないことが自覚されるようになり、従来の政治が一定の方向に偏りすぎていたことを認識するようになったことである[23]。集権と分権のバランスが、これまでは集権の方へ寄りすぎていたと、多くの人々が感じるようになってきたわけである。そして、地域における自己決定権の重要性をより強く認識するようになってきた。

ただ、人々がどれだけ分権を進めることに対して積極的になってきたかは、さらに議論の余地はあり得る。地方分権とは、時に地域・地域の相違、格差を承認することにもつながっていくからである[24]。一例を挙げてみると、上水道の供給は、地方政府の経営する典型的な公共サービスと考えられる[25]。水道の水の質や給水方法、そして水道料金は、地域間で違いがある。特に、水道料金は、その地域の地形や供給する人口規模などが強く影響し、各地域によって最大九倍もの格差が生じている。しかも、高い料金の方がサービスの水準（味や香とか、供給の安定性とか）が低い傾向にあり、実質的な格差はさらに大きい。また、福祉の分野では、介護保険料は全国で最大三・三倍の開きがあり、保育料も約三倍の格差がある。この差を、不公平とみるのか、地域の実情に合った差とみるのかは、その差が生じる際の意思決定に、どれだけ地域において自己決定をしたかに依存している。

以上みてきたように、人々の不公平感を除去しながら、それぞれの地域に合った政治を進めることにより自治を促し、集権と分権の調和を保つようにしながら、社会全体を巻き込んで統治を実現していくこと。それが、政治の腐敗などの不正を防止していくことはもとより、多様な社会を心地よく生活するための努力にほかならない。こうした統治の仕組みやあり方は、継続して取り組む課題であり、常に未完の改革なのである。

注

（１）正式名称は「地方分権の推進を図るための関係法律の整備等に関する法律」で、一般法である地方自治法や関連する個別法の計四七五本の法律改正。

（２）地方自治法に第一条の二の規定が新設され「第一条の二　地方公共団体は、住民の福祉の増進を図ることを基本として、地域における行政を自主的かつ総合的に実施する役割を広く担うものとする。2 国は、前項の規定の趣旨を達成するため、国においては国際社会における国家としての存立にかかわる事務、全国的に統一して定めることが望ましい国民の諸活動若しくは地方自治に関する基本的な準則に関する事務又は全国的な規模で若しくは全国的な視点に立つて行わなければならない施策及び事業の実施その他の国が本来果たすべき役割を重点的に担い、住民に身近な行政はできる限り地方公共団体にゆだねることを基本として、地方公共団体との間で適切に役割を分担するとともに、地方公共団体に関する制度の策定及び施策の実施に当たつて、地方公共団体の自主性及び自立性が十分に発揮されるようにしなければならない」となった。補完性の原理とは、個人や地域の団体が自ら処理できる事柄を、広域の団体が奪ってはならないという原則で、個人の自由や住民の自治を尊重するキリスト教の思想を基礎にしており、一九八八年にヨーロッパ地方自治憲章がこの原理に立脚して制定された。

（3）二〇一二年の政権交替の結果、翌一三年に、首相を本部長とする地方分権改革推進本部に衣替えされた。

（4）これに関し、西尾勝は「憲法と地方公共団体の組織及び運営に関する事項について定めた通常の諸法との中間に位置し、憲法と通常の諸法と媒介する機能を期待された基本法」を「イメージしているのだとすると、」「地方政府基本法と通常の諸法との法的関係が決定的に重要な論点になる。言い換えれば、通常の法律に優越する法的効力を有する基本法なるものを制定する余地がそもそもあるのかないのかという論点こそが、絶対に避けて通ることのできない、最も基本的な論点となって浮上して来ざるを得ない」と述べている。「地方政府基本法についての意見」西尾勝教授提出資料（地方行財政検討会議〔第二回〕配布資料一―一）。

（5）この点に関しては、『都市問題』の特集「地方政府基本法のあるべき姿」（第一〇一巻第九号、二〇一〇年九月号）の諸論文や『ジュリスト』の特集「地方分権の現状と課題」（第一四一三号、二〇一〇年一二月一五日号）の諸論文を参照。

（6）正式名称は、「地域の自主性及び自立性を高めるための改革の推進を図るための関係法律の整備に関する法律」である。

（7）いや絶海の孤島で生活したロビンソン・クルーソーですら、フライデイを仲間として「社会的」に生活を営まざるを得なかった。大塚久雄『社会科学における人間』岩波新書、一九七七年、参照。

（8）イギリスの歴史学者、J・E・アクトン（John Emerich Edward Dalberg Acton）が一八八七年に友人の司教M・クレイトン（Mandell Creighton）に宛てた書簡に「権力は腐敗する。絶対的な権力は絶対に腐敗する。」と記したとされるのは、有名である。

（9）一七八七年に制定されたアメリカ合衆国憲法は、現行の成文憲法では最古とされているが、この憲法に先立ってヴァージニア憲法（政府の枠組み：Frame of Government 及び権利章典：Bill of Rights）が一七七六年に制定され、その内容は合衆国憲法に影響を与えた。ヴァージニア邦の憲法は、その後諸改正を経て、現在ヴァージニア州憲法として現存している。アメリカの初期一三州は、合衆国の成立以前に邦憲法（後の州憲法）を有している。さらに遡れば、コネチカット邦は、一六三八年に植民地初の憲法（基本憲章：The Fundamental Orders）を制定しているし、イギリス慣習法の原典である大憲章（Magna Carta）は一二一五年に制定されている。

（10）すなわち、立法、行政、司法の三部門を意味する。

（11）第五一篇　抑制均衡の理論、アレクザンダ・ハミルトン、ジョン・ジェイ、ジェイムズ・マディソン（齋藤眞・武則忠見訳）『ザ・フェデラリスト』福村出版、一九九一年、二五三頁。

（12）西尾勝は、伝統的な集権・分権の判断軸として一〇項目を挙げている。詳しくは、西尾勝『行政学の基礎概念』東京大学出版会、一九九〇年、第一二章「集権と分権」を参照。また、森田朗は四項目で整理している。詳しくは、森田朗「『自治体』のイメージとその変化」森田朗他編『分権と自治のデザイン：ガバナンスの公共空間』有斐閣、二〇〇三年、一一二―一一五頁を参照。

（13）東京都には警視庁があり、各道府県には警察本部がある。

(14)地方政府の固有財源にしても、その標準的な税率は国が決定するし、「子ども手当」の例にもみられるように、国が決めた政策の財源に地方政府の財政が用いられるような措置は、日常的に行われている。こうした手続には、これまで国は地方六団体に事前の了解を得るぐらいしか、地方への配慮はしていない。

(15)大森彌は、「融合」では権限が溶け合ってしまっている印象を与えてしまうので、「分有」という表現を使っている。いずれにしても、海外の研究者は、separation の対概念としての intertwinement だとしている。大森彌「第二次分権改革と自治体政府の制度設計」(辻山幸宣・三野靖編『自治体の政治と代表システム』(自治総研ブックレット5)公人社、二〇〇八年)。

(16)天川晃「変革の構想:道州制論の文脈」(大森彌・佐藤誠三郎編『日本の地方政府』東京大学出版会、一九八六年、所収)。

(17)アメリカの政治を分析したフランス人アレクシス・ドゥ・トクヴィル(Alexis de Tocqueville)は、別の角度から集権・分権のあり方を考察している。すなわち、アメリカには、行政的中央集権(英訳では centralized administration とあるので「集権化された官僚機構」とすべきかもしれない)はないが、政治的中央集権(英訳では centralized government とあるので「集権的な統治構造」とすべきかもしれない)はあるとし、行政サービスの実施機関は分散していることを指摘している。A・トクヴィル(井伊玄太郎訳)『アメリカの民主政治』上巻、講談社学術文庫、一九八七年、一七四―一九五頁、原著は一八三五年公刊。

(18)ジェイムズ・ブライス(James Bryce)『現代民主主義諸国』(一九二〇年)に記された「地方自治は民主主義の学校である」(The best school of democracy, and the best guarantee for its success, is the practice of local self-government)は有名であり、トクヴィルも上記著作で同様のことを記しているが、政治研修の場としての地方自治と民主政治の入り口としての地方自治の重要性を指摘している。

(19)「上乗せ」とは、法令より厳しい基準を法令の内容に上乗せして規制することであり、「横出し」とは、法令が規制している目的と同一目的のもとに、法令が規制の範囲外においている事項を規制するものである。特定地域における、こうした例外的な扱いが、後に法改正によって法定されるようになった例も少なくない。たとえば、日照権の規制がそうであるが、詳しくは、武蔵野百年史編さん室編『要綱行政が生んだ日照権』武蔵野市、一九九七年。

(20) 詳しくは、磯崎初仁「法令の規律密度と自治立法権」『ジュリスト』一三九六号、二〇一〇年三月一五日号。喜多見富太郎「上書き権改革『残置』の論理と地域主権の法理」『自治研究』第八六巻第六号、二〇一〇年六月、参照。

(21) 自治会・町内会の歴史的役割については、高木鉦作『町内会廃止と「新生活協同体の結成」』東京大学出版会、二〇〇五年、参照。

(22) 非常勤の特別職の公務員として認定されているが、個々人の裁量が多い地域の役職に、民生委員、児童委員、保護司、保健活動推進委員、体育指導委員、青少年委員などの行政委嘱委員があって、地域の諸問題の仲裁・解決を担っているが、こうした役職のなり手が寡占されていないか、運用はうまくいっているのか、などの検証も必要であろう。

(23) このテーマは、社会政策上重要になってきており、「社会的包摂・排除」という用語が用いられて議論されている。たとえば、福原宏幸編『社会的排除／包摂と社会政策（シリーズ・新しい社会政策の課題と挑戦・第一巻）法律文化社、二〇〇七年を参照。

(24) 地域主権戦略会議の第一回会合（二〇〇九年一二月一四日）において、地域主権担当特命大臣である原口一博副議長は、日本は「中央で何でも決めて、そしてそれに地方が従う。そんなことが長く続いてきました。地域の活力や絆、こういったことにも大きな綻びが生れてきています。格差が生れています。「父権主義」との闘いです。地域主権を進めれば、格差はかえって広がるのではないかという方がいらっしゃいます。私はそのとおりだと思います。」と指摘している。「地域主権戦略会議（第一回会合）議事録」三頁。

(25) 世界的には必ずしもそうではなく、民間企業による「公共」サービスとなっている事例も多い。パリ市の水道は、二〇一〇年に一五〇年ぶりに再公営化された。

◎文献案内

自治に関する文献で、最初に手にとってはいけないものは、いわゆるテキスト・教科書の類である。理由は、初学者にとっては退屈だからである（平明に整理され、記述された文章からはドラマが読み取れない）。「教科書を読むことから学習を始めない」のは、大原則である。社会科学全ての分野について言えると思うが、社会は（もちろん政治も）人間が動かしている。その機微、何故？どのように？がわからないと関心を失う。自治論や行政学の分野においては、なおさらこの傾向は顕著である。その個別具体的な事例（事例研究・ルポルタージュ）、あるいは当事者の思い（自伝・評伝）こそが、活きた教材である。そのため、テーマ毎の個別の文献をここで挙げることができない。また、日々の案件を報道している新聞（特に、全国紙の地方版や県紙ともよばれる地方紙）を毎日読むことや時宜に則した課題を特集している専門誌・業界誌に目を通す方が理解のツボを押さえてくれる（例えば、『都市問題』『都市問題研究』『都市政策』『ガバナンス』『自治研究』『地方自治』『地方自治職員研修』『自治総研』『月刊自治研』『都政研究』『市政』など）。敢えて、概念の整理と理解の深化のために（この分野への興味が持続している方には）、以下のような文献を薦める。

以下の二冊は、政治（学）において、自治の有している意味を解説している古典的書籍である。有賀弘・阿部斉・齋藤眞『政治：個人と統合』（第二版）（東京大学出版会、一九九四年）、日本政治学会編『政治学の基礎概念』（年報政治学一九七九）（岩波書店、一九八一年）。歴史の中から自治を理解するためには、辻清明『日本の地方自治』（岩波新書、一九七六年）、小滝敏之『地方自治の歴史と概念』（公人社、二〇〇五年）、独特の自治を実践した、後藤新平『自治』（シリーズ後藤新平とは何か——自治・公共・共生・平和）（藤原書店、二〇〇九年）を読まれたい。

最近の自治の議論を整理したものとしては、西尾勝『未完の分権改革』（岩波書店、一九九九年）、新藤宗幸『地方分権』（岩波書店、二〇〇〇年）、金井利之『自治制度』（行政学叢書③）（東京大学出版会、二〇〇七年）、東京市政調査会編『分権改革の新展開に向けて』（日本評論社、二〇〇二年）、森田朗編『分権と自治のデザイン』（有斐閣、二〇〇三年）、石見豊『戦後日本の地方分権——その論議を中心に』（北樹出版、二〇〇四年）、石田雄『自治』（一語の辞典）（三省堂、一九九八年）を参照。

ここ数年の「新しい公共」の視点から統治を捉えた論考としては、奥野信宏・栗田卓也『新しい公共を担う人びと』（岩波書店、二〇一〇年）、西尾勝・小林正弥・金泰昌編『自治から考える公共性』（公共哲学11）（東京大学出版会、二〇〇四年）、齋藤純一『公共性』（思想のフロンティア）（岩波書店、二〇〇〇年）が参考となる。

また、自治体の現場の問題意識を探るには、東京都職員研修所編『職員ハンドブック』（ぎょうせい、各年度版）、特別区職員研修所編『特別区職員ハンドブック』（ぎょうせい、各年度版）が恰好のテキストになる。

第9章　投票参加の現状と課題——若者の投票率はなぜ低いか

中谷　美穂

はじめに

私達の毎日を決定づける政治。普段気にも留めないかもしれないが、ありとあらゆるところに政治が関わっている。例えば、物を買うときに支払う消費税の額、外国産の食べ物が安く手に入るようになること、選挙権年齢が一八歳以上に引き下げられたこと。どれも政治とは無関係ではない。政治で決定された沢山の法律の下で社会は動いている。こうした決定を誰が担っているかといえば、我々の代表である政治家であり、政治家が決定を担う正統性がどこから与えられているかといえば、言うまでもなく主権者としての国民が代表を選出する手段である「選挙」にある。

選挙を通じて国民の意思が政治に反映していくためには、いくつかの原則が必要である。その一つは、一定の年齢に達すればだれでも投票権が与えられるという「普通」選挙であり、誰に投票をしたのかわからないようにする「秘密」選挙であり、一人一票の価値はすべて等しいとする「平等」選挙、自分自身の考えにより、誰にも干渉されずに投票する「自由」選挙である。無論ここに掲げた原則が守られることは最低限であり、これに加えて政党の存在と機能、議会の機能がなければ、国民の意思の反映が実質的なものにはならない。しかしながら、国民が参加しなければその先の代表者による政治がゆがんでしまうことも事実である。

そこで、ここでは「選挙」への参加（投票参加）に焦点を当て、それが抱える問題について考えてみることにしたい。現在、日本では、投票率の低迷状況、とりわけ二〇代の投票率の低さが問題視されている。投票率の低さはどの程度なのか、投票率が低いと何が問題なのか、そもそも投票に行く、行かないという決定はどのような意思決定メカニズムが働いていると考えられるのか。なぜ若者の投票率は他の世代よりも低いのだろうか。

一　投票参加

1　投票参加の現状

まず日本の投票参加の現状であるが、男女普通選挙が導入された一九四六年からの衆議院選挙の投票率は、当初七〇％台を推移していたが、九〇年代に入って大きく下がり、選挙制度が改正された九六年には五九・六五％という戦後最も低い投票率となった。その後、小泉首相（当時）が郵政民営化の是非を問うと議題設定して解散した二〇〇五年の選挙では六七・五一％、自民党から民主党に政権交代した二〇〇九年の選挙では六九・二八％と、投票率は上昇したものの自民党に政権が戻った二〇一二年には五九・三二％となり、戦後最低の投票率の記録を更新することとなった[1]。参議院選挙についても同様であり、戦後六〇％台の後半を推移していた投票率は、一九九二年には戦後二番目に低い五〇・七二％、九五年には戦後最低の四四・五二％となった。その後投票率は五〇％台後半を推移していたが、二〇一三年に行われた選挙では戦後三番目に低い五二・六一％の投票率となっている。また地方選挙でも統一地方選挙の平均投票率は二〇一一年で首長選挙では五〇％台前半、議会議員選挙では五割を切る状態となっており、国政選挙と合わせて、有権者の投票離れが危惧されている状況にある。

次に投票率を有権者の属性で見てみることにする。男女の投票率は全体では大きな差がなく[2]、むしろ年齢において顕著な傾向を示す。衆院選、参院選問わず、二〇代が最も投票率が低く、三〇代、四〇代と年齢が上がるにつれ投票率が上がり、六〇代が最も高い。七〇代になるとやや投票率が下がり、八〇代になると大きく投票率が下がる傾向にある[3]。

それでは、投票率の一番低い層（二〇代）と一番高い層（六〇代）において、参加にどの程度の違いがあるのだろうか。第四五回（二〇〇九年）の衆院選投票率で比較してみることにする。投票率は、二〇代で四九・四五％、六〇代で八四・一五％であり、その差は三四・七ポイントとなる。これを人数で比較するとどうなるだろうか。有権者数では、二〇代が約一四四一万七〇〇〇人と六〇代で約一七七九万八〇〇〇人であり、その差は約三三八万一〇〇〇人であった[4]。有権者数に占める割合で比較すると、一四％と一七％でさほど差はない。これが投票者数での比較となると、先ほどの有権者数に投票率を掛け合わせて、二〇代の投票者数の推計は六六五万人、六〇代の投票者数は一四七八万人となり、二〇代の投票率の低さ、六〇代の投票率の高さにより、その差は約八〇〇万人以上となる。投票者数の比率で比較すると、二〇代は九％、六〇代が二一％と大きく差が開くことになる[5]。

それでは、このような有権者間における投票参加の違いは、どのような事態をもたらすと考えられるだろうか。

2　投票参加の現状がもたらすこと

政治家の立場で先ほどの数字を見てみることにしよう。「猿は木から落ちても猿だが、代議士は選挙に落ちればただの人[6]」という大野伴睦の名言があるが、いかに志があろうとも、政治家にならなければそれを実践できない。したがって、政治家は自分の当選可能性を高めるように行動をすると考えることができる。このように、対象となるアクターが自己の利益の最大化を目指すと仮定し、行動を捉える理論を「合理的選択理論」という。

ここでは政治家の行動を、「合理的選択理論」を用いて考えてみることにする。まず、政治家は「自己の利益を最大化するように行動する存在」と仮定する。ここで政治家の自己利益であるが、先に述べたように、選挙で当選しなければただの人、ということを考えれば、候補者個人としては当選することであり、政党としては選挙での議席確保・政権奪取となる。そのため、政治家・政党は、選挙において、できる限り自分達の当選確率を高めるような行動に出ると考えられる。具体的に言えば、投票に行ってくれる層、自分たちを支持してくれる層を狙って政策を提示することになる。言い換えれば、政治家にとってみれば、必ず投票に行ってくれる層に比べて投票に行かない層の政策での優先順位は劣ることになる。そして選挙で政党が多くの議席を確保したり、候補者が当選すれば、予算という形で実現に努力し、結果として投票に行く層に配慮された予算配分が導かれることになる。

さて、投票に行く層と行かない層であるが、現実に固定された状況としては、年齢別の投票率の差、とりわけ二〇代と六〇代の差が大きかった。このことが政策において大きな違いを産み出すとの指摘がある。(7) 特に世代間で差が開いている問題について指摘が多い。例えば、年金受給における差である。実際に、厚生労働省の試算では、一九四〇年生まれでは自分が納めた保険料負担額（①）に比べて受け取る年金給付額（②）の比率（②／①）が六・五倍になるのに対し、一九九〇年生まれでは負担額と受け取る額の比率は二・三倍にとどまることが示されている。(8) また政策分野別の社会支出については、高齢者向けの支出と子ども向け支出の割合を対GDP比で比較した場合、先進諸国の中でも日本は特に子ども向け支出が少なく(〇・九六%)、高齢者向けの支出が大きい(一〇・八九%)ことが示されている。[9]これらについて、急速な高齢化の進展に政策が追いついていないとの説明もできるが、これまでの政策がどちらかといえば投票に必ず行ってくれる層に手厚い対応をしてきた結果と見なすこともできるだろう。

極めつけは借金の増加である。大幅な経済成長が見込めない現在、財源を拡大する手段は、税率のアップか借金の増加である。しかし前者は多くの有権者が対象となり合意を得ることは難しい。他方、後者はまだ投票権をもたない小さな子供や投票に向かわない若者に負担を先送りする方法である。合理的政治家を前提に置いた場合、後者の方が選挙での影響も小さく、手っ取り早い財源確保の手段である。そして現状では、債務残高は増加の一途をたどっており、二〇一四年三月末で、国の借金は一〇二四兆九五六八億円に及ぶ。これを三月一日の人口で割ると、国民一人あたり約八〇六万円の借金となる。[10]これらはすべて未来へのつけである。果たして若い世代は、こうした事態を知りながら棄権をしているのだろうか。[11]

さて、若者の声が実際以上に小さくなってしまう原因として、そもそも投票参加に向かわないという有権者側の要因がある。それでは、なぜある人は投票所に足を運び、別の人は棄権という選択をするのだろうか。

二　投票参加を決める要因

1　合理的選択モデル

二〇〇九年の総選挙では、投票率が大きく上昇した前回選挙、すなわち小泉元首相が二〇〇五年に郵政民営化を問い解散を行った選挙以上に投票率が上がった（六七・五一％から六九・二八％）。投票率が上昇した要因としては、「政権選択」がかかった選挙で、有権者が投票に行く前から関心があったこと、期日前投票の認知度が上昇したことなどがメディアで報じられた[12]。確かに、二〇〇五年の衆院選後に実施された有権者に対する意識調査で比較してみても、今回選挙に「非常に関心を持った」割合が五八・九％で、前回選挙時よりも一七・八ポイント上昇している[13]。また、期日前投票制度の利用者は、前回選挙時が八九六万六八五三人、今回利用者が一三九九万一三七九人で、五〇二万四五二六人増加した。期日前投票者の投票者総数に占める割合は、一二・九％から一九・四％へと増加しており、期日前投票の利用が増えたことも投票率上昇の要因の一つと考えられよう。

ただしこれらの説明は、二〇〇九年の選挙に通じる説明であり、他の選挙にはまた別の理由が必要となる。それでは、一般的に、有権者の投票参加行動はどのような要因で説明できるだろうか。これについて、有権者の投票参加を自己の利益最大化行動から導く合理的選択理論という視点で考えたのがアメリカの経済学者ダウンズ（Anthony Downs）であり、ダウンズの考えをより発展させて実証可能な形で提示したのが、アメリカの政治学者であるライカー（William H. Riker）とオーデシュック（Peter C. Ordeshook）である。ライカーとオーデシュックは、有権者が投票に行くか行かないかの選択をR＝P B－C＋Dという式で示した。

ここで「R（Reward）」は、有権者が投票から得られる利益を指す。そして、この利益が〇より大きければ、自己の利益最大化を目指す合理的有権者は投票に行き、〇以下であれば棄権するとした。

次に「P（Probability）」であるが、これは、自分の一票が結果を左右する主観的確率を指している。すなわち、自分の一票が投票結果を左右すると感じている人ほど投票に行くということである。

続いて「B（Benefit）」は、政党間・候補者間の期待効用差を指す。すなわち、自分の支持する候補者が当選した場合に得られる効用と、支持しない候補者が当選した場合の効用差を示しており、この差をより大きく認識している人ほど投票に行くということである。言い換えれば、どの政党が政権についても、どの候補者が当選しても、自分が受けるメリットに違いはない、と考えている人ほどBの値が〇に近くなるわけであるから投票に行かないということになる。

さらに「C（Cost）」は、投票参加にかかるコストを指す。すなわち、投票所まで距離がある、坂道がある等、あるいは当日の天気がどしゃぶりの雨である、投票日に予定がある場合、わざわざその予定をずらさなければならない等、投票に行くことに対して物理的な負担を感じる度合いが高い人ほど投票には行かない。また投票先を選択する際の情報収集において負担感を感じる人ほど投票には行かない、ということになる。

「D（Duty）」は、ダウンズは長期的利益、すなわち投票という制度によって民主主義が維持されることから得られる長期的な利益を感じるほど投票に行くとした。ライカーらは、投票によって得られる以下の五つの心理的満足感が含まれるとした。それは、①市民としての義務を果たすことによる満足感、②政治システムに対する忠誠を主張する満足感、③党派的な選好を主張する満足感、④投票のために情報収集などをし、意思決定をすることによる満足感、⑤政治システムに対する有効性を確認することによる満足感である。

それではこの投票参加のモデルを用いて、若い世代の投票率の低さはどのように説明できるだろうか。

2　若者の投票率はなぜ低いのか？

ここでは、明るい選挙推進協会が二〇〇七年の参院選後に全国の有権者三〇〇〇人を対象に実施した意識調査結果（『第二一回　参議院議員通常選挙についての意識調』）を用いて先に述べたPBCDの各要因を年代別に検討してみることにする。[14]

まず「P」要因、すなわち自分の一票が結果を左右する主観的確率であるが、意識調査では「自分の一票が、選挙結果を左右すると思えた」という項目がある。回答を年代別に見てみると（図1）、否定的回答は二〇代で最も多く七六・四％である。逆に肯定割合は年齢が上がるにつれ増え、六〇代では五六・一％が肯定的回答、すなわち「一票が選挙結果を左右すると思えた」と回答している。また、「自分の一票が、日本の政治のあり方を左右すると思えた」という項目についても、同様の傾向がある。これらの結果からは二〇代が他の世代に比べてＰ要因を低く感じているということがわかる。

それでは、なぜ二〇代が他の世代よりもＰ要因を低く認識するかであるが、これは社会に対する自身の影響力認識からくると思われる。そもそも社会における若者の影響力は、他の世代と比較して低い。例えば、独立する前は親に決定権があり、社会に出たとしても、すぐに会社で大きな役割を担うわけではない。年齢を重ねるごとに帰属する集団での決定権が増え、自身の力で物事を左右する経験が増えていく。二〇代でＰ要因が最も低い理

図1　P要因「自分の一票が、選挙結果を左右すると思えた」

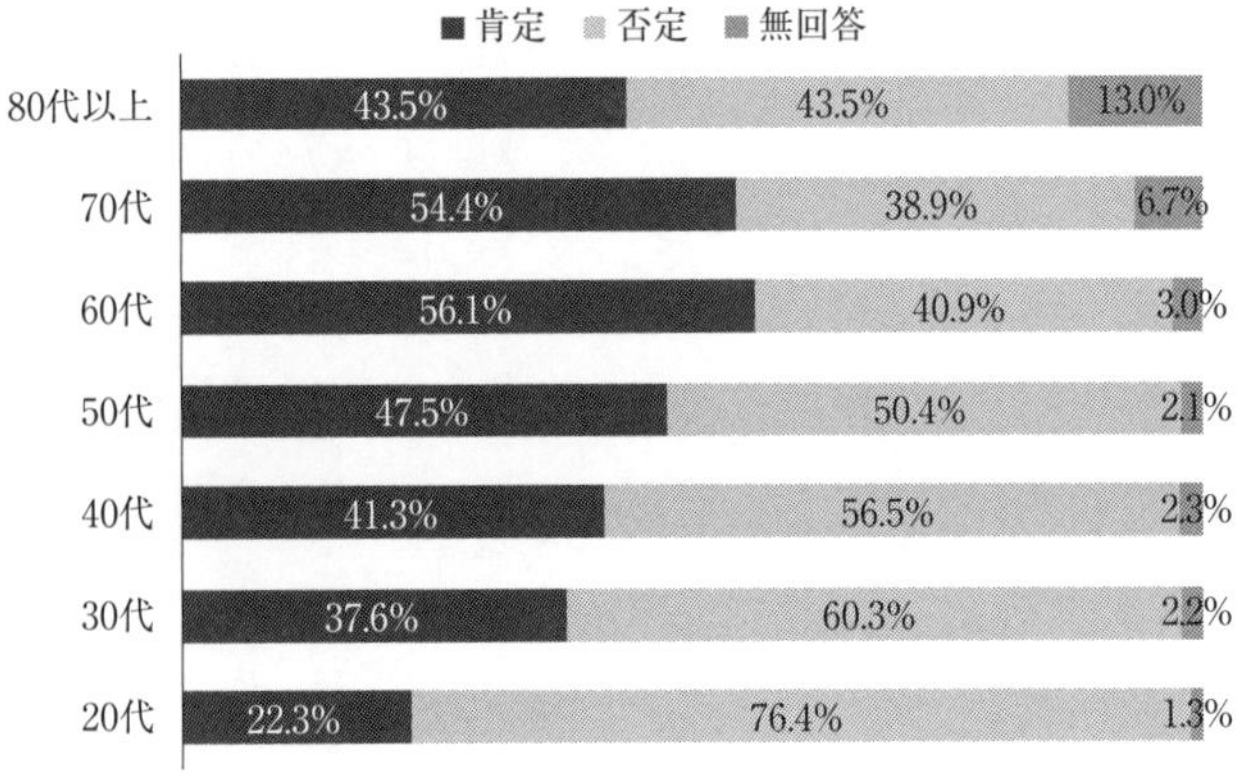

由として、これらの認識が政治に対する意識にも投影された結果と考えることができるだろう。

次に「Ｂ」要因、すなわち政党間・候補者間期待効用差であるが、意識調査では、支持する候補者・政党に関する項目「自分の選挙区に、どうしても当選させたい候補者がいた」「もりたてたい政党があった」がある。まず「自分の選挙区に、どうしても当選させたい候補者がいた」について、否定割合は二〇代で最も多く七四・五％である（図２）。

年齢が上がるにつれ、否定的回答は減り、六〇代では回答が拮抗している。同様の傾向は、「もりたてたい政党があった」という項目についても言える。否定割合は二〇代で最も多く六八・八％である。他方、六〇代では六三・三％が「もりたてたい政党があった」としている。

続いて、政党や候補者に対する認識を尋ねた項目がある。まず「政党の立場の違いがはっきりしていた」とい

図2　B要因「自分の選挙区に、どうしても当選させたい候補者がいた」

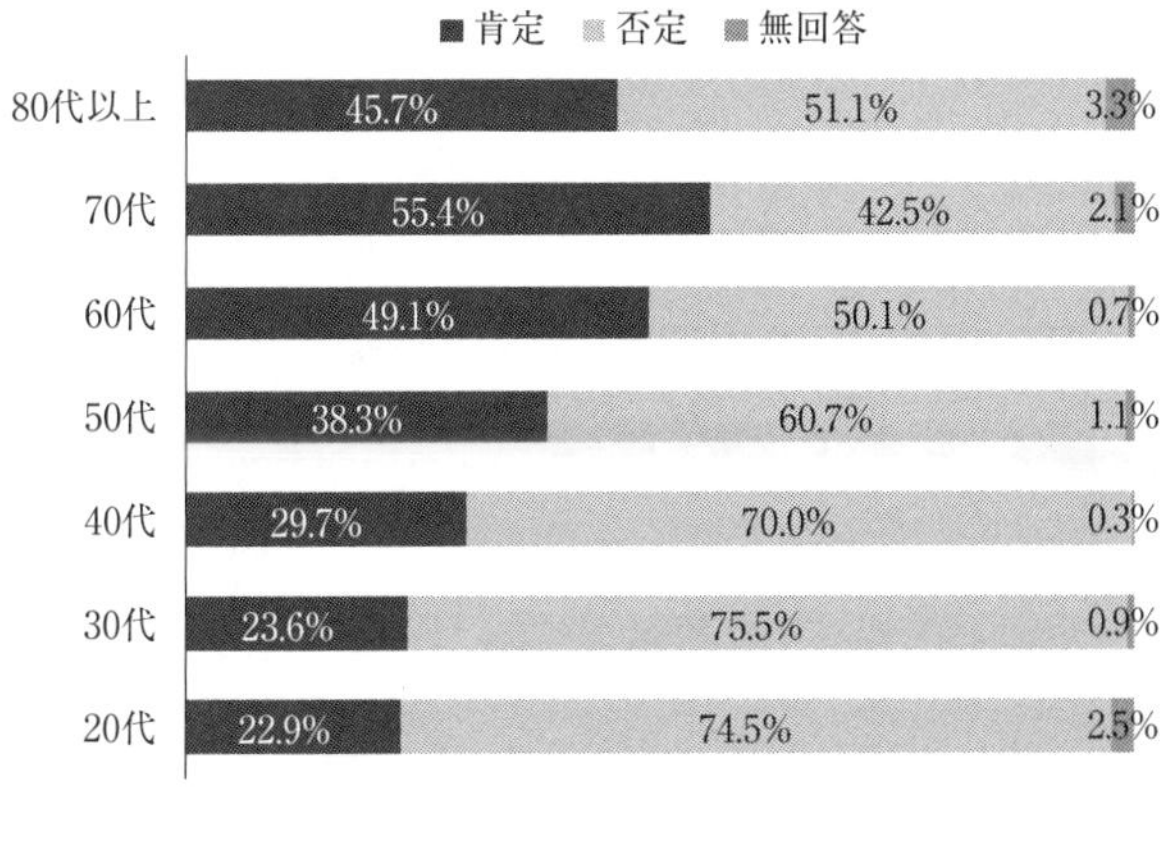

う設問では、否定割合は二〇代で最も多く五六・七％である。否定割合は年齢が上がるほど減少し、六〇代では六〇・八％が肯定、すなわち「立場がはっきりしていた」としている。さらに「候補者についてよくわからなかった」という設問では、肯定割合（「よくわからなかった」とする回答）は二〇代で最も多く七三・二％である。逆に、六〇代で肯定割合は四五・九％にとどまっており、否定割合の方が上回っている（図3）。

これらの結果からわかることは、二〇代では特定の支持する候補者や政党がなく、また候補者の違いや政党の立場の違いを十分認識し得ていないということである。

この背景としては、二〇代の社会との接点の少なさが挙げられるだろう。政治とのつながりが生まれる社会集団への帰属も少なく、また投票以外の参加経験も少ない。政党や候補者が心理的にも物理的にも遠い存在と認識していることが考えられる。

図3　B要因「候補者についてよくわからなかった」

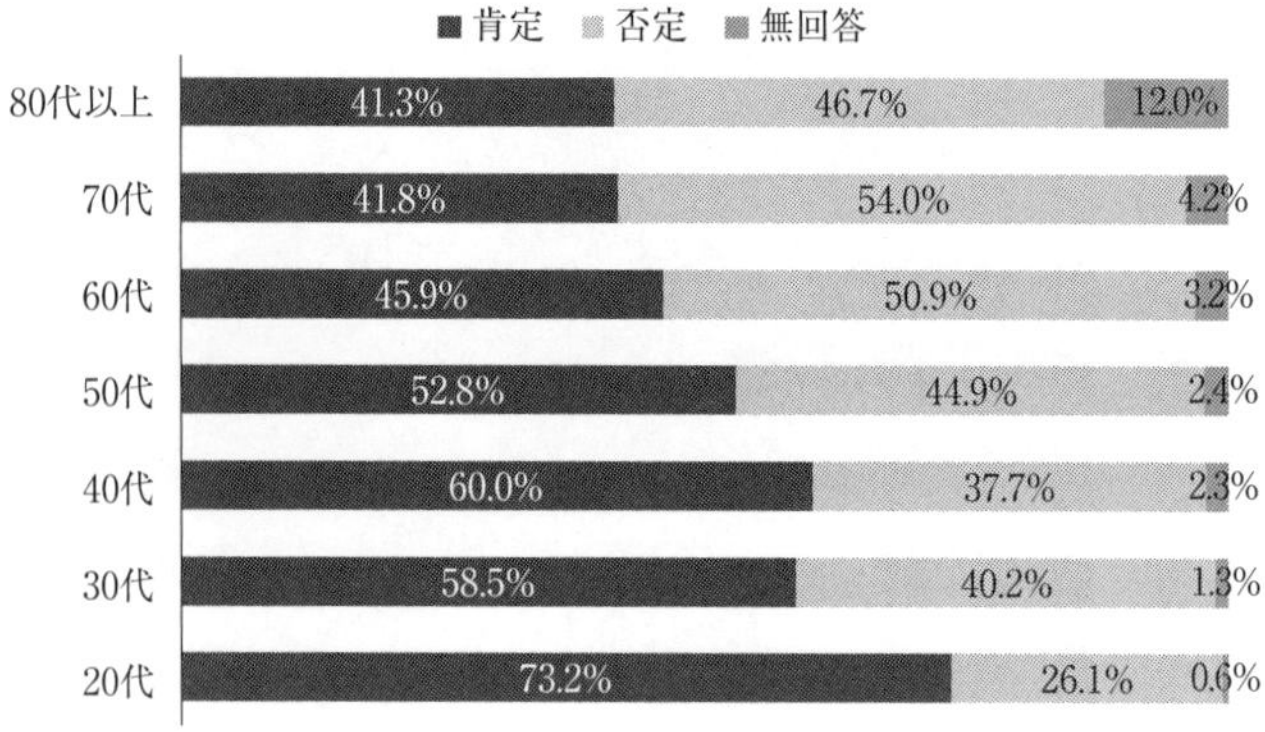

続いて「Ｃ」要因、すなわち投票にかかるコストであるが、投票参加の負担感を示す設問「投票に行くのは面倒だった」について、「面倒だった」と肯定する回答は二〇代に最も多く四二％である（図４）。肯定割合は年齢が上がるにつれ減少し、六〇代では一一・二％となる。

また、「投票日に用事があった」とする設問に対しては、肯定割合が二〇代で最も多く五七・九％が選択していた。他方、年齢が上がるにつれ、用事があったとする回答は減り、六〇代では二六・九％である。若い世代ほど選挙によって犠牲になる時間へのコスト意識が高い、すなわち機会コストが高いということができる[15]。

さて、二〇代ほど投票に行くコストを感じている様子であるが、これはなぜだろうか。投票に行くということは、社会の一員として政治のことを考える、すなわち公的問題を考えるということである。このコストが若者ほど高いのは、公的問題を自身の問題と考える程度が、若い世代ほど

図4　C要因「投票に行くのは面倒だった」

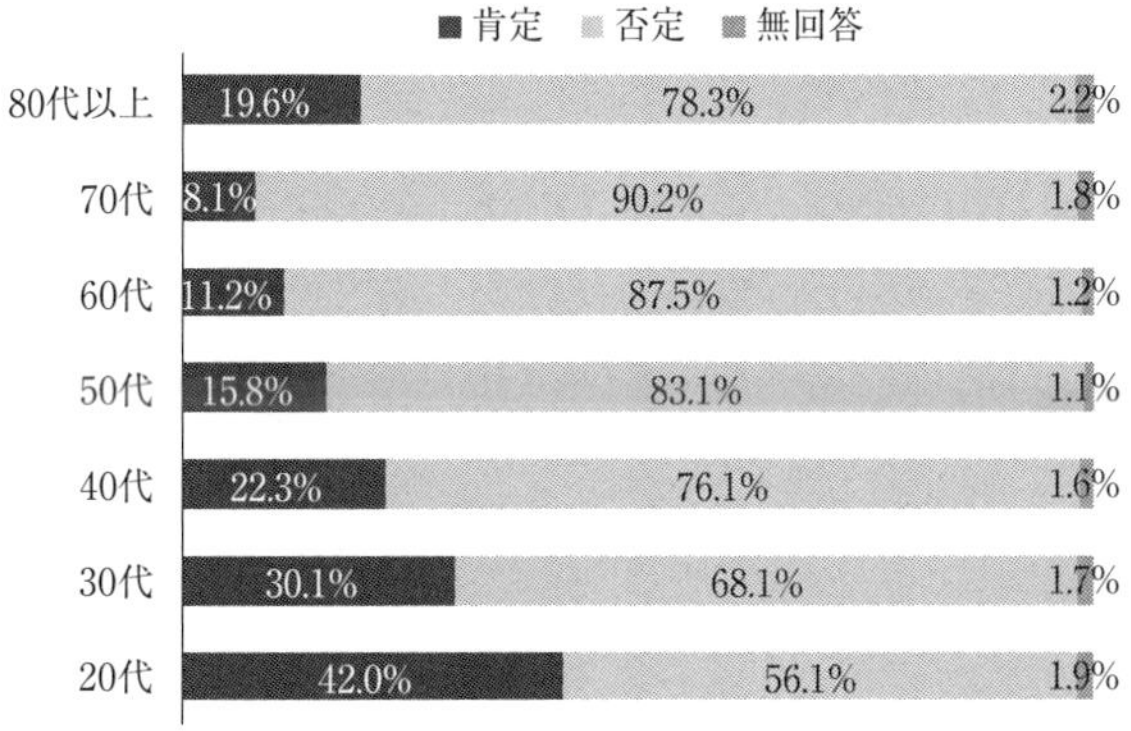

低くなるからと考えられる。学生のうちは親が仕送りや学費の支払いをすることが多く、また学校での生活が中心となる中で社会との接点は薄い。社会人となり給料から税金が引かれるようになると政策に少し目が向くようになるだろう。結婚し子供が出来たら、共働き世帯であれば保育園に預けられるかどうか待機児童の問題等が自身の問題となってくる。福祉政策への関心が芽生えるだろう。所属している組織でも役割が大きくなると、政権のとる経済政策や方向性が会社にとって望ましいか否かを考える立場にもなるだろう。これらの政策は自分のこととして考えることができるため、公的問題に関心を持つことに対してそれほど負担感を感じることはない。年齢を経るにつれ（加齢とともに）、公的問題が身近な問題となっていき、その幅も広くなると考えることができる。逆に二〇代では公的問題に対する負担感が強く、C要因が高いと考えることができる。

最後に「D」要因、すなわち投票義務感であるが、意識調査では、選挙での投票について「投票することは、国民の義務である」「投票することは、国民の権利であるが、棄権すべきではない」「投票する、しないは個人の自由である」という三つの選択肢から最も意見の近いものを選択してもらう項目を設けている。その中でも「投票する、しないは個人の自由である」という回答は、二〇代が最も多く三九・五％が選択している（図5）。他方、「投票することは、国民の義務である」とする回答は、二〇代で三三・八％と最も低く、選択割合は年齢が上がるにつれ上昇し、六〇代では六三・六％が選択している。

つまり、投票義務感は二〇代では最も低く、むしろ個人の自由としての意識の方が勝っている状況である。この背景としては、二〇代の社会における役割意識の低さが考えられる。例えば、「選挙では大勢の人々が投票するのだから、自分ひとりくらい投票しても、しなくても、どちらでもかまわない」との項目について、二〇代では一九・一%が肯定しているのに対し、六〇代では九・五%にとどまっていることからも見て取れる。

以上、個人の利得を計算する四つの変数それぞれを検討してきたが、二〇代は、ＰＢＤどの変数においても他の世代より低く、またＣはどの世代よりも高いと考えることができるため、他の世代よりも投票率が低くなる、と考えることができるだろう。

社会において影響力を持たないという認識が一票の有効性認識を低め、政党や候補者の違いを認識するスキルが十分ではなく、公的問題へのコスト感が高く、投票に対する義務感が低い二〇代は、他の世代よりも投票に行く割合が低くなると考えられる。

図5　D要因「投票に対する意識」

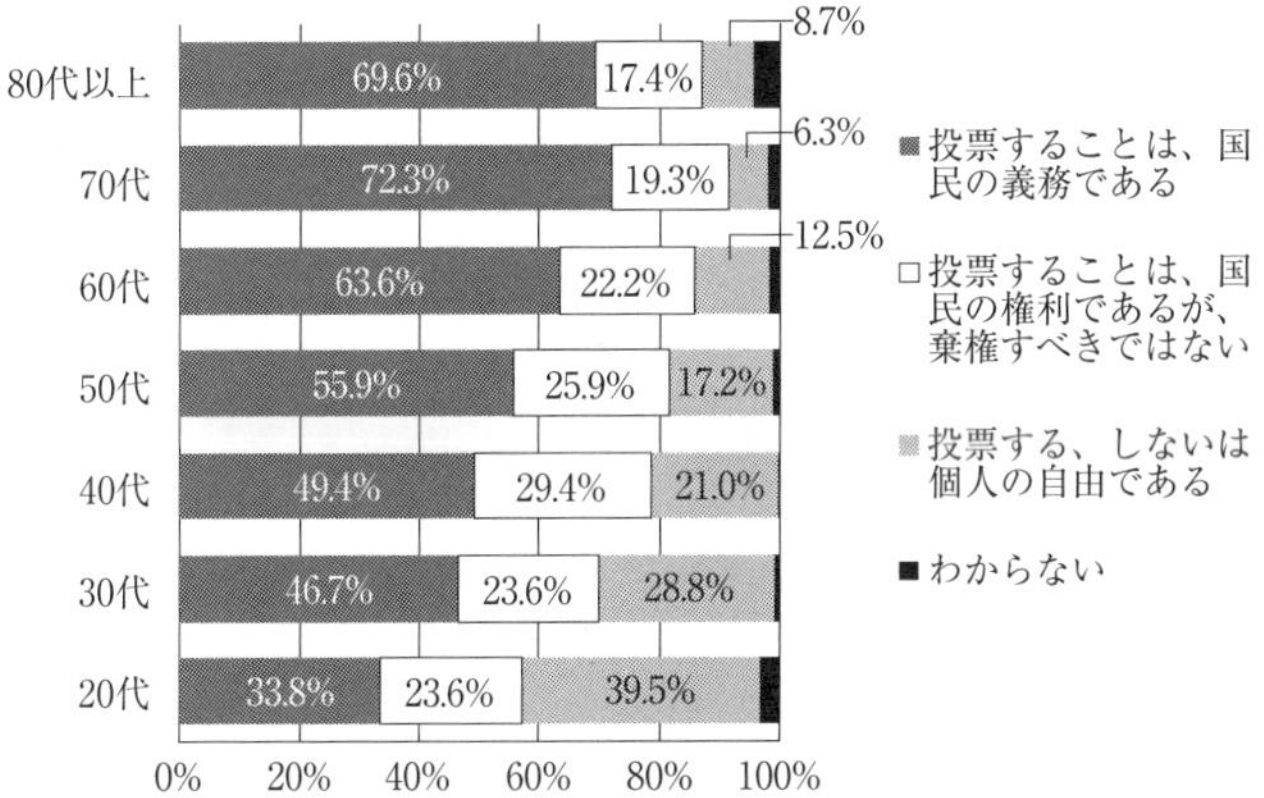

それでは、投票率向上のためにどのようなことが考えられるだろうか。

三　投票参加向上に向けて

1　政治教育の現状

そもそも日本の場合、一八歳になると同時に投票資格を得るわけであるが、その前から投票権を行使する意識や技能について準備がなされていなければ、参加したくてもできない状態といえる。先に二2で提示した意識調査（図3）でも、二〇代で「候補者がよくわからない」という回答が七割を超えて高かったことに注目する必要がある。政治や選挙についての一般的知識だけでなく、どのように情報を得て考えればよいのか、どのように政治に関わればよいのか、といった技能を身につけさせる必要があろう。それと同時に社会における自身の役割、有効性などを認識させる必要がある。

このように政治に対する態度や価値観の形成過程を「政治的社会化」と呼ぶ。政治的社会化の過程は、大きくは未成年期と成年期に分かれる。未成年期において重要な政治的社会化の担い手としては、家族、集団、学校、マスメディアなどが挙げられている[16]。この中でも、政策的に手を打つことができるものは学校が担う教育であろう。

それでは有権者になるまでの過程で、日本の政治教育はどのようになっているのだろうか。国の教育に対する理念や目的が書かれている「教育基本法」では、政治教育について「（政治教育）第一四条　良識ある公民として必要な政治的教養は、教育上尊重されなければならない。2　法律に定める学校は、特定の政党を支持し、又はこれに反対するための政治教育その他政治的活動をしてはならない。」と規定している[17]。

ここで政治教育とは何か、であるが、教育基本法の制定当時の条文解釈では、「民主政治においてはすべての国民が政治に直接間接たずさわるものであるから、もし国民の政治的教養が少く、その政治道徳が低いときは、民主政治は、あるいは衆愚政治に堕し、ひいては独裁政治を招くことになりやすいからである。政治教育というのは、このように国民に政治的知識を与え、政治的批判力を養い、もって政治道徳の向上を目的として施される教育である。」とされている[18]。また二〇〇六年の教育基本法改正に向けて出された中央審議会（文部科学大臣の諮問機関）の答申では、「政治や社会に関する豊かな知識や判断力、批判的精神を持って自ら考え、「公共」に主体的に参画し、公正なルールを形成し遵守することを尊重する意識や態度を涵養することが重要」としており、改正された教育基本法の第二条三項に、その内容が掲げられた[19]。

すなわち、制定当初の教育基本法でも、新しい教育基本法においても、主体的な有権者像が想定されており、そのために必要な知識や批判力を養うための教育の必要性が述べられているのである。しかしながら、実際の教育においては、政治について小、中、高校での教育では知識や制度理解が中心の教育となっており、時間数も少なく主体的な有権者の育成が積極的に取り組まれてきたとは言いがたい[20]。実践としての教育が乏しいのが現状である。この背景としては、戦後、イデオロギー対立が深まる中で、教育の政治的中立が過度に強調され、政治教育の条文の第2項の方に重点が置かれてしまい、本来であれば「政治教育を促進するための中立性が、教育を非政治化するための中立性へと転化してしまった[21]」ことがあげられる。

2　投票参加向上に向けた取り組み

このような中でも、地方自治体では先進的な取り組みが出てきている。神奈川県では、積極的に社会参加するための能力と態度を育成する実践的教育を「シチズンシップ教育」と位置づけ、これを平成一九年度から始めている[22]。二〇一三年の参院選では、全県立高校での模擬投票が実施された。他にも「模擬選挙推進ネットワーク[23]」の呼びかけで国政選挙や地方選挙に合わせて模擬投票を実施している学校もある。投票行為を初めて体験することで、政党、マニフェスト等、様々な用語が実感できる場となろう。実際に模擬投票を実施したところでは、政治に関心を持つきっかけになったことや、一票の重みを感じたこと、家族で政治のことを話題にするようになった等の意見が出されており[24]、P要因やD要因が高まることが推測できる。ただし、一過性のイベントで終わらせることのないよう、事前、事後学習での取り組み、継続性が大事であろう。その意味では、全県立高校で実施している神奈川県での模擬投票の試みが今後どのような成果を生み出していくかに注目したい。

Ｂ要因に関しては、「ボートマッチ」という投票支援プログラムが、研究者を中心に開発され、インターネット上で公開されている[25]。現在の重要な争点に関する設問に対して、自身の考えに最も近いものを選び、その後、どの争点が重要かを指定する。これに基づいて、「ボートマッチ」のプログラムが、自身の意見と主要政党が取っている立場とを比較し、もっとも自身の意見に近い政党はどこか、また各政党と自身の立場がどれくらい離れているのかを示してくれるものである。模擬投票を行っている学校では、政党の政策的立場と自身の意見との違い等を認識させるため授業で使用したところもある。ネット利用率が高い若年層には、政党の違いを認識する手段として、あるいは情報コストを下げる手段として身近なものとなろう。他には、ＮＰＯ法人ドットジェイピーが行っている議員インターンシップの取り組み等があるが、若者に政治を身近に感じさせるという意味で、Ｂ要因の向上につながる取り組みとなろう。

Ｃ要因については、上記のような取り組みを通じた政治関心の向上によりコスト意識が下がるとともに、近年では大型スーパーや駅構内などに設置される期日前投票所も出てきており、その設置場所によっては、若者の機会コストを低めることにもなろう。

3　おわりに

以上、現状での投票率向上に関するいくつかの取り組みを見てきたが、もともと政治関心のある者であれば、ボートマッチを試したり、議員インターンシップをする人もいるだろう。そのような関心ある者だけでなく、まだ関心を持ちえていない、知らないゆえに関心を持てない者にも、有権者としての技能を身につける場が必要である。それには、やはり「教育」の場が重要となってこよう。

二〇一五年六月には公職選挙法が改正され、一八歳から投票資格が与えられることとなった。これにより、政治教育の充実に向けた政府の動きもある。有権者として行動できるような実践的な教育内容が期待される。また、国の政策を待たずとも、神奈川県が知事のリーダーシップでシチズンシップ教育を進めたように、自治体が率先して教育をリードしていってもよいわけである。むしろ地方自治体での選挙での投票率が低い状態であり、積極的な取り組みが急務である。

学問側としては、政治的中立に敏感な教育機関に対して、有権者教育の材料提供を担う必要があろう。また実践の場として、自治体と教育機関との連携が望まれるところである。

ＰＢＤの各要因を高め、Ｃ要因を下げるためには、まずは自身の社会における有効性を実感させること（P↑）、政治を身近に感じさせること（B↑）、公的問題を自身の問題として捉えられるような取り組み（C↓D↑）が必要である。地域での課題解決を試みる等、身近なところから社会との関わりを意識させ、それと同時にどのように情報を得て考えていけばよいのかに関する技能を身につけられるような実践的カリキュラムが必要であろう。

最後に、本章では有権者の投票参加にまつわる問題を扱ってきたが、投票率が低いことについては有権者以外の要因も関わってくるだろう。例えば、魅力的な候補者や政党がいないことや候補者に若者が少ないことがＢ要因を低めているかもしれない。また、一票の格差により都市部の有権者のＰ要因が小さくなってしまっているかもしれない。政治家に対する不信感はＤ要因を下げているかもしれない。若者の投票率の低さは、有権者要因、政治家要因、制度要因すべてが関わってくる構造的問題であり、問題の解決には多面的アプローチが必要である。[26]

注

（１）ここでの投票率は選挙区のものを記載している。なお、投票率が回復していない要因として新たな世代の参入が指摘されている（三船毅・中村隆「衆議院選挙投票率の分析」『選挙研究』二五巻二号、二〇〇九年、八三—一〇六頁）。

（２）二〇一二年に実施された第四六回衆院選の投票率（小選挙区）は、男性六〇・一四％、女性五八・五五％であり、二〇一三年に実施された第二三回参院選の投票率（選挙区）では男性五三・五〇％、女性五一・七九％であった。

（３）明るい選挙推進協会ＨＰ「衆議院選挙年齢別投票率の推移」参照。衆議院選挙については、一九八三年の選挙以降、文中で述べた傾向となっている。

（４）総務省の人口推計（平成二一年一〇月一日現在）を用いて有権者数を算出。

（５）各年齢別投票率は、総務省の「第四五回衆議院議員総選挙年齢別投票者数調　付表１　年齢別投票者数等」を参照し算出した。
(6) 自民党副総裁を務めた故大野伴睦が残した名言といわれる。
(7) 例えば、下記のものを挙げることができる。内田満・岩渕勝好『エイジングの政治学』早稲田大学出版部、一九九九年。森川友義『若者は、選挙に行かないせいで、四〇〇〇万も損してる⁉』ディスカヴァー携書、二〇〇九年。高橋亮平・小林庸平・菅源太郎『18歳が政治を変える』現代人文社、二〇〇八年。島澤諭・山下努『孫は祖父より一億円損をする』朝日新書、二〇〇九年。
(8) 厚生労働省『平成二一年財政検証結果レポート――「国民年金及び厚生年金に係る財政の現況及び見通し」(詳細版)』第四章参照。
(9) 国立社会保障・人口問題研究所『平成二三年度 社会保障費用統計』第七表「政策分野別社会支出の国際比較(対国内総生産比)」参照。二〇〇九年度の調査データ。ここで子ども向け支出とは、家族分野の支出を指す。日本の家族分野の支出は、アメリカ(〇・七〇%)を除き、イギリス(三・八一%)、ドイツ(二・一一%)、フランス(三・二〇%)、スウェーデン(三・七五%)と比較すると最も低い。高齢者向けの支出は、老齢年金、介護サービス等が含まれており、子ども向けの支出は、児童手当、出産手当・育児休業給付、就学前教育費等が含まれている。
(10) 財務省「国債及び借入金並びに政府保証債務現在高(平成二六年三月末現在)」(平成二六年五月九日報道発表)。
(11) ただし、ここで世代間の格差をことさら煽り立てるつもりはない。重要な点は、前掲、内田・岩渕(1999：197)がリップマンの『公共の哲学』を参照しながら述べているように、どうしたら「未来の世代への配慮」ならびに「同時代の異なる世代に属する人々への配慮」ができるか、その制度設計を考えることである。
(12) 例えば、『朝日新聞』二〇〇九年八月二一日朝刊、『読売新聞』二〇〇九年八月三一日朝刊を参照。
(13) 財団法人明るい選挙推進協会『第四五回衆議院議員総選挙の実態――調査結果の概要』平成二二年三月、三三頁。
(14) 回答は「あてはまる」「少しあてはまる」を「肯定」に、「あまりあてはまらない」「あてはまらない」を「否定」

としてまとめた。「わからない、覚えていない、無回答」は、「無回答」にまとめた。
(15) 機会コストとは、別の選択をしていれば得られたであろう利益を指す。
(16) R・E・ドーソン／K・プルウィット／K・S・ドーソン『政治的社会化』加藤秀治郎・中村昭雄。青木英実・永山博之訳、芦書房、一九八九年、七から一〇章参照。
(17) 二〇〇六年に教育基本法は大幅に改正されたが、政治教育に関する条文は、それ以前の教育基本法第八条とほぼ同一である。
(18) 教育法令研究会『教育基本法の解説』国立書院、一九四七年、一一〇—一一一頁。
(19) 中央教育審議会答申「第二章　新しい時代にふさわしい教育基本法の在り方について」文部科学省ＨＰ参照。また改正教育基本法第二条三項では、教育の目標として「公共の精神に基づき、主体的に社会の形成に参画し、その発展に寄与する態度を養うこと」と規定している。
(20) 谷田部玲生「小中高における政治・選挙学習の実態と課題」『私たちの広場』二九四号、二〇〇七年、一二—一四頁。
(21) 小玉重夫「(政治教育) 第一四条」浪本勝年・三上昭彦編『「改正」教育基本法を考える——逐条解説』北樹出版、二〇〇七年、九一頁。
(22) 詳細については、田中時義「神奈川県立高等学校における模擬投票の取り組み」『私たちの広場』三一四号、二〇一〇年九月、明るい選挙推進協会発行、一一—一三頁参照。
(23) 未成年者による模擬投票実施をサポートしている団体である（模擬選挙推進ネットワークのＨＰ (http://www.mogisenkyo.com/) 参照）。
(24) 模擬選挙推進ネットワークのＨＰ上にある、国政選挙に際しての模擬選挙実施報告参照。
(25) ボートマッチはオランダが発祥地であり、教育ツールとして開発されてきたものである。日本版ボートマッチの作成プロセスについては、上神貴佳・堤英敬「投票支援のためのインターネット・ツール」『選挙学会紀要』一〇号、二七―四八頁を参照。朝日新聞デジタルでは「朝日新聞ボートマッチ」を、毎日jpは「毎日ボートマッチ（えらぼーと）」を提供している。

(26) なお、今回は二〇代の投票率の低さを問題にしたが、六〇代を超えた高齢者の投票率低下の問題もある。これについては蒲島郁夫『政治参加』第六章参照。

◎**文献案内**

岩崎正洋編『選挙と民主主義』吉田書店、二〇一三年。……日本の選挙について、選挙制度、一票の格差、参加の現状など様々な側面から論じている。本書との関連で言えば第4章「投票参加」が参考になろう。ここではマクロな視点から、投票率に影響を与える要因について合理的選択理論を用いて検討している。

蒲島郁夫『政治参加』東京大学出版会、一九八八年。……政治参加に関する理論や日本人の投票参加について包括的、実証的に書かれた研究書であり、政治参加についての入門書といえる。

小林良彰『公共選択』東京大学出版会、一九八八年。……有権者、官僚、政治家など、政治的アクターについて自己利益最大化を前提にした場合、どのような行動が想定できるか。合理的選択理論に基づいてアクターの政治行動を理解するための入門書。

近藤孝弘『ドイツの政治教育』岩波書店、二〇〇五年。……ドイツは政治教育について長い歴史があるが、本書は政治教育成立の歴史的背景から現在行われている教育内容までわかる研究書である。

西澤由隆「地方選挙における投票率――合理的有権者の投票行動」『都市問題』第八二巻第一〇号、一九九一年。……合理的選択モデルを用いて、横浜市戸塚区の投票区単位の投票率のばらつきを実証的に検討した論文であるが、平易にかかれており読みやすい。

内田満・岩渕勝好『エイジングの政治学』早稲田大学出版部、一九九九年。……高齢化の進展に伴い、シニア市民が政治的決定の中心に位置することについての問題点や課題について述べられている。政治老年学の入門書でもある。

R・E・ドーソン／K・プルウィット／K・S・ドーソン『政治的社会化――市民形成と政治教育』加藤秀治郎・中村昭雄・青木英実・永山博之訳、芦書房、一九八九年。……いつ、どのように政治的な見解を身につけていくのか、その過程と担い手について概説している政治的社会化についての入門的文献。

第10章　福祉政策と政治——イギリスにおける福祉改革をとおして

西村　万里子

一　福祉改革とNPM型公共サービス改革

欧米各国では、一九八〇年代以降公的部門の効率化を図るために、民間企業の経営手法を行政現場に導入する公共サービス改革・行政改革が実施され、改革のための理論としてニューパブリックマネジメント論（New Public Management: NPM）の手法が採用されている。

NPM理論にもとづく公共サービス改革を積極的に実施している国にイギリスがある。イギリスでは、八〇年代から、保守党政権によってNPM型の主要四要素（市場メカニズムの導入、業績・成果による管理、顧客主義、組織の分断化と権限委譲）を採用した改革が実行に移され、その手法が福祉サービス分野にも適用されていった。

医療・福祉等、従来公的部門によるサービス提供が適当であると考えられてきた分野においても、一九九〇年代になると、サービス提供の効率化を目的として、市場メカニズムの部分的な活用が開始された。これは、福祉政策の理念やあり方を転換する抜本的な福祉制度改革と位置づけられる。また九〇年代後半になると、政策の意思決定過程及びサービス提供過程において、利用者や住民の参加、NPO(Nonprofit Organization：NPO）と行政との協働・パートナーシップが導入され、改革の手法として市場メカニズムに加えて新たな手法の導入が始められている。

日本においても、二〇〇〇年の公的介護保険制度の導入により、まず、介護サービス分野に、市場メカニズムの適用が本格化した。こうした動きは障害者・教育・保育等の福祉分野にも進んでいる。他方で、同時期に、各自治体において住民参加やNPOと行政との協働が注目されるようになり、参加・協働政策が急速に活用されるようになってきている。

本章では、NPM型公共サービス改革を先進的に進めるイギリスの福祉改革を取り上げ、医療・福祉分野におけるNPM型改革・市場メカニズムの導入とその後の参加・協働政策活用の意義および課題を検討する。

二　福祉分野におけるNPM型改革・市場メカニズムの導入

1　公的部門によるサービス提供の限界

第二次大戦後、欧米各国を中心として福祉国家体制が構築され、イギリスにおいても公共サービス、とりわけ福祉サービス分野は中央政府・地方政府等の公的部門によるサービス提供が必要とされると考えられてきた。

しかし、一九七八年に刊行されたウォルフェンデン報告『ボランタリー組織の未来』[1]では、中央政府・地方政府等の公的部門に加えて、非営利組織を含めた多様な組織が福祉サービスの提供を担う福祉多元主義が提起されるようになった。この多元主義的な福祉供給構造の提起の背景には、公的部門による提供に対して限界が認識されるようになり、サービス供給量の不足、選択肢の欠如、サービスの画一性等の批判の高まりがあった。

2　福祉分野における市場メカニズムの導入と準市場の形成

翌一九七九年に保守党政権が誕生すると、公的部門によるサービス提供のもつ問題の対応策として、従来、地方政府・自治体が提供してきた公共サービスを外部の民間組織に委託する政策がとられ、外部委託による市場原理の導入が進められるようになった。公共サービス全般に競争入札を義務づけた外部委託の導入が進められ、八〇年代末になると、外部委託の導入が福祉施設の給食等、福祉分野の一部分にも拡大していった。

続いて、福祉分野の施設サービス提供において競争入札を伴わない形ではあるものの、外部の民間組織（企業やＮＰＯ）にサービス提供を委託する民間委託の方式が取り入れられるようになっていった。これは公共サービス・福祉サービス提供の理念を転換する改革となったが、こうした理念転換の背景には保守党政権下が小さな政府の実現をめざしたこと、地方自治体の歳出抑制・削減が協力に推し進められたことがあげられる。

さらに、一九九〇年には国民保健サービスおよびコミュニティケア法が制定され、医療・福祉分野に本格的な市場メカニズムの導入が開始されることになった。

医療・福祉分野への市場メカニズムの導入には、競争原理を部分的に適用し公的にコントロールした市場を形成する手法が採られており、この手法は工夫した仕組みやコントロールを使用した市場という点から、一般市場に準じた意味を表すように、準市場形成の手法と呼ばれる。準市場は公的部門に市場メカニズムを取り入れ、サービスの質の向上も含め効率性を高めることを目指す仕組みであり、ＮＰＭ型改革の手法と位置づけられる。

イギリスの医療・福祉分野では、従来予算・財源をもつ公的部門がサービス提供も行い、需要機能と供給機能が統合した構造となっていた。医療・福祉分野に準市場を形成するために、統合していた需要・供給機能が分離され、財源を持ちサービスを購入する需要機能とサービスを提供する供給機能に分離独立された。医療分野ではサービス購入機能をもつ保健当局が設置され、需要と供給機能が統合していた公立病院から需要機能が分離された。福祉分野では、福祉サービス提供を担う地方自治体の社会サービス部で自治体内分離が実施され、社会サービス部内にサービス購入部門とサービス提供部門の二つの部署が設置された。こうして需要と供給が分離されることにより、医療・福祉の公的部門に需要・供給構造からなる準市場が作り出され、市場原理の導入が目指されたのである。

医療・福祉分野の準市場においては、需要側では、財源が公的制度（税・社会保険料による医療や介護保障制度等）により負担され、需要者を保護する仕組みが導入されることにより、サービス利用者は無料あるいは部分的な負担で利用が可能となる。供給側では、供給主体の制限について規制が緩和され、全てのサービス供給主体の提供が可能とされるようになり、公立病院や自治体社会サービス部のサービス提供部門等の公的部門も含め、医療・福祉サービスを提供する開業医、民間営利組織（企業）、民間非営利組織（ＮＰＯ）との間に利用者獲得をめぐって市場原理が機能するようになり、競争を生じさせる状況が作り出された。

3　市場メカニズム活用の基盤整備策

こうして医療・福祉分野に市場メカニズムを導入するために準市場が形成されたが、医療・福祉等、公共サービス分野は本来市場がうまく機能しない市場の失敗の特性をもつ。市場の失敗を有する公的部門で市場メカニズムを機能させるためには、工夫した仕組みや基盤整備が必要となる。基盤整備策として必要になるものは、競争的な市場の整備、適切なインセンティブ設計、サービスの質を計るアウトカム指標の構築などである。

イギリスの公共サービス改革においては、市場メカニズム機能のための基盤整備策として、業績／成果による管理の仕組みが導入され、地方自治体ごとに作成された評価指標による業績測定と結果を情報公開する仕組みが導入された。一九九六年からは監査の仕組みも整備され、自治体ごとに監査部が独立した組織として設置されるようになった。これらは競争的な市場整備とアウトカム指標の構築の施策といえる。一九九〇年代には、それらの仕組みが医療・福祉、教育等の分野にも適用拡大された。

さらに、公共サービスの質を保証するために、九一年に市民憲章が導入され、その後各分野で独自の憲章が制定された。医療・福祉分野では、九一年に患者憲章、九四年はコミュニティケア憲章が制定されている。市民憲章とは、公的部門が提供する一定水準の公共サービスを受ける権利と基準に基づいた評価を知る権利を住民に対して保証し、かつ明記したものである。これは住民を公共サービスの利用者・顧客として捉え、利用者本位（顧客主義）への転換を示すものであり、競争的な市場環境の整備、評価指標の整備に関わる施策である。

三　参加・協働政策の展開

1　第三の道と参加、協働・パートナーシップ政策

一九九七年の総選挙では労働党が政権を奪取し、政権政党が保守党から労働党に移った。労働党政権は社会的公正及び公共サービスの質の向上を目指す「第三の道」と称する考え方を提唱した。

保守党政権下では、公共サービスにおいて市場メカニズムの活用が積極的に進められ、バリュー・フォー・マネー（Value for Money：税の対価としての価値あるサービス）の理念や競争入札の義務付けが導入されてきた。労働党政権による「第三の道」提唱の基礎には、保守党政権下の市場メカニズム活用の施策が効率性重視・コスト偏重となり、サービスの質の低下や格差の拡大などの問題が生じたという判断があった。そこで政府は、市場メカニズムの一定の効果は認めその活用は継続するものの、新たな手法による施策を導入し、市場か政府かの二分法ではない「第三の道」を提唱したのであった。

労働党政権はこうした問題の原因がコミュニティ社会との協働の欠如にあると考え、市場メカニズム重視の公共サービス改革から民主主義的な公共サービス改革へと政策理念の重点を移す決定を行った。新たな手法の施策として考えられたのが、市民や住民が政策の意思決定過程や実施過程に参加できるような仕組みの構築であり、住民参加、ＮＰＯや住民との協働・パートナーシップ等の施策が活用されるようになった。

住民の直接的参加に加えて、労働党政権がＮＰＯと行政の協働・パートナーシップを活用した理由は、

市民の声・意見を政策の意思決定過程や実施過程に反映し市民も責任を分担する目的を実現するためには、ＮＰＯと政府の協働・パートナーシップを活用することが必要であると考えたからであった。

このように、労働党政権は市場メカニズム適用には限界があると認識し、市民の参加や意見の把握のためにもＮＰＯが必要とされたことがわかる。また、労働党政権の考え方には協働・パートナーシップ政策が市民・住民の直接参加と同様の効果をもつ手段として捉えられている点も確認しておきたい。

２　政策決定における参加・協働政策の展開

労働党政権は、コスト偏重の典型策となっていた競争入札制度の義務付けを廃止し、替わって住民の意見の反映や参加・協働を重視する政策を進めるように政策理念を変更した。政府は自治体に対して参加・協働政策の促進策をとり、自治体に対して、基本方針や政策目標、政策決定は住民との協議の上で決定すること、それら施策の実施にはＮＰＯや営利企業等との協働を活用することを要請した。

協働・パートナーシップ政策は労働党政権の政策の中核として位置づけられ、ガバナンスの変更が目指された。この点については第四節で検討する。

労働党政権はＮＰＯが市民の参加や意見の把握を可能とする機能をもつと考えており、まずＮＰＯの代表組織との協働政策を実施に移した。中央政府とＮＰＯセクターとの対等な関係性を規定した「コンパクト（Compact）」と称する合意文書の締結がそれである。コンパクトには、両セクター、政府及びＮ

ＰＯが行うべきことが規定された。政府の責務として政策決定においてＮＰＯと協議することが明記され、政策の意思決定における協議が重視されている点が特徴的である。

中央レベルのコンパクト締結に続いて、各自治体において、ローカル・コンパクトの締結が義務づけられた。また、自治体政策の基礎となる地域戦略の策定が義務付けられ、その政策決定を行政のみで行うのでなく、多様な組織の参加により決定することも要請された。具体的には、各自治体には公的セクター（行政、医療、福祉、教育、警察などの公的組織）、民間セクター、ＮＰＯセクターの多様な組織から構成される地域戦略的パートナーシップ（Local Strategic Partnerships : LSPs）の設置が義務づけられ、地域政策の決定を参加・協働により進めることが求められるようになった。

協働・パートナーシップの重視は利用者本位（顧客主義）、質の保証、格差・社会的排除など、全ての政策において活用された。どの政策においても、サービス提供の仕組みでは市場の競争原理に加えて官民の協働・パートナーシップを活用して実施すること、住民や利用者の意見をくみ取る協議・相談を重視することが必要とされるようになったのである。

３　医療・福祉分野の意思決定における参加・協働政策の展開

医療・福祉分野においては、準市場の形態による市場原理の活用を継続・拡大しつつ、その限界を補うものとして、意思決定への患者・住民参加が導入されるようになった。

第一の施策として、全ての公立病院に患者・住民フォーラムが設置され、フォーラムの構成員が病院運営の意思決定に参加する仕組みが形成された。このフォーラムには医療機関への立ち入り権限が与えられ、病院の運営過程に患者や住民の意見が影響力をもつ工夫がとり入れられている。

第二に、公立病院の形態として営利性をもった新しい組織形態のファウンデーション・トラスト病院が創設されたが、この組織では患者・住民・職員・有識者などが病院の会員となり病院を所有し、会員で構成される理事会が病院運営の方針を決定する仕組みが導入された。公立病院のガバナンスが患者・住民による社会的所有と参加的運営へと変更されたことになる。

第三として、社会問題にビジネスの手法で取り組む社会的企業（ソーシャル・エンタープライズ）が政策的に重視される中で、医療・福祉分野では、とりわけ利用者や住民が会員として参加し参加的構造をもつ社会的企業の可能性が注目され、その促進のために多額の予算が投入されるようになった。参加型の社会的企業の特徴は、社会的課題の解決にビジネスの手法を活用する事業性をもつという点に加えて、利用者や住民が会員となり出資し社会的所有の構造を有すること、一人一票の発言権を有し組織の運営・意思決定に参加する民主的参加構造をもつことにある。

参加型の社会的企業が注目されたのは、患者や住民が会員となり所有し、組織運営や提供過程に参画することにより、意見・発言の影響力を高めることによって、医療・福祉等の多様な個別ニーズに対応して柔軟な対応が可能になると考えられるからである。政府が参加型の社会的企業に対する促進策を実施した理由には、市場による選択機能とネットワークよる意見・発言機能という二つの機能への期待があるとみることができる。

二〇一〇年五月、総選挙により、保守党が一三年ぶりに政権を獲得した。保守党政権は前労働党政権による参加・協働政策が中央政府により自治体を誘導・強制した側面が強く、中央政府の介入強化が生じており、参加・協働政策が意思決定の民主化をもたらすというより、むしろ大きな政府を形成したと批判した。

前労働党政権で導入した参加・協働政策の研究的評価として、協働政策の強制化がみられる点について、強制的パートナーシップあるいはトップダウンのパートナーシップの実態がみられると分析した研究も多い。そこでは、前労働党政権の参加・協働政策の問題点として、規制・監査の強化を通じて、自発的な協働のネットワーク機能の活用というより、むしろヒエラルキーの命令機能を活用していることが指摘されている。

そこで、保守党政権が掲げた政策は、中央政府の介入強化を是正するために、大きな政府を転換し「大きな社会」を構築することであった。意思決定や財源の権限を中央政府から地域社会・ＮＰＯ・民間企業に委譲し、多様な主体の活力により社会政策や福祉政策の充実を目指すとしている。

四　市場メカニズム導入の課題とＮＰＭ型改革の変化

１　市場原理の導入手法――準市場メカニズムの課題

イギリスに代表されるＮＰＭ型改革は民間部門のマネジメント手法を公的部門に導入し業績・成果による統治、契約の活用、準市場の形成、利用者・消費者の選択等、市場メカニズムを導入することを主要な要素としていた。しかしながら、以上検討してきたイギリスの公共サービス・福祉改革の展開をみると、市場メカニズム導入を中核とするＮＰＭ型改革にはいくつかの限界があることがみえてきた。

まず、市場メカニズムの限界としてあげられる点は、公共サービス分野で利用者の選択が十分機能しないこと、契約や業績評価による上へのアカウンタビリティの強化は図られても利用者に対するサービスの質・ニーズへの応答性には十分に対応できなかったこと、情報のアクセス・選択の拡大が整備できなかったこと、コントロールされた準市場形態においても公平性の確保について十分な成果をあげることができなかったこと、である。これらの限界には、利用者や住民等の声や意見が政策の意思決定過程や実施過程に十分に影響力をもてなかったことに原因があると考えられる。

次に、市場メカニズムの限界と課題について、医療・福祉等の公共サービスがもつ特性と関連づけて検討すると、医療や福祉等の分野においては、利用者側に情報が少ないという情報の非対称性、質やアウトカム評価での困難性、サービス提供者不足や生産と消費の同時性、さらに不確実性等により、市場が機能しにくい特性がある。このため、市場の競争原理を導入する手法として、市場原理と公的規制を併存させた準市場形態がとられる。しかしながら、準市場形態下であっても、医療や福祉分野の特性により利用者はサービス提供者を変更しにくく、利用者の選択を通じて市場メカニズムを十分に機能させることは難しい。

イギリスの医療・福祉改革においても市場メカニズムは十分に機能していなかった。その対策として活用されたのが、利用者や住民の意思決定への参加及びＮＰＯとの協働政策であった。

イギリスの公共サービス改革・市場メカニズムの導入手法のあり方を分析したル・グラン（Le Grand）によると、公的部門提供モデルは、「信頼モデル」「目標・業績管理モデル」「発言モデル」「選択と競争モデル」の四つにまとめられ、各モデルの長短を補い複合的に活用することの必要性が指摘されている(2)。

イギリスの公共部門の提供モデルの変遷をルグランの分類に従ってまとめてみると、従来の提供モデルは官僚・行政職員等の専門職に任せる信頼モデルに分類される。一九八〇年代以降ＮＰＭ型改革の下では目標・業績管理モデルが適用、続いて準市場を形成し市場原理を部分的に活用する選択と競争モデルが適用されるようになってきたといえる。

さらに、一九九〇年代以降は、市場メカニズムの限界を補うために、市場の選択が機能しにくい医療・

福祉等を始めとする公共サービス分野において、参加や協働により意思決定過程や提供過程に意見を反映させることができる発言モデルによる政策の活用が進められてきたとまとめることができる。

医療・福祉分野における準市場の形成に続く参加・協働政策の導入は、選択と競争モデルの活用に加えて発言モデルを複合的に活用したものと捉えられ、参加・協働政策は準市場を機能させる基盤的政策としての意義は大きいと考えられる。

2　ＮＰＭ型改革における参加・協働政策の活用

市場メカニズムの限界に対応して、イギリスでは、労働党政権以降、政策決定・サービス提供・規制評価等の過程において利用者や住民の意見やニーズを反映するために、住民参加およびＮＰＯや民間企業と行政との協働・パートナーシップという新しい要素が導入されてきたことが示された。これは公共サービス・福祉改革が市場原理に立脚しつつも、参加と協働・パートナーシップの手法を含むように従来のＮＰＭ型改革に変化が生じてきたと捉えることができよう。

またこうしたＮＰＭ型改革の変化と協働・パートナーシップ手法の重視を統治方法の変化と関連づけた分析も行われている(3)。分析結果によると、ＮＰＭ型改革の実施と変化を通じて統治方法が変化し、まず、従来の官僚的命令に基づくヒエラルキーによる統治から、価格競争に基づく市場による統治へと変化が生じ、続いて信頼や協働に基づく協働・パートナーシップを通じたネットワークによるガバナンスの統治へと移行が生じているとされる。

参加・協働政策の効果を発揮するためには、医療・福祉サービスを含む公共サービス分野において、利用者の参加の場をどう作り、どのように発言の影響力を高めるかが課題となる。

注

（1）Wolfenden Committee, *The Future of Voluntary Organisations*, Croom Helm, 1978.

（2）Le Grand, J. *The Other Invisible Hand : Delivering Public Services Through Choices and Competition*, Princeton University Press, 2007（ジュリアン・ルグラン著『準市場　もう一つの見えざる手　選択と競争による公共サービス』、法律文化社、二〇一〇年）.

（3）NPM型改革の変化と統治方法の変化を関連づけた分析の代表的なものとして、ローズ（Rhodes, R. A. W.）による *Understanding Governance*, Open University Press, 1997; "The Governance Narrative", *Public Administration*, Vol. 78 No. 2, 2000 が挙げられる。

◎文献案内

・公共政策に関わる基礎的な理論として市場の失敗、政府の失敗の概説を含め、官民ミックス・福祉ミックスとニュー・パブリックマネジメントについて事例もあげた概説書として、大木啓介編『公共政策の分析視角』（東信堂、二〇〇七年）があげられる。本章でとりあげたイギリスの公共サービス改革も含まれている。

・近年の公共サービス改革について、改革手法としての具体的な仕組みと内外の地方自治体の事例を豊富にとりあげたものとして、財団法人日本経済研究所調査局編著『公共サービスデザイン読本』（ぎょうせい、二〇〇八年）があげられる。

・生活全般に関わる社会政策・福祉政策について、主要な分野における政策の展開と課題を検討したものとして、玉井金五・久本憲夫編『少子高齢化と社会政策』（法律文化社、二〇〇八年）がある。

・福祉国家の変貌について、グローバル化・市場化、規範理論・分権化、公私関係の視点から検討し、福祉国家の今日的位相を分析したものとして、小笠原浩一・武川省吾編『福祉国家の変貌』（東信堂、二〇〇二年）がある。

・政府の福祉政策の一年間の政策動向をまとめたものとして、厚生労働省編『厚生労働白書』（ぎょうせい）があげられる。また、福祉関連の政策動向の現状・動きを伝えるものとして、『週刊社会保障』（法研）があげられる。

・地方自治体の公共サービス・福祉に関わる政策の動きを伝えるものとして、『ガヴァナンス』（ぎょうせい）がある。

第11章　安全保障について考える

葛谷　彩

一　安全保障とは何か

皆さんは安全保障と聞くと、何を思い浮かべるだろうか。多くの人は昨年（平成二一年）四月と五月に起きた北朝鮮によるミサイル発射や核実験、今年（平成二二年）の九月に起きた尖閣諸島沖における中国漁船衝突事件とその後の中国側の一連の強硬な対応、さらには一一月の北朝鮮による韓国の延坪島砲撃事件に端を発する朝鮮半島情勢の緊張を思い浮かべるかもしれない。後で詳述するように、安全保障の最も一般的な定義は軍事に関するものだからである。しかし、別の人は昨今の日本の食糧自給率の低さ（三九％）を念頭において、十分な食糧の確保や自給率の向上に向けて努力すべきであるという、食糧安全保障という言葉を耳にしたことがあるかもしれない。これと同様に石油などのエネルギーの安全保障ということも言われる。どちらも不足すれば、われわれの安全な生活を脅かすものに変わりない。また最近の地球の温暖化を受けて、一国を超えた安全保障問題として、各国が協力してCO_2（二酸化炭素排気ガス）を削減していかなければならないとする「地球の安全保障」論を唱える人もいる。確かに安全保障は戦争と平和について考える学問として誕生した国際政治学における主要なテーマであり、その重要性については誰もが認めるであろう。しかし、それが具体的に何を意味するのかについては、いつでもどこでも誰にでも受け入れられる普遍的な定義が必ずしもないのが現実である。

『大辞泉』という辞書で引くと、安全保障とは「国外からの攻撃や侵略に対して国家の安全を保障すること。また、その体制」とある。より抽象的な言い方をすれば次のようになろう。すなわち、「ある主体が、かけがえのない何らかの価値を、何らかの脅威から、何らかの手段により守ること」である。これを用いると、先ほどの辞書の定義は次のように言いかえることができる。

「ある国家が、その独立、領土及び国民の生命・財産を、他国の軍事的脅威（攻撃・侵略）から、軍事力により守ること」

なるほどこれは一般的な定義ではあるが、果たして十分と言えるであろうか。領土が他国から占領さえされなければ、あるいは国民の生命・財産が奪われていなければ、安全は保障されていると言えるであろうか。たとえば、自国内で軍事クーデタや革命が起きて民主主義政府が倒され、そうした勢力によって国内の言論の自由が脅かされている場合はどうであろうか。あるいは他国が侵略した場合、個人の命が大事なら降伏すればいいという話になる。そもそも軍事力を持つ必要がなくなる。しかし、その際に自国の価値観が脅かされる場合、たとえば自国語の使用を学校や職場で禁じられる、あるいは宗教の信仰を禁じられたり、侵略した側の価値観を強制的に押しつけられたりした場合、それは安全が保障されたと言えるであろうか。ここでは、守るべき価値は国民の生命や財産のほかに国民にとって不可欠な価値観（自国の言語、政治制度や社会的慣習、文化や宗教など国民のアイデンティティの基盤となるもの）が想定されていると言えよう。

守るべき価値は国によっても異なる。日本を始めとした大半の国にとっては、独立、領土、国民の生命・財産及び価値観であろう。しかし、国民の大半が飢えに苦しんでいるにもかかわらず、核開発を行っている北朝鮮はどうであろうか。アメリカを始めとする各国が、核開発を止めてこれを放棄すれば経済支援を行うと主張しているにもかかわらず、北朝鮮が核開発を止めようとしないのは、最高指導者である金正日（キム・ジョンイル）総書記（当時）が国民の生命ではなく、自らの独裁体制の維持を第一に考えているからである。この点については、後で詳述する。また中央政府の力が弱く、各武装勢力が相争うという内戦状態に陥ったアフリカなどの一部の国々では、そもそも国民を守る主体である国家が崩壊している。一般にこうした国は破綻国家と呼ばれている。

もちろんこうした国々のケースは例外と言えなくもない。しかし、安全保障の具体的内容は時代や国際環境、各国の利害状況およびそれについて論じる者の価値観や世界観によって異なる。本稿では、国際政治における安全保障の概念について、その歴史上の変化、国際政治に対しての立場による違いを概観することで、その多様性を理解し、さらにそれを踏まえて日本の安全保障について考えることを目的とする。

二　安全保障概念の歴史的変遷

まず時代による安全保障の概念の変化を見ていこう。「国家が、独立、領土及び国民の生命・財産を、他国の軍事的脅威から、軍事力により守る」というのは、伝統的な安全保障概念とされている。それは一六世紀頃のヨーロッパで近代国家が成立したときに誕生した。主権者である国王が強力な中央集権制をしいて国内の政治的・経済的安定を図り、国外に対してはその独立を主張する近代国家は自らの富と国力を増大させるため、別の言い方をすれば、自らの安全保障を強化するため、他国と領土をめぐって競争していた。というのは、当時の国家にとっての領土は、国家に人口、資源、生産物などをもたらす富と力の源であったからである。領土問題は最終的に戦争で決着がつけられた。当時は紛争が平和的に解決できない場合、国家が戦争に訴えるのは正当とされていた。

こうした国家の行動の背景にあったのは、国内政治とは異なる国際政治の特徴であった。国内社会における個人でも国際政治における国家の場合でも、それぞれ個人や国民の生命・財産などの価値を守ろうとするが、両者の違いは、国内社会における個人の場合には個人の価値が奪われないように守ってくれる政府があるのに対し、国際政治における国家の場合にはそれを奪い返してくれる中央政府が存在しないということである。このような国際社会において各国家の上に立つ中央政府が存在していない状態をアナーキーと呼ぶ。したがって、各国は他国の武力行使に対して基本的に自力で対処する必要がある。こうした状況の下では、他国の軍事的脅威から自国の領土、独立及び国民の生命・財産を守ることが国家の最優先の目標であり、そのための中心的手段は軍事力であった。

もちろん現在でもこのような伝統的安全保障の概念が、国家にとって最も重要な目標であることに変わりはない。しかし、二〇世紀前半における国際政治に大きな変化が起きたことによって、伝統的な安全保障概念は修正を迫られることとなった。第一の変化は、産業化や情報化の進展である。これにより、国の繁栄は領土の拡大ではなく、主に経済発展や貿易などの国際的経済活動を通じてもたらされるものとなった。たとえば、第二次世界大戦後の日本や八〇年代の韓国やシンガポール、九〇年代の中国のように、自由貿易を通じて経済発展をし、豊かになることが可能になった。第二に、共通の自意識をもった国民が自らの政府の樹立や植民地支配国からの独立を求めるナショナリズムが、アジアやアフリカに普及したことが挙げられる。これによって、他民族を統治・支配することが困難になり、植民地支配が利益ではなくむしろ膨大なコストをもたらすものになった。第三に、第一次世界大戦が膨大な犠牲者と破壊をもたらしたことを受けて、領土の拡大を目指す侵略戦争を国際法上違法であるとみなす考えが定着したこと、さらに核兵器に代表される近代兵器の破壊力の向上によって、戦争が勝者にとっても甚大な損害と苦痛をもたらすという認識が広がったことである。これにより、とりわけ先進国を中心に、軍事力の使用に対してこれまでより極めて抑制的な態度がとられるようになった。

こうした変化を受けて、安全保障の非軍事的側面が次第に重視されるようになった。安全保障の手段として、もはや軍事力だけでは不十分であり、経済力や外交力などを重視すべきであるという考え方や、安全保障の目標についても軍事的なものだけではなく、経済やエネルギー、食糧の安全保障を重視すべきであるという考え方が広まっていった。さらに兵器の破壊力が増大し、ある国家の行動や出来事（たとえば不景気）が、その国への輸出の減少による不景気を他の国家にもたらすなどの甚大な影響を与えるという相互依存が深まった現代では、一国もしくは同盟諸国による努力だけでは安全保障の達成は難しく、多国間による協調が必要であるという認識が強まった。第一次世界大戦後に成立した国際連合は、こうした考え方に基づいてできたものである。

但し、第二次世界大戦後に顕著となった冷戦期、すなわち、アメリカを中心とし、自由民主主義と資本主義経済を掲げる西側陣営と、ソ連（現在のロシア）を中心とし、社会主義を掲げる東側陣営とがイデオロギー的にも軍事的にも対立していた時代においては、軍事を中心とする伝統的な安全保障の概念が力をもっていた。というのは、当時米ソは第三次世界大戦の危険を恐れつつも、大量の核兵器でもって互いに対峙していたからである。そうした状況では、米ソとその同盟国にとって互いの軍事的脅威が何よりも深刻な安全保障の脅威であった。

しかし、冷戦の終結は、伝統的な安全保障の概念に主に二つの大きな変容をもたらした。一つは、冷戦という東西の軍事的対立構造が崩壊したことで安全保障の非軍事的な側面に関心が集まり、環境、人権、難民などの問題が新しい地球規模の安全保障の問題として認識されるようになったことである。もう一つは、これまで国家が中心であった安全保障概念に対して、人間の安全保障という考え方が登場したことである。これは国家の安全を実現しようとするだけでは不十分であり、一人ひとりの人間の安全の確保が目指されるべきであるという概念である。その背景には、現在の世界で人々の生存を脅かしている重大な問題の多くに対して、国家と軍事力を中心にした伝統的な安全保障の概念や手法では十分に対処できないという認識があった。冷戦後の世界で深刻な問題として出現したのは、アフリカ諸国など第三世界を中心に起きていた内戦型の地域紛争、国内の少数民族・部族の虐殺、人権の抑圧、貧困、飢餓、難民といった問題であった。その背景にあったのは、先述した国民を守るという機能を果たせなくなった破綻国家の存在であり（たとえばアフリカのソマリアなど）、国内における政府の正当性を維持・強化するために、軍や治安部隊を使って野党や少数者の自由や人権を抑圧する国家の存在（たとえばアフリカのジンバブエやスーダンなど）であった。また、環境問題や麻薬、エイズなど国境を越えた全世界的な社会問題が、人類全体にとって脅威となりつつある問題として関心を集めるようになった。

こうした立場に立つ人々は軍事だけでなく、経済開発、紛争当事者の間の信頼の形成、人権意識の向上、難民の帰還などの措置を組み合わせる必要や、国家だけでなく、国連を始めとする国際機構や非政府組織（NGO）などのアクターを含む国際社会全体で問題に取り組むことの必要性を強調している。

このような環境や国境を越える感染症などの非軍事的な地球規模の安全保障の問題を重視する考え方や、内戦、人権の抑圧、難民の発生という脅威から人間の安全を守ることを目標として重視する人間の安全保障論を合わせて「新しい安全保障の概念」と呼ぶ。

但し、ここで注意しなければならないのは、伝統的な安全保障の概念が依然として重要であり続けているという点である。なぜなら、内戦型の紛争や虐殺を実際に止めるには軍事力抜きでは困難であるからである。それは九〇年代に同じ国内の民族同士の間で虐殺や追放が起きた旧ユーゴ地域で、それを阻止するために結局NATO（北大西洋条約機構）による軍事力の介入を必要としたことからも明らかである。

さらに内戦型の紛争、虐殺、難民という問題は、最低限の統治能力も欠く「破綻国家」やそれに準ずる国で起きている現象であることからもわかるとおり、国家による伝統的な意味での安全保障（つまり、国民の生命・財産の保護）が実現できていなければ、人間の安全保障も実現できないという現実があるからである。このように、ある国で異なる民族の虐殺や抑圧などの民族浄化、独裁政権下での人権の抑圧、難民の発生など大規模な人権侵害行為が起きた時に、これを止める目的で他国や国連など外部から行われる武力行動を人道的介入と言う。たとえば、一九九九年三月にＮＡＴＯ加盟諸国によって開始された対ユーゴスラビア空爆は、ユーゴスラビア政府軍によるコソヴォ自治州におけるアルバニア系住民への抑圧、自治権の否定、民族浄化を止めさせる目的で行なわれた。それは人道的な目的を掲げることで、他国がある国の国内政治に干渉するのを禁じる内政不干渉という伝統的な国際法の原則に対して自らの行動を正当化する一方、他方では空爆による多数の民間人を含めた犠牲者を出すこととなり、住民の生活や生命が脅かされるというコストを伴った。さらに人道的介入の概念の問題点として、大国による恣意的な武力行動を正当化し、歯止めが利かずに介入が過剰となって失敗するという危険性、さらに道義的理由（たとえば民主化の促進や人権の擁護）を掲げたことによって、介入の失敗によって自らの道義自体が傷つきかねないという問題もある。最近の例としては、大量破壊兵器の破壊とフセイン独裁体制の排除などを目的として、二〇〇三年にアメリカが先導して行ったイラク戦争とその後のイラク国内の混乱が挙げられよう。

さらに、二〇〇一年九月一一日にアメリカで起きた同時多発テロ（「九・一一」テロ）は、安全保障の概念にさらなる変化を付け加えた。ヒト、モノ、カネが国境を越えて大量かつ短時間に移動し、相互に影響を与えることができるようになったグローバル化や科学技術の進歩の結果、過激なイスラム原理主義組織「アル＝カーイダ」のように、国境を越えて活動するテロリスト集団が唯一の超大国であるアメリカに対して甚大な規模の打撃を加えることができるという事実は、そうした非国家主体がもたらす脅威に国家や国際社会がいかに対応すべきであるかという問題をわれわれに突きつけた。

これに対して、多くの人がさまざまな見方を示している。例えば、二〇〇二年にアメリカのブッシュ大統領（George W. Bush）（当時）が唱えたように、将来国際テロリスト組織やそれを支援する国家が核兵器などの大量破壊兵器を使用する前に、その脅威を予防的に除去するために先制攻撃することもやむをえないという考え方（「ブッシュ・ドクトリン」）や、テロを阻止するための情報収集・捜査活動において国際的な協力体制が必要であるという考え方、さらにアフガニスタンなど政治的・経済的・社会的に不安定なイスラム諸国地域において、将来への絶望からテロに走る若者を増やさないための社会的・経済的支援や教育の必要性を説く人々がいる。

三　国際政治に対する立場から見た安全保障概念

次に国際政治に対する立場による安全保障の概念の違いを見ていこう。ここでは、国際政治学における代表的な立場であるリアリズム（現実主義）とリベラリズム（国際協調主義）から見た安全保障の概念を紹介する。

リアリズム（現実主義）においては、国際政治を中央政府が存在しない状態（アナーキー）と捉える。したがって、各国は基本的に自らの安全保障（独立、領土及び国民の生命・財産・価値観の安全保障）を自力で行わなければならない。そこで、各国は常に軍事力を中心とする自国の国力を高める努力を行う。ある国の国力が増大することは他の国の国力の低下を意味することになるから、すべての国が同時に国力を増大させることは不可能である。したがって各国は自国と他国との国力の比較が最大の関心事となり、常に相手に対して不利な立場とならないように努める。その結果、国際政治は国力をめぐる国家間の競争と対立が常にくり広げられる状態とならざるをえなくなる。

このままでは戦争の危険性が高まるわけであるが、各国の上に立って各国の利害を調整したり、その決定を押し付ける強制力と権威をもつ中央政府が存在しない国際政治では、基本的に各国の軍事力を中心とする国力を調整して各国間の力関係をコントロールすること――たとえばある国が急速に軍拡を行うことで国力が増大する場合、その国を牽制するために他の国々が同盟を組んで対抗することで力関係の釣り合いを保つといった行動――によって（勢力均衡）、国際政治を安定化させ、平和を維持するしかないと考えられている。

すなわち、リアリズムの立場を取る人々（ここではリアリズム派と呼ぶ）は、安全保障の目標として国家の安全を、国際政治における平和を達成するための手段として軍事力を重視する。このように国際政治の対立的側面を強調し、国際政治における軍事力の役割を重視するリアリズムの立場に立つと、安全保障とは「国家が、独立、自国の領土及び国民の生命・財産・価値観を、他国の軍事的脅威（攻撃・侵略）から、軍事力で守ること」という定義になる。これは先ほど説明した伝統的安全保障の概念とほぼ重なる。

他方、これに対抗する立場としてリベラリズム（国際協調主義）がある。リアリズム派が国際政治を対立的に見るのに対して、リベラリズムの立場をとる人々（ここではリベラリズム派と呼ぶ）は国際政治の協調的側面を訴える。確かにリベラリズム派は、リアリズム派が述べるように、国際政治はアナーキーであり、国家間関係に競争や対立がもちこまれやすく、したがって軍事力が一定の役割を果たしていることは認めている。しかし、彼らはそのような国際政治の状況下においても、国家間の協力により、お互いの利益の調和を図ることが十分可能であると考える。

国際協調を促進する手段として彼らが重視するのが、政治・経済などの非軍事的手段である。たとえば、貿易など国際経済活動の活発化により相互の依存関係を深めること、同じ価値観や政治システムをもつことで対立や戦争の危険性を下げることを目指す民主主義の普及、国家間の紛争を解決するためのルールとしての国際法や、紛争解決の場としての国際制度の発展（たとえば、国連、世界貿易機関（ＷＴＯ）、国際司法裁判所など）である。すなわち、国際政治における平和を達成する手段として経済活動、価値観、法や制度の役割を強調する立場である。

また彼らはリアリズム派と同様、安全保障の担い手（主体）としての国家の役割を重視するが、同時に国家以上に個々人の自由や生活を重視している。すなわち、国家の安全が重要であるのは、個々の市民の安全と幸福を守るためであり、国家権力が強大化して個々の市民の自由を脅かすことには、リベラリズム派は警戒を示すのである。したがって、リベラリズム派は、軍事的側面を強調するリアリズム派の安全保障観に対して批判的である。さらに彼らは環境や人権、難民、エネルギー危機などの非軍事的な安全保障問題も関心の対象としている。このような国際政治の見方に立つリベラリズム派にとって、安全保障とは「国家が、独立、領土および国民の生命・財産・価値観を、他国の軍事的脅威（攻撃・侵略）やエネルギー危機という経済的脅威、環境破壊の脅威、人権の抑圧や難民の発生など自由や人権という価値観に対する脅威から、軍事力だけでなく、経済的手段や、国際制度による国家間の協力を促進・強化することにより、守ること」を意味する。もっとも、リベラリズム派は国家の役割や軍事力の重要性を軽視しているわけではなく、リアリズム派も軍事力以外の手段（外交や国際組織など）を無意味であると考えているわけではない。要は双方が強調したい安全保障の側面が異なっているということに注意する必要がある。

四　日本の安全保障

以上、国際政治の変容に伴う安全保障の概念の内容の変遷と、国際政治に対する世界観による安全保障の概念の違いを見てきた。最後に私たちの日本の安全保障について考えていきたい。まず、これまで日本がどのように自らの安全を守ってきたのかを三つのレベル、(1)自国の努力、(2)同盟国との協力、(3)国際社会との協力から見ていこう。

『日本の防衛　防衛白書』（平成二二年）によれば、日本の安全保障の目的は次のように定義されている。

「わが国の平和、安全および独立と領土・領海・領空（領域）が守られ、自由と民主主義を基調とする国家体制が維持され、国民の生命、財産などが保護されること」

これを踏まえると、第二次世界大戦後から冷戦期の日本の安全保障政策は、「日本が、領土と国民の生命・財産および自由と民主主義を基調とする国家体制を、ソ連を中心とする軍事的脅威から、自衛隊と日米安全保障条約という軍事的手段によって守ること」であった。

ここで特徴的なのは、戦後の日本が置かれた歴史に由来する制約である。第二次世界大戦に敗れ、国土の破壊と経済的困難の中アメリカの占領下におかれた日本は、日本の軍事大国化を阻止したかったアメリカや他の戦勝国の意向を受けて、また国内での世論の平和主義的感情もあって、平和主義と戦力の放棄をうたった憲法九条を採択した。その制約の下、(1)自国の努力については、専守防衛、つまり防衛に徹した必要最小限の実力として自衛隊を持ち、自衛隊では対抗できない大規模な攻撃や核兵器による攻撃に対しては、(2)同盟国との協力の枠内で、同盟国のアメリカに依存するという安全保障政策を採ってきた。
日本とアメリカの同盟を規定しているのは一九五一年に結ばれた日米安全保障条約（六〇年に改定）であるが、これにより日本はアメリカに基地を提供する義務があるとされている。国内の米軍基地のうち約七五％が沖縄に集中しており、その一つが今その移設をめぐって問題になっている普天間基地である。普天間基地の移設は、本来そうした沖縄の負担を軽減するための政策の一環であった。他方、アメリカは有事の際に日本を防衛する義務があると定められている。通常同盟は相互防衛を基本とするが、日本にはアメリカを防衛する義務はないとされてきた。というのは、日本は同盟国が攻撃された際、それに対して反撃するという権利である集団的自衛権を持ってはいるものの、その行使は憲法により認められていないという立場をとってきたからである。（注：ただし、この憲法解釈は二〇一四年七月一日、日本をとりまく安全保障環境の悪化を理由として、政府により集団的自衛権の限定的容認という形で変更されることが閣議決定された。今後国会での関連法改正などの審議が予定されている（二〇一四年一一月現在））
また「唯一の被爆国」を理由に、非核三原則（核を持たず、つくらず、持ち込ませず）により核武装を自らに禁じ、さらに国際的には核兵器の拡散の防止を目的とするNPT条約（核不拡散条約）を批准し、原子力の軍事利用（核保有）をしないことを条件にアメリカをはじめとする核保有国から核燃料の提供を受けている日本は、アメリカの「核の傘」――他国からの核攻撃に対してアメリカが自らの核兵器により反撃するとして、相手の核攻撃を抑止することで同盟国を守るシステム――の下に入ることで核攻撃の脅威に対処してきた。

(3)の国際社会との協力について、日本は国連重視主義を謳ってはいたものの、憲法九条の制約により自衛隊の海外派兵が禁止されていたため、武力行使を伴う国連などによる国際共同行動への参加が認められなかった。しかし、冷戦が終わると、日本は新しい脅威に直面する中で徐々に対応の変化を求められ、かつそれを行なうようになった。たとえば、一九九一年の湾岸戦争で大国にもかかわらず財政支援しか行わなかったと国際的な批判を浴びたことがきっかけとなって、国際平和への積極的・能動的な関与が模索されるようになり、九〇年代からカンボジアを始めとして国連平和維持活動（ＰＫＯ）や復興支援に自衛隊が派遣されるようになった。

さらに二〇〇一年の「九・一一」テロにより、国際テロや大量破壊兵器・ミサイルの拡散が新たな脅威として認識され、日本も同年一〇月にテロ対策特別措置法を制定し、インド洋でアル＝カーイダのようなテロリストに対する武器・弾薬、資金源となる麻薬などの海上輸送を阻止、抑止する活動を行う各国の艦艇に対する給油活動に参加し、二〇〇三年に制定した「イラク人道復興支援特措法」に基づいてイラク戦争後の人道復興支援活動に自衛隊を派遣した。

このようにグローバルな安全保障問題に対してより積極的・能動的な対応を求められる一方で、伝統的脅威も依然として存在しており、日本や東アジアにおける大きな不安定要因となっている。たとえば、北朝鮮の核・ミサイル開発問題や、経済成長を背景に二〇年連続で二ケタ台の伸び率で行われている中国の軍拡に対する懸念があり、ロシアとの間には北方領土、韓国との間には竹島をめぐる領土問題が存在している。さらに日本が実効支配している尖閣諸島に対しても、中国と台湾が七〇年代以降領有権を主張し、とりわけ二〇一〇年九月に尖閣諸島近辺で中国の漁船が日本の海上保安庁の巡視船に衝突した事件は、それまで領土についてほとんど意識してこなかった多くの人々に大きな衝撃を与えた。

これに対して、(1)自国の努力として、二〇〇三年に有事（非常事態）への対処を規定した「武力攻撃事態法」が制定されるなど法的整備が進められ、(2)同盟国との協力として、日米同盟の再定義と強化も推進された。一九九六年の日米安保共同宣言では、冷戦後の日米同盟の新たな目的として「アジア・太平洋地域の平和と安定の維持」が明記され、同盟強化の必要性が強調された。九七年の新日米防衛協力のための指針（新ガイドライン）では、日本の憲法の制約の範囲内という条件付ながらも、日米が有事対応について共同計画の策定を含めて協力すること、日本周辺有事の際、アメリカに対する補給などの後方地域支援などを日本が行なうことが謳われ、それを受けて九九年に周辺有事の際に日本側が実施する対米協力支援の基本を定めた「周辺事態法」が成立した。また九八年の北朝鮮のミサイル発射を機に、二〇〇三年にアメリカからの弾道ミサイル防衛システム（相手のミサイルが着弾する前にそれを空中で撃墜するミサイル・システム）の導入が決定され、現在配備されている。

日本の安全保障が直面するさまざまな問題を挙げたが、ここでは北朝鮮の核・ミサイル問題を例にとりあげて日本の安全保障を考えてみよう。この問題は、日本の安全保障にとって深刻な脅威であるだけではなく、大量破壊兵器の拡散という点で国際社会全体にとっても重要な問題である。現に北朝鮮はミサイルやその開発技術を他国に輸出していることが明らかになっており、イランやシリアに核開発の技術やノウハウを供与しているのではないかという疑惑もある。

北朝鮮は早くから核開発に取り組んでいたと言われているが、九二年にプルトニウム型の核開発を行っているという疑惑が表面化し、一時はアメリカ側において、北朝鮮の原子力施設へのピンポイント攻撃も検討されるなど非常に緊張が高まったものの、九四年に北朝鮮とアメリカとの間で核の廃棄をめぐる合意が成立したことにより、核をめぐる危機はいったん収束した。しかし、二〇〇二年に北朝鮮がアメリカ政府に対し、濃縮ウラン型核計画を認めたとアメリカ政府が発表したことで核問題が再燃、二〇〇五年には北朝鮮は「核兵器保有」を公式に宣言し、それ以後も二〇〇六年と二〇〇九年にミサイル発射や核実験をそれぞれ二度行うなど挑発的行動を繰り返している。

これに対し、日本やアメリカをはじめとする関係国は、北朝鮮の核廃棄と朝鮮半島の非核化を目指す六者会合（米国、中国、日本、ロシア、韓国、北朝鮮が参加）という外交枠組みで対応している。しかし、北朝鮮は意図的に危機を高めて何らかの見返りを求め、それを得ると約束を果たさずに協議を離れるという瀬戸際政策を繰り返し、二〇〇九年四月の北朝鮮のミサイル発射に対して、国連安全保障理事会がミサイル発射を非難する議長声明を出すと、これに反発して離脱を表明し、現在六者会合は休会中のままその機能が果たせていない状態である。

それでは、国民が飢えに苦しんでいるような貧しい国である北朝鮮が、なぜ核開発をするのであろうか。それには三つの理由が考えられる。一つはアメリカの攻撃を抑止する手段としての核兵器である。現在北朝鮮はアメリカに直接届く長距離ミサイルの開発にまだ成功していないが、少なくともアメリカの同盟国である日本や韓国を攻撃するぞと脅すことでアメリカを牽制することができる。二つ目は外交カードとしての核兵器である。国民が飢えに苦しむような国でも核兵器があるからこそ、アメリカをはじめとする大国とわたり合えるわけで、現に北朝鮮はこれによりエネルギーや食糧などの経済支援を得ることに成功してきた。これは経済の破綻など内政と外交の失敗のつけを核開発により挽回しようとする「弱者の核開発」であると言えよう。三つ目は体制維持の手段としての核兵器である。金正日独裁体制を維持するためには軍部の支持が必要であり、アメリカから攻撃されるという対外的危機を強調し、これに対抗する手段としての核兵器を持つことによって国内の引き締めを図り、軍部の支持を確保することができる。

それでは、六者会合は北朝鮮に核を廃棄させることはできるのであろうか。残念ながらその可能性は限りなく低いと言うしかない。北朝鮮の核開発の意図が体制の維持にある限り、たとえアメリカが中心となって北朝鮮に攻撃をしないと約束し、国交正常化とそれに伴う経済支援・協力を行なったとしても、北朝鮮にとって核を放棄することは一方でアメリカに対する外交カードを失い、他方で国内の軍部の支持を失うことを意味し、ひいては究極の目標である体制の維持が困難になるからである。この場合、北朝鮮の核を放棄させるには武力行使を伴う金正日独裁体制の打破以外に方法がないことになる。もっともその力を一番持っていると考えられるアメリカも、二〇〇八年のリーマン・ショック以来の不景気に苦しみ、アフガニスタンやイラクで軍事力を展開し、対テロ戦争で苦戦するなど経済的にも軍事的にも厳しい状況にある現在、そのような危険度の高い政策はとらないであろう。

このような手詰まり状態の中、関係各国はどのように対応しているのであろうか。各国とも北朝鮮の核保有を好ましくないと考えている点では一致しているものの、その程度についてはそれぞれの利害により異なる。まずアメリカであるが、北朝鮮の核やミサイルが他国やテロ組織に拡散しないことを最優先にしており、このままいくと北朝鮮の核保有を事実上黙認する気配が濃厚である。しかも先ほど述べたように、軍事力を行使する選択は事実上困難な状況にある。その場合、北朝鮮の核・ミサイル開発を管理・牽制する場として六者会合は意味を持つ。つまり、アメリカにとっては当面現状維持でも構わないということになる。

北朝鮮の最大の支援国であり、隣国である中国はどうであろうか。中国がもっとも懸念しているのは、北朝鮮の崩壊による大量の難民の発生などの混乱である。したがって、北朝鮮を追い詰めるような厳しい制裁を課することには消極的である。またアメリカをはじめとする関係国に対して、北朝鮮への影響力と議長国としての存在感を示せる場として六者会合は中国にとってメリットがあるので、敢えて北朝鮮に対して厳しい対応をとることで現状を変える意識は低いと言わざるをえない。韓国については二〇〇八年の政権交代以降、特に最近では北朝鮮による一連の攻撃的行動（二〇一〇年三月の哨戒艦天安号沈没事件、一一月の延坪島砲撃事件）も相俟って、北朝鮮に対して厳しい姿勢をとるようになったが、強大な軍事力を持つアメリカや北朝鮮に対する最大の政治的・経済的影響力をもつ中国に比べると、北朝鮮に対する影響力を行使する手段には限界がある。またロシアについては、冷戦後、北朝鮮に対する影響力が低減しており、六者会合についてもとりあえず参加して朝鮮半島問題に対して一定の発言権を確保したいというのがその主な動機であり、北朝鮮の核の放棄に向けて積極的な行動をとる力も意志もそれほどないのが実情である。

このように六者会合が停滞し、各国も事実上現状維持を認めざるをえないという状況が続くと、それは日本にとってどのような影響を及ぼすことになるのであろうか。六者会合の停滞は北朝鮮の核・ミサイル開発がその間に着実に進行するということ、いわば北朝鮮にとっての時間稼ぎを意味する。現在北朝鮮は核を六から八個保有していると言われ、日本に届く射程範囲を持つノドン・ミサイルを二〇〇発以上日本に向けて配備している。もし北朝鮮が核兵器の小型化に成功してそれをミサイルに載せて撃てるようになれば、日本は北朝鮮の核攻撃にさらされることになり、あるいは核攻撃をするぞという脅しに自らの外交政策が揺さぶられる危険が生じることになる。これは日本にとって最悪のシナリオである。また金正日独裁体制が今後深刻な経済状況や後継者問題によって不安定化することで、暴発など核使用の危険性が高まることも予想される。

さらに、先に述べたように、日本への核攻撃に対してはアメリカの核の傘（アメリカの核抑止力）で対応することになっているが、いざそうなった時に、本当にアメリカが同盟国である日本を守るために核による報復攻撃を行うのかという問題がある。とりわけ北朝鮮がアメリカに届く長距離ミサイルの開発に成功した場合は、アメリカは自らの本土が攻撃される危険を冒してまで日本を守るのかということで、問題はより深刻なものとなるであろう。

また日本は北朝鮮との間に拉致問題を抱えている。拉致問題の解決なくして北朝鮮との国交正常化もなしとする日本に対し、北朝鮮は拉致問題は解決済みであるとの立場を崩さず不誠実な態度に終始しており、北朝鮮に対する日本の世論の不信感は非常に根強いものがある。国民の生命・財産を守るという点で言えば、拉致問題も核ミサイル問題同様、重要な安全保障問題であることに変わりなく、このような世論の反応も当然と言える。

ここまで北朝鮮の核ミサイル問題を例に日本の安全保障政策を見てきた。今日の安全保障において対応すべき脅威は多様化しており、グローバル化する世界の中では一国レベルだけでなく、同盟国、国際社会のレベルで対応していくことが不可欠となっている。しかし、先ほども述べたように、安全保障の基本は「ある主体が、かけがえのない何らかの価値を、何らかの脅威から、何らかの手段により守ること」に変わりない。日本の安全保障を考えるなら、これを決めるのは国際社会でも、同盟国のアメリカでもなく、日本自身である。それは政治家や官僚だけでなく、まさに政治家を選挙で選ぶわれわれ国民自身の問題でもある。

最後に付言するならば、その際われわれが考えるべき対象（つまり誰のための安全保障か）は、今現在生きているわれわれのことだけを意味するのではないということである。例えば、ある国もしくはテロ集団から軍事力（たとえば核兵器）もしくは経済力（たとえば希少な資源の輸出の差し止め）で威嚇されたとしよう。その際、起こりうる当面の損害を覚悟して拒否するか、当面の平和で安定した生活を確保すべく譲歩するか（これには長期的な目標として次の危機に備えて軍事的・経済的力を強化しつつ、短期的には妥協するという選択も含まれよう）、あるいは国際社会にその国もしくは集団の無法ぶりを訴えて助けを求めるなどの対応が考えられる。いずれの決断を下すにせよ、考えなければならないのはわれわれのだけでなく、これまで日本の安全を守ってきた過去の世代の人々の安全保障（たとえば政治的・経済的実績や名誉）であり、これから生まれる未来の世代をも含めた人びとの安全保障（それは領土や生命・財産だけではなく、生活様式や理念、誇りも含まれる）なのである。本稿がそうした広い意味での皆さん自身の問題として日本の安全保障を考えるきっかけになれば幸いである。

補論（1）その後の北朝鮮情勢

二〇一一年一二月に金正日が死去した後、息子の金正恩が後継者となった。新体制の発足にともない、核・ミサイル問題についての姿勢が注目されたものの、北朝鮮は二〇一二年一二月にいわゆる「人工衛星」の発射実験を行い、これを成功させることによってミサイル開発能力の進展を国際社会にアピールした。さらに二〇一三年二月には三度目の核実験を行うなど、国際社会の非難にもかかわらず、引き続き核・ミサイル開発に邁進する姿勢を誇示している。なお拉致問題については、対中関係と対米関係の悪化による孤立を受けて、北朝鮮は日本との関係を改善する意図から歩み寄りを見せ、二〇一四年七月日朝政府間協議で両国間の合意がなされた。それを受けて、北朝鮮側が拉致問題に対する「特別調査委員会」を発足、調査の開始を表明すると、日本側は北朝鮮に対して独自に行っている制裁措置の一部を解除した。このように現在（二〇一四年七月三一日）やや良好に見える日朝関係であるが、北朝鮮側による調査の誠実な履行の見通しをめぐる不透明さ、北朝鮮の核・ミサイル問題を重視するアメリカや韓国が、日本が拉致問題で北朝鮮に対して突出して妥協的な姿勢を見せるのではないかと懸念を表明するなど、予断を許さない情勢が続いている。

補論（2）その後の中国情勢

二〇一〇年以降も引き続き中国は周辺海域での海洋活動を活発化させており、南シナ海では領有権について争っているベトナムやフィリピンとの間での公船の衝突などの摩擦を引き起こしている。他方、東シナ海、とりわけ日本の周辺海域においては、尖閣諸島周辺海域での領海侵入の多発や領空侵入が発生している。二〇一二年一二月中国国家海洋局所属の航空機が中国機として初めて尖閣諸島の領空を侵犯し、二〇一三年一月には中国海軍艦艇による海上自衛隊護衛艦に対するレーダー照射事件が起き、その間にも東シナ海において警戒監視中の海自護衛艦に対して中国国家海洋局所属とみられるヘリコプターなどが近接飛行するなど、偶発的衝突などの不測の事態を招きかねない行動が続いている。さらに二〇一三年一一月中国政府は、尖閣諸島領空がその範囲に含まれる「東シナ海防空識別圏」を設定、当該空域を飛行する航空機に対して中国国防部の定める規則を強制し、これに従わない場合には中国軍による「防御的緊急措置」をとる旨発表するなど攻勢的姿勢を強めており、日本やＡＳＥＡＮなどの周辺諸国のみならず、国際社会の懸念の的となっている。

◎文献案内

・防衛大学校安全保障研究会編著・武田康裕・神谷万丈責任編集『新訂第四版　安全保障学入門』（亜紀書房、二〇〇九年）

安全保障問題に関心を持つ学生と社会人を対象に編纂された体系的入門書。第一部では安全保障の諸問題が、その軍事的側面と非軍事的側面を考慮に入れながら、理論的に考察され、第二部では日本の安全保障政策の基本用語が説明されている。参照の手引きとしても非常に有益。

・赤根谷達雄・落合浩太郎編著『増補改訂版　新しい安全保障論の視座』（亜紀書房、二〇〇七年）

冷戦後台頭した新しい安全保障の課題（経済、環境、情報、テロリズム、大量破壊兵器の拡散、人間の安全保障など）を対象に、その説明に止まることなく安全保障概念やその諸問題について批判的に再検討した論文集。入門書でありながら知的刺激も味わえる好著。

・土山實男『安全保障の国際政治学　焦りと傲り』（有斐閣、第二版二〇一四年。初版は二〇〇四年）

安全保障という概念を、獲得した価値を失うことの恐怖の結果としての国際危機や戦争という側面に焦点を当てつつ、平易に論じた好著。特に「安全保障とは何かを考えるときに感じるもどかしさは、幸せとは何かをうまく説明できないもどかしさに似たところがある」「豊かさが必ずしも幸せをもたらさないように、国家の強さや大きさがつねに安全を保証するとは限らない」というくだりは、安全保障の概念のとらえがたさを巧みに突いた表現と言えよう。

・田中明彦『安全保障：戦後五〇年の模索』（読売新聞社、一九九七年）

戦後日本の安全保障政策を歴史的・体系的に論じたもの。国家中心的・軍事中心的な伝統的安全保障概念では捉えきれない戦後の日本の安全保障政策の特殊性を理解する上で必読の書。

第12章　ＥＵ（欧州連合）の歴史と課題

池本　大輔

現在のＥＵは総加盟国二七カ国、域内人口約四億五千万人、域内経済総生産が一五・三兆ユーロにのぼる巨大な存在である。ＥＵは加盟国間の人・モノ・マネー・サービスの移動を自由化する域内市場を擁するだけでなく、加盟国のうち一九カ国が単一通貨ユーロを使用し、国際機関としては唯一直接選挙で選ばれる議会を有するなど、経済・政治両面にわたって統合への道を歩んできた。そしてヨーロッパに始まる地域統合への動きは東西冷戦終結後、北米（ＮＡＦＴＡ：北米自由貿易地域）・南米（メルスコール：南米共同市場）・東南アジア（ＡＦＴＡ：アセアン自由貿易地域）など、ヨーロッパ以外の地域にも波及した。もっとも最近のＥＵが、ユーロ危機、難民危機、イギリスのＥＵ離脱（ブレグジット）など、一連の難題に直面しているのも、また事実である。

それでは、世界の中で最初に主権国家が誕生したヨーロッパの地において、国家主権の制限を伴う地域統合のプロジェクトが始まったのは何故だろうか。最も重要な目的は、二十世紀に二度の世界大戦を経験したヨーロッパにおいて、再度戦争が起こるのを防ぐことにあった。その他に、各国が協力することで経済成長をもたらし、国際的な影響力を向上させる、といった狙いも存在した。第一次世界大戦が起きた主な原因は、一八七一年のドイツ統一をきっかけとして、ヨーロッパが三国協商（フランス・ロシア・イギリス）と三国同盟（ドイツ・オーストリア＝ハンガリー・イタリア）という二つの軍事ブロックに分断されたことにある。地理的にヨーロッパの中央に位置するドイツとその周辺諸国との関係は、一方が安全を確保するためにとった行動が他方にとっては脅威と映り、緊張関係が高まってしまう「安全保障のディレンマ」の典型例であった。第一次大戦後のヴェルサイユ講和会議ではフランスが敗戦国ドイツの弱体化を目指したため、ドイツは多くの領土を失い、巨額の賠償責任を課されることになった。ドイツ人の多くは強い不満を抱き、それがヒトラーの台頭や第二次世界大戦の勃発へとつながった。それゆえ、ヨーロッパにおいて平和を維持するためには、フランスとドイツの和解が不可欠であった。しかし両国の和解は容易に達成されたわけではなく、ヨーロッパ統合自体も進展と危機とを交互に繰り返して今日に至っている。そこで本章では、仏独関係を軸にしてヨーロッパ統合の歴史を概観した上で、ＥＵの政治制度、最近のＥＵが抱える問題、という順序で議論を進めていくことにしたい。

一　ヨーロッパ統合の歴史

ヨーロッパ統合のプロジェクトは、第二次世界大戦終結後すぐに始まったわけではない。実のところ、フランスは今回も当初はドイツとの和解でなくその弱体化を目指していた。そのため、ドイツの経済復興をなるべく遅らせ、ドイツ有数の炭鉱業・製鉄業の拠点であるルール地方を国際的に管理するよう要求していた。ドイツの重工業における優位こそ、フランスが第二次世界大戦で苦杯を喫した原因だったからである。フランスは石炭資源が乏しい国であり、ドイツの経済復興が進めばルール産の石炭に対するドイツ国内の需要が増え、フランスの経済発展のために必要な量が輸入できなくなるという事情もあった。しかしフランスの主張は、ドイツの早期復興を支持したアメリカやイギリスには受け入れられなかった。そして冷戦が激化しドイツが東西に分断されると、フランスはソ連に対抗するためにも、対ドイツ政策を転換し西ドイツの復興を認めることを余儀なくされた。

ここで、ルール地方だけでなく仏独両国の炭坑業・鉄鋼業の管理を超国家的機関に委ねる、というアイデアをフランス外相シューマンに進言したのが「ヨーロッパ統合の父」ジャン・モネである(1)。軍事的に重要な二つの産業を国際的に管理することで、戦争が再び起こるのを防ぐのが主な目的であった。それに加えて、西ヨーロッパの経済的復興のため、限られた石炭資源を効率的に配分するという狙いもあった。シューマンは一九五〇年五月、このアイデアをシューマン・プランとして正式に提案し、他国にも参加を呼びかけた。ドイツの弱体化を目指すのでなくパートナーと見なすようになった点でフランスの政策は一八〇度転換したと言えるが、ドイツが重工業において優位に立つことを防ぐという目的は当初から一貫している。これを受け、一九五二年には両国にイタリア・オランダ・ベルギー・ルクセンブルクを加えた六カ国によってECSC(欧州石炭鉄鋼共同体)が設立された。敗戦国西ドイツからみれば、ECSCへの参加は国際社会への復帰の第一歩として歓迎すべきものであった。

モネの予想に反し、戦後のヨーロッパで問題になったのは、石炭不足でなく石炭過剰であった。アメリカ産の石炭がルール産より安価で利用可能になり、主要なエネルギー源は石炭から石油に移行したからである。そのため、ECSCが当初想定されていた経済的役割を果たすことはなかった。しかし仏独両国が対等なパートナーとして一つのプロジェクトを始めたことは、政治的には大きな意義を持った。

ヨーロッパ統合のプロジェクトがこの時期全て順調に進んだわけではない。一九五〇年に朝鮮戦争が勃発し東西冷戦が激化する中、ソ連の軍事的脅威から西ヨーロッパを防衛するためには、西ドイツの再軍備が不可欠であった[2]。しかし第二次大戦の記憶が未だ薄れぬ中、フランスをはじめとする西ドイツの周辺諸国の間では、同国の再軍備に対して非常に強い反対があった。そこで周辺諸国への脅威にならない形でドイツ再軍備を進めるためにモネが提案したのが、EDC(欧州防衛共同体)の構想であった。この構想の下では、ECSCと同様に、新たに設置される国際機関が西ドイツを含む参加各国の軍隊の管理を行うはずであった。一言でいえば、ドイツ人の軍隊は復活させるが、ドイツ軍は復活させないことがEDCの狙いだったのである。しかしフランス国内では、自国の軍隊を国際機関の管理下に置くことや西ドイツがＥＤＣの中で大きな発言力を持つことへ反対が強く、同国の議会が反対したためＥＤＣの構想は挫折した。結局のところ、ドイツ再軍備はアメリカやイギリスも参加するＮＡＴＯ（北大西洋条約機構）の下で実現することになった。

ＥＤＣの失敗は、開始されたばかりのヨーロッパ統合にとっては大きな打撃であった。ヨーロッパ統合の気運を損ねないためには、新たなプロジェクトが早急に必要であった。そこでＥＣＳＣの六カ国は、一九五八年にＥＥＣ（欧州経済共同体）を設立した。これが、現在のＥＵの直接の前身にあたる機関である。ＥＥＣは当初共同市場と共通農業政策を二本柱としていた。共同市場とは、参加国間の貿易にかかる関税を撤廃し、第三国からの輸入には対外共通関税を課す制度のことである。ＥＥＣはこれによって参加国間の貿易を促進し、経済統合を進めることを目指した。共通農業政策の目的は、域内農業の保護と食料自給にあった。そのため、第三国からＥＥＣへの農産物の輸出に対して高い課徴金を課し、域内価格が事前に定められた最低価格を下回った場合には、ＥＥＣが余剰農産物を買い上げ、補助金をつけて域外に輸出するなどした。共同市場は工業国のドイツにとって望ましく、共通農業政策は農業国のフランスにとって望ましいものであるので、ＥＥＣは両国の妥協にもとづいて設立されたと言えよう。

ＥＤＣの失敗とＥＥＣの成功は、ヨーロッパ統合が市場統合のような経済面では順調に進む一方、外交や安全保障のように国家主権に深く関わる領域ではなかなか進まない、ということを意味していた。しかし経済統合も、その主たる目的は平和を維持するという政治的なものであった。これに対して、冷戦期に西欧諸国の安全を保障したのはアメリカを中心とする軍事同盟のNATOだったという反論がありうる。確かにソ連の脅威を前にして、西欧諸国が対外的な安全保障をアメリカに依存していたのは事実である。しかし、ヨーロッパ統合が西欧内部での安全保障に重要な役割を果たしていたことを見逃してはならない。フランスも西ドイツも同じNATOの一員だから両国間に安全保障問題が存在しない、というのは同盟関係の実態を反映しない見方であり、そもそも西ドイツが西側陣営の一員であり続けることは自明でなかった。日本でも、東西冷戦の中で中立的な立場をとるべきという主張には、一九六〇年代まで根強い支持があった。ドイツの場合には国が東西に分断されているという事情があり、西ドイツが中立化と引き換えにドイツ統一を目指すのではないかという疑念は、フランスなど周辺諸国の間に根強く残った。西欧諸国間での経済統合の進展は、西ドイツの輸出を周辺諸国が受けいれることでお互いの経済成長を促すだけでなく、西ドイツを西側陣営にとどめておくための手段でもあったのである。

ヨーロッパ統合はアメリカに対抗するためのプロジェクトであるという見方があるが、このような見方は戦後当初の時期に関しては正しくない。アメリカはNATOによって西欧の安全保障に関与しただけでなく、マーシャル・プランをつうじて多額の経済的援助を行うことで、大戦によって疲弊した西欧諸国の経済的復興を支援した。アメリカは支援の条件として、ヨーロッパ諸国が経済的政治的な統合を進めることを求めた。つまり、アメリカはヨーロッパ統合のスポンサー役を自任していたのである。西欧諸国が一刻も早く自立することで共産主義の伸長を防ぎ、安全保障面でのアメリカの負担が軽減されると期待されていた。そして何より、二度の世界大戦を経験したヨーロッパが統合によって平和を維持しようとすることは、アメリカ人の目にはイギリスから独立した一三の植民地が連邦国家を形成した自分たちの歴史を後追いするものと映ったのである。実際のヨーロッパ統合は、アメリカ政府が想定したものとはかなり異なる道を歩むことになった。けれども、アメリカが経済的には不利益を蒙るにもかかわらず（ＥＥＣの対外共通関税はアメリカ企業を差別するものであった）、戦略的理念的な観点からヨーロッパ統合を支持し続けたことが、統合の成功に一役買ったのは事実である。

二　ヨーロッパ統合の危機

一九六〇年代後半から七〇年代にかけて統合への動きは停滞し、ヨーロッパ統合の危機が叫ばれるようになる。統合が停滞した原因として、国際通貨制度の崩壊や石油ショックによる世界経済の混乱など、経済的要因が指摘されることが多い。しかしヨーロッパ統合が平和を実現するという政治的な目標を掲げるプロジェクトである以上、その停滞の究極的原因は政治的要因、とりわけ仏独関係の悪化にあったとみるべきだろう。この時期には東西冷戦が緊張緩和に向かう中で、西欧各国に独自外交の余地が生まれ、その思惑の違いが表面化した。具体的には、フランスのドゴール大統領が引き起こした「空席危機」、イギリスのＥＥＣ加盟をめぐる対立、ドイツの（新）東方外交に対するフランスの反発など、ヨーロッパ統合は様々な問題に直面した。

ドゴールは第二次大戦中「自由フランス」を率い、戦後は暫定政権の首相に就任したが、第四共和制憲法制定をめぐる対立から、いったんは政治から引退した。しかし第四共和制はアルジェリア独立をめぐって内戦の危機に直面し、事態を収拾するためドゴールが一九五八年に権力の座に呼び戻された(3)。ドゴールはフランスの過去の栄光を復活させることをその究極的な目標としていた。彼は当初西側同盟内部での発言力を向上させるため、米英主導のNATOの組織改革を求めるとともに、EEC諸国の間で外交面の協力を進めることを提案した。とりわけドゴールは西ドイツとの関係を重視し、一九六三年には仏独両国間でエリゼ条約が調印された。しかし、これらの試みは彼が望んだ成果を生まなかった。アメリカのケネディ大統領はNATO改革を拒否し、EEC内での外交協力の試みは挫折した。西ドイツ国内ではエリゼ条約の批准をめぐり親米派と親仏派との対立が起きたが、前者が勝利した結果、連邦議会は条約を批准する際、同条約が大西洋同盟を脅かすものではないという前文を挿入した。エリゼ条約は仏独関係の強化に大いに貢献したが、西側陣営内でのアメリカの優越的地位に挑戦するというドゴールの目的にはさほど貢献しなかった。そこでドゴールは一九六〇年代後半になると、NATOの軍事機構からフランス軍を撤退させ、ソ連への接近を図るなど、東西対立の枠にとらわれない独自外交を展開しつつ、アメリカがその軍事・経済両面での優越的な立場を濫用していると批判した。

EECを設立したローマ条約は、各加盟国から独立した超国家的機関である欧州委員会が政策の提案権を独占し、その提案にもとづいて各国代表からなる閣僚理事会が決定を行うことになっていた。閣僚理事会は当初全会一致で決定を行ったが、一九六六年以降、多数決を導入することが条約に規定されていた。加えて、欧州委員会委員長ハルシュタインは、ＥＥＣに独自財源を持たせ、欧州議会にＥＥＣの財政支出に対するより大きな統制権を認めるなど、大胆な提案を行った。ドゴールはこれらの動きに反対し、閣僚理事会でフランス代表に欠席戦術をとらせたため、「空席危機」を招いた。国家主権を重視するドゴールにとって、ＥＥＣが超国家的な性格を持つことは望ましくなかった。同時に、彼の外交路線が独自色を強めるにつれ、西ドイツとの関係や西欧諸国の結束を強めるために設立されたＥＥＣの優先順位が低下したという面もあるだろう。「空席危機」は、「ルクセンブルク妥協」の形で一応決着し、この中でフランス側は条約上多数決で決定される事項であっても重要な国家主権に関わる問題についでは全会一致に到達するまで議論を続けることを求めた。多数決の利用が限定されたことは、一九八〇年代までヨーロッパ統合が停滞する一因となった。

イギリスはＥＣＳＣやＥＥＣに当初参加せず、欧州統合に対して消極的な姿勢を貫いていた[4]。民主的で平和なヨーロッパを築くために各国が主権を共有する、というのが欧州統合の背後にある理念であるが、戦間期に議会制民主主義が崩壊したわけでもなければ、第二次世界大戦中にドイツに占領されたこともないイギリスでは、このような理念への支持は希薄であった。加えて、イギリスは戦後すぐの時期、ヨーロッパ諸国との関係よりもアメリカや大英帝国（コモンウェルスと改称）との関係の方を重視していた。イギリスにとって二度の世界大戦の教訓は、イギリスはアメリカの助けなしに戦争に勝つことは出来ないが、アメリカをイギリス側に立って参戦させることは難しい、ということであった。そこで戦後イギリスはアメリカを西欧の安全保障に関与させることに何より腐心することになる。さらに、イギリスは戦後もコモンウェルスを引き続き維持することを目指していたが、これはヨーロッパ統合への参加を困難なものとした。

しかし一九六〇年代になるとイギリスは方針転換して、EECへの加盟を目指すようになる。イギリスが経済的に衰退する中、EECに参加しなければ衰退にさらに拍車がかかり、アメリカがイギリスとの関係を軽視するようになると危惧されたこと、植民地が続々と独立しコモンウェルスの政治的経済的重要性が低下したことが方針転換の背景にあった。言い換えれば、イギリスの加盟申請は経済的利益の確保や国際的影響力の維持といった実利的な動機にもとづいていたのであり、ヨーロッパ統合の理念に賛成したためではなかった。そのイギリスの前に立ちはだかったのがフランスのドゴールである。ドゴールは一九六三年と一九六七年の二度にわたってイギリスの加盟申請に対して拒否権を行使した。ドゴールはアメリカと近い関係にあるイギリスがEECに参加することで、ヨーロッパにおけるアメリカの影響力が強くなることをその理由として挙げている。イギリスがEECに参加すればフランスは西欧諸国のリーダーとしての地位を失いかねないという危惧もあっただろう。このようなドゴールの姿勢はフランスと他のEEC諸国との間に亀裂を生じさせ、統合の進展を阻害することになった。

ドゴールは一九六九年に政界から引退し、その後開かれたハーグ・サミットで加盟国首脳はＥＥＣの「完成・拡大・深化」[5]を進めることで合意したが、それはヨーロッパ統合の進展には必ずしもつながらなかった。これまで統合の原動力となってきた仏独の力関係が変化し、それが両国間の関係に軋轢をもたらしたことが主な理由である。加えて、ベトナム戦争で敗北したアメリカの覇権の動揺は、戦後国際秩序を政治経済両面で揺さぶり、このことが仏独関係にとって遠心力として働いた。西ドイツは一九五〇年代から一九六〇年代にかけて急速な経済成長を達成し、国際社会における存在感を高めつつあった。一九六九年に西ドイツの首相になったブラントは東方外交と呼ばれる新しい外交路線を採用し、ソ連との関係改善や東欧諸国との国交樹立を目指すようになった[6]。従来西ドイツはあくまで西ドイツこそが全ドイツを代表するという立場から、東ドイツを国家承認した東側諸国とは国交を結ばないという姿勢を維持してきた（ソ連とは例外的に国交があった）。これは東ドイツを外交的に孤立させることを目指したものであった（「力の政策」という）。反面、東側の社会主義諸国との間に国交が存在しないことは、西ドイツの西側諸国に対する依存度を高め、東西両陣営の和解の妨げになるなど、様々な問題を引き起こしていた。東方外交はこのような従来の強硬姿勢の行き詰まりを受けて採用された。ブラントのアドバイザーだったバールは、東西ドイツの分断という事実をいったん認めることと引き換えに東側諸国との関係を正常化し、東西両陣営の関係改善の中で中長期的にドイツの再統一を目指していた。西側諸国は東方外交を東西間の緊張緩和につながるとして表向きは歓迎したが、西ドイツの独自外交の動きを不安視してもいた。とりわけフランスは西ドイツが統一ドイツの中立化と引き換えにドイツ統一を目指しているのではないかと危惧し、激しく反発した。

一九七〇年代前半に仏独関係を悪化させた第二の要因は、アメリカの覇権の動揺である。安全保障面では、アメリカ国内で孤立主義的傾向が強まり、米軍が西ヨーロッパから撤退する可能性が出てきた。これをうけフランスがイギリスとの協力を模索する一方、西ドイツは国境を隣接する東側諸国との関係改善を加速させた。言い換えれば、米軍撤退の可能性は仏独関係を疎遠にする方向で働いたのである。経済面では、アメリカの経済力を基盤に戦後創設された固定相場制にもとづく国際通貨制度（ブレトンウッズ体制）が動揺をきたした。とりわけ、変動制への移行を支持するアメリカ・西ドイツと、固定制の維持を主張するフランスとが対立した。西ドイツは欧州共同体諸国の通貨がブロックとして変動制に移行する共同フロートを提案した。しかしフランスは共同体内部で最大の経済大国である西ドイツの発言力が高まることを懸念し、当初これを拒否した。(7)

この時期に英仏両国が関係改善を図ったことは、仏独関係の悪化の深刻さを物語っている。フランスのポンピドウ大統領はこれまで反対してきたイギリスのＥＥＣ加盟を容認し、同国と国際通貨問題での協調や核兵器の共同研究を模索するなど、英仏接近によって西ドイツを牽制する姿勢をとった。

しかし、仏独関係はこの危機の時代を乗り越えた。イギリスが一九七三年のブレトンウッズ体制崩壊時に共同フロートへの参加を見送るなど、ＥＥＣ加盟後も国内での反対の根強さからヨーロッパ統合に対し消極的な姿勢をとり続けたことは、フランスを失望させた（フランスは共同フロートを支持していなかったが、やむをえず共同フロートに移行する場合は、西ドイツが突出した影響力をもつことを防ぐため、イギリスの参加を望んでいた）。一九七四年にシュミットが西ドイツ首相、ジスカール＝デスタンがフランス大統領になると両国の関係は大きく改善した。アメリカが西欧の安全保障に引き続きコミットしたことは、仏独関係の改善を助ける方向で働いた。安全保障分野での英仏協調の必要性は低下し、西ドイツがフランスの反発を招くような形で東側諸国との関係改善を進める理由もなくなったからである。東側諸国との関係改善はＥＥＣが外交面での協調のため新設した欧州政治協力の枠組みの中で行われ、フランスは西ドイツの東方外交に対する一定の影響力を確保した。一九七九年にはシュミットとジスカール＝デスタンのイニシアチブで欧州通貨制度が創設されたが、これは石油ショックにより崩壊した共同フロートを再建・制度化したものであり、ユーロの前身にあたる。こうして、国際通貨問題をめぐる対立は、もともと西ドイツが提案した政策をフランスが受けいれる形で一定の解決をみた。一九七〇年代後半に両国が真に対等なパートナーとしての関係を確立したことが、八〇年代から九〇年代にかけてヨーロッパ統合の再生へとつながっていくのである。

三　ヨーロッパ統合の再生

一九八〇年代中葉に合意された域内市場プロジェクトによって、ヨーロッパ統合は再度前進を始めた。域内市場は、国境を越えた経済活動に対する非関税障壁を撤廃することで、人・モノ・マネー・サービスの自由移動の実現を目指すものである。当時ヨーロッパ経済は低迷しており、これはヨーロッパ企業が日本やアメリカの競争相手に対し技術革新で遅れをとったためであった。技術革新で遅れをとったのは、各国の市場規模が小さく、企業がハイテク製品の開発費用を賄えないことが原因であった。域内市場プロジェクトは大規模な市場を創設することで、ヨーロッパ経済の競争力強化を目指した。域内市場は域外からの投資を促進し、一九八〇年代後半から一九九〇年代前半のヨーロッパ経済は順調に成長した。域内市場の成功によって、北米や南米、東南アジアなどヨーロッパ以外の地域にも地域統合への動きが波及することになった。

域内市場の成功によって再び高まった統合への気運は、東西冷戦の終結後、マーストリヒト条約の締結という形で結実した。同条約はＥＵを設立するとともに、単一通貨ユーロ、共通外交・安全保障政策、司法・内務協力の創設を規定したことで知られている。先に述べたように、ヨーロッパの通貨統合は、ブレトンウッズ体制が一九七三年に崩壊したことを受け、ＥＥＣ諸国の通貨がドルに対して共同フロートを開始したことに端を発する。（共同フロートの参加国の通貨は、ドルや円に対しては変動制に移行したが、お互いの間では固定相場制を維持した。）これは、アメリカ経済の波やドルの乱高下が、ヨーロッパ経済の攪乱要因となることを防ぐためであった。共同フロートは石油ショックのために失敗に終わったが、一九七九年に欧州通貨制度という形で再建・制度化された。固定相場制の問題は、それを維持するためのコストを誰が負担するかという点にある。欧州通貨制度の下では、ドイツ連邦銀行が実質的に域内全体の金融政策を決定し、他の参加国はこれに追随することになった。フランスは八〇年代をつうじて制度を公平な形に改めるよう要求したが、西ドイツの側が応じる経済的な理由は乏しかった。域内市場の一環として加盟国間の資本移動が自由化されたことは、固定相場制を維持するコストを高め、コスト配分の問題をさらに深刻なものにした。一九八九年四月にはフランス人の欧州委員会委員長ドロールが議長を務める委員会が、単一通貨の創設を謳った報告書を刊行したが、西ドイツの慎重な姿勢は変わらなかった。

通貨統合のプロジェクトは、冷戦が終結し一九九〇年には東西ドイツの統一が現実のものとなったことで、大きな政治的役割を担うことになった(8)。一八七一年のドイツ統一がヨーロッパの安全保障環境を著しく悪化させたこともあり、イギリス・フランス・ソ連は再統一に当初反対した（アメリカとこれら三カ国は、第二次世界大戦の戦勝国としてドイツ統一までベルリンを共同管理する立場にあり、再統一問題に一定の発言力を有していた）。周辺諸国のこのような態度は、戦後五〇年近くが経過しても、ドイツに対する不信感が根強く存在していたことを示している。しかし東ドイツの体制が事実上瓦解し、再統一が不可避となる中、フランス大統領ミッテランと西ドイツ首相コールは、ヨーロッパ統合を強化し、その中に統一ドイツを組み込むことで、周辺諸国に対する脅威にならない形でドイツ統一を実現できると考えるようになった。そしてヨーロッパ統合を強化する手段として選ばれたのがユーロの創設だった。ミッテランはユーロが創設されれば、金融政策の決定にあたってフランスがドイツと対等な立場になると期待していた。コールは第二次大戦の記憶を持つ世代の政治家として、統一ドイツが周辺諸国から脅威とみなされることを望まなかった。したがって、ユーロの目的はドイツとフランスに代表される周辺諸国との間の平和・協調関係を維持することにあった。ドルの国際通貨としての地位に挑戦するといった対外的な目的は、仮に存在したとしても二義的なものに過ぎない。

ユーロ創設の結果、参加国の金融政策は新たに設けられた欧州中央銀行によって一元的に決定されることになった。欧州中央銀行は物価（通貨）の安定を優先目標とした政策を実行することとされ、そのため参加国の政府や他のEU機関から高い独立性を有している。財政政策は各国政府によって決定されるため、両者の間の連携が課題となる。そこでユーロの参加国は、単年度の財政赤字や累積債務残高の上限を定めた「安定と成長」協定を締結した。ユーロの経済的な合理性については疑問視する向きもある。最大の問題点は、ユーロを導入した国同士の間では為替レートを変更できないことにある。したがって、不況に陥った国が為替レートの切り下げによって国際競争力を回復し、輸出主導で経済回復する道は閉ざされている。これがドイツをはじめとする北欧諸国と、ギリシャ・スペインなど南欧諸国の間で経済的な格差が拡大する原因である。日本やアメリカなどの国家内部でも同様の問題は存在するが、地域間の経済的な不均衡は労働力の移動や中央政府による財政移転によって緩和されている。ＥＵの場合には言語の違いもあって国境を越えた労働力の移動が少なく、予算規模も先進国のそれと比較すれば小さいという構造的な問題がある。最近のユーロ危機は、アメリカ発の金融危機のためギリシャをはじめとする参加国の財政状況が悪化したことと、ユーロの構造的問題とが複合的に結びついて起きた。ギリシャが財政赤字の上限に関する規定を以前から遵守していなかったため、ユーロ危機への対応の中で「安定と成長」協定の強化が図られた。他方、ユーロ圏の失業が高止まりする中、物価の安定や財政赤字の削減でなく、失業の解消や経済成長を重視する方向に経済運営を転換すべきだという声も強くなっている。

先に述べたように、冷戦の間西欧諸国の防衛を担ったのはアメリカを中心とするＮＡＴＯであり、ＥＵは「非軍事的なパワー」だとみなされていた。しかし冷戦が終結しソ連という共通の敵がなくなったことで、アメリカと西欧諸国の問題関心や利害が乖離する可能性はこれまで以上に高くなった。さらに、冷戦の終結は、米ソ対立の中で沈静化していた世界各地の民族紛争を再燃させたという面があり、ＥＵ各国には外国の軍隊の侵攻に対する領土防衛に加えて、周辺地域での紛争に対応する危機管理能力が必要とされるようになった。そこでマーストリヒト条約には、外交・安全保障分野での協力を進めるため、共通外交安全保障政策に関する規定が盛り込まれた。旧ユーゴスラビア連邦における民族紛争に際して、ＥＵ諸国は平和維持や紛争当事者間の仲裁に少なからぬ貢献をしたものの、最終的には問題解決のためにＮＡＴＯによる軍事介入が必要とされた。自らの「裏庭」で起きた民族紛争を自力で解決できなかったことへの反省から、ＥＵは一九九九年、全体で数万人規模の緊急対応部隊を設けることで一致し、欧州安全保障防衛政策が共通外交安全保障政策の枠内で発展していくことになった。こうした努力にも関わらず、二〇〇三年にアメリカがイラク戦争を開始すると、ＥＵ諸国はそれを支持するグループと反対するグループに二分されてしまった。二〇〇九年に発効したリスボン条約には共同防衛条項が盛り込まれ、ＥＵは軍事同盟としての役割も担うようになったが、安全保障問題に関して共同歩調をとることはＥＵにとって大きな課題であり続けている。

冷戦終結は、ユーロや共通外交・安全保障政策の創設という形でヨーロッパ統合の「深化」につながっただけでなく、その「拡大」をもたらした。元来ヨーロッパ統合への参加は西側陣営に属する西欧諸国に限定されていたが、冷戦が終わったことで、フィンランド、スウェーデン、オーストリアのような中立国や、東欧の旧社会主義諸国がＥＵに参加することが可能になった。ＥＵの東方拡大とは単に東欧諸国がＥＵに加盟したことを意味するものではない。周知のように、冷戦期の東欧各国は政治的には共産党の一党独裁、経済的には計画経済にもとづく社会主義体制であった。これらの国々が民主化し市場経済への移行を実現するためには、様々な困難が予想された。だが体制移行を実現してＥＵに参加すれば域内市場へのアクセスが認められ、共通農業政策や構造政策（地域補助金）を通じて多額の資金援助が得られるという事実が国内改革を実行するインセンティブとなり、移行は予想よりスムーズに進んだ。言い換えれば、ＥＵは東欧諸国がデモクラシーや市場経済に移行することを手助けし、それによって地域の安定に大きく貢献したのである。

ここまでの議論をまとめて、ヨーロッパ統合の歴史についての記述を締めくくることにする。仏独両国の間には様々な利害・意見の対立があり、両国が中心となって進めてきたヨーロッパ統合は度重なる危機に直面してきた。しかし仏独和解を進めようという強い政治的意志の存在が両国間の妥協を可能にし、ヨーロッパ統合のプロジェクトを現在まで続けさせてきた。統合の成功を説明する上では、政治的意志の存在以外に、制度の作用とアメリカが西欧の安全保障に関与したことの二つが重要であった。

既に見たように、戦後の仏独関係は（西）ドイツの相対的地位がフランスに対して徐々に高まる形で推移してきた。ヨーロッパ統合の成功の秘密は、一方でこうした力関係の変化がＥＵの制度にある程度まで反映され、周辺諸国の反発を受けにくい形でドイツが国際影響力を高めることを可能にした点にあった。欧州通貨制度が設立された時、当時西ドイツの首相であったシュミットは、「独仏関係といっても薄い氷一枚の上に乗っているようなものであり、人々がアウシュビッツのことを忘れる日が来るまで、ドイツには共同体が必要なのだ」と発言したと伝えられている。他方、制度には既存の力関係をある程度まで維持する作用があり、ドイツの単独行動を抑制したいフランスにとってもＥＵは欠かせない存在だった。ヨーロッパ統合は実は非常に微妙な制度的バランスの上に成り立っているのである。

それと並んで、第二次大戦後アメリカがＮＡＴＯを通じて西欧の安全保障に積極的に関与したという事実も見逃せない。もちろん主な目的はソ連の脅威に備えることにあったが、フランスの西ドイツに対する警戒心を低下させ、イギリス抜きでヨーロッパ統合を進めることを可能にしたという面もある。逆に一九七〇年代にアメリカの関与が揺らぐと、これは仏独関係にとって遠心力として働き、統合への動きも停滞した。冷戦が終結しドイツ再統一が実現した際、米軍が引き続きドイツに駐留するようフランスが強く求めたことは、アメリカの存在が仏独和解を支えていたことを裏付ける。

最近のＥＵは、ユーロ危機、ウクライナ危機、難民危機、イギリスの離脱など、様々な問題に直面している。一連の危機の詳細に踏み込むことは紙幅の関係上不可能であるが、危機の背景にある要因を二つ指摘しておこう。第一は、国際環境の変化、とりわけグローバルな金融危機後のアメリカの内向き志向の高まりと国際影響力の低下、ロシアによる武力行使も厭わぬ勢力回復の試みである。ウクライナ危機や（難民危機の背景にある）シリア内戦のようなＥＵの周辺地域で起きた国際紛争に際して、アメリカの関与が限定的なものに留まる中、ＥＵ諸国は問題解決への道筋を見いだせていない。第二に、ユーロ危機の際に明らかになったように、これまでヨーロッパ統合をリードしてきた独仏両国がＥＵを牽引できなくなっている。フランスは経済的な低迷が続いており、その国際的影響力にも陰りが見られるため、両国の力関係はドイツ優位に傾いた。とはいっても、ドイツも単独でリーダーシップを発揮するのに十分な資源や意思があるとは言い難く、現在のＥＵは牽引役不在の状況にある。

四　ＥＵはそれ自体一つの国家なのか？

ここまでヨーロッパ統合の歴史的な「プロセス」を見てきた。本節では統合の「結果」である現在のＥＵの政治制度を概観することにしよう。

ＥＵは国家とも国際機関とも異なる非常にユニークな政治制度を有している。行政権・立法権・司法権の三権が分立している点は通常の民主主義国家と類似しているが、ＥＵの場合、それぞれの権能が加盟国の代表によって構成される機関と、ＥＵ独自の機関との間で共有されている点が独特である。(9)

ＥＵのあり方をめぐっては、加盟国の独自性を重視しＥＵの中でも引き続き各国政府が中心的な役割を果たしていくべきという立場（政府間主義）と、ＥＵはそれ自体として一つの国家のような存在となるべきであるとして、ＥＵ独自の機関である欧州議会や欧州委員会の役割を重視する立場（超国家主義）の二つが対立してきた。東方拡大の後では、大国と小国の間の利害対立も激しさを増している。ＥＵの政治制度が非常に複雑なのは、こうした様々な立場や利害を反映させる必要があるためである。従って制度の細かい内容ばかりに気をとられるのではなく、参加国の利害が異なる中で国際機関を設計・運営することの難しさを理解するよう努めるべきであろう。

	各国の代表	ＥＵ独自の機関
政　府（行政）	欧州理事会	欧州委員会
議　会（立法）	閣僚理事会	欧州議会
裁判所（司法）		司法裁判所

欧州委員会は各国から一名ずつ、計二七名の欧州委員によって構成され、うち一名が委員長である。欧州委員は出身国ではなくＥＵ全体の利益を代弁することが求められているが、その選出手続は極めて複雑である。まず欧州理事会が委員長候補を提案し、欧州議会が多数決でその候補を次期委員長として選出するか否か決定する。他の欧州委員は、次期委員長と相談の上、閣僚理事会によって選ばれる。最終的に、欧州委員会の構成員をひとまとめにし、欧州議会の同意を得た上で、欧州理事会が正式に任命する。

欧州委員会は新しいＥＵ法を提案する権限をほぼ独占するとともに、ＥＵの行政を担っている。それも閣僚理事会や欧州議会によってなされた決定を執行するだけでなく、競争政策など一部の分野では非常に強力な権限を有する。欧州委員会の下で働くＥＵ官僚は数万人程度であり、行政機構としては非常に小規模である。そこでＥＵ官僚と並んで各加盟国の官僚が参加する委員会が多数設けられ、政策の起案・決定・執行の各段階で非常に重要な役割を果たしている。これをコミトロジーと呼ぶ。

閣僚理事会と欧州議会はＥＵの立法と予算に関する権限を共有している。理事会は各国の大臣一名ずつ合計二七名によって構成され、議論する問題にあわせて出席者は異なる。例えば農業問題が話し合われる場合には農業大臣が出席し、財政問題が話し合われる場合には財務大臣が出席するといった具合である。ＥＵが外交・安全保障分野でも共同歩調がとれるよう、二〇〇九年に発効したリスボン条約では同分野を担当する上級代表の地位が強化された。上級代表は外務閣僚理事会の議長を務めるとともに欧州委員会にも属し、新設された欧州対外活動庁（ＥＵの外務省にあたる）を率いることになっている。なお上級代表はＥＵの外務大臣であると言われることもあるが、これは条約上の正式な肩書きではない。

閣僚理事会は原則として多数決で決定を行うが、税制・社会保障・外交・安全保障など国家主権に関わる問題について決定する場合には全会一致が必要である。理事会での決定が多数決でなされる場合は、五五％以上の加盟国の賛成と、賛成した国の人口がＥＵ全体の六五％以上であることが必要とされる（二重多数決制）。これは国際機関における一国一票の原則と、民主主義の人口比例の原則とを併用したものである。国際機関に民主主義の原則を導入すると、人口の多い大国の発言権の増加につながることは注意が必要である。

欧州議会議員は当初各国議会から選ばれていたが、一九七九年以降は直接選挙で選出されるようになった。選挙は五年に一度、全ての加盟国で同時に行われる。直接選挙によって選ばれる議会をもっている点で、ＥＵは国際機関の中で唯一無二の存在である。(10) かつて欧州議会は立法過程に対する影響力が低く、「おしゃべりクラブ」などと揶揄されることもあったが、数次にわたる条約改正によってその権限は大幅に強化された。特に「通常立法手続」が用いられる立法領域では閣僚理事会と対等な権限をもっている。欧州議会の会派は加盟国別ではなく、各国議会と同様に政治的立場にもとづいて組織されている。主流政党は欧州人民党（穏健右派：キリスト教民主党系が中心）・欧州社会党（穏健左派）・欧州自由民主党であるが、いずれも各国の政党の連合体としての性格が強い。

欧州議会の問題点はその活動に対するEU市民の関心の低さにある。選挙の投票率は、最初に行われた一九七九年には約六二％であったが、二〇一四年には約四三％まで落ち込み、直近の二〇一九年選挙の際は約五一％であった。EUの立法手続の複雑さ、議会で使用される言語の多様性など原因はいくつか考えられるが、最も重要な要因は欧州議会選挙がEUの「顔」を選ぶ選挙でないことだろう。（議院内閣制の国では、議会選挙は首相という国の「顔」を選ぶための選挙でもある。大統領制の国における大統領選挙については言うまでもない。）この点、二〇一四年の欧州議会選挙で、主要政党がそれぞれ欧州委員会委員長の候補を擁立し、選挙の結果最大会派となった欧州人民党の候補を欧州理事会が委員長に指名したことは注目に値する。この慣習が今後確固たるものになれば、欧州委員会委員長は民主的な正統性を獲得し、欧州議会選挙はEUの「顔」をめぐる選挙となる可能性があるが、二〇一九年の選挙後欧州委員会委員長になったフォン・デア・ライエンは、どの党が擁立した候補者でもなかった。

一九七五年に非公式の存在として創設された欧州理事会は、加盟国の首相・大統領による会議であり、現在は年に四回開かれるのが通例となっている。欧州委員会委員長も欧州理事会のメンバーである。欧州理事会は立法権限を有さないが、EUが進むべき方向について指針を与えるとともに、閣僚理事会では各国の利害が対立して解決できない問題について決定を行うという、非常に重要な役割を果たしている。欧州理事会の議長は、長らく半年ごとの輪番制が採られてきた。しかしこれでは連続性が保てないため、リスボン条約では議長職の任期を二年半とし、再任が可能になった。なお日本ではこの条約改正によってＥＵに「大統領」職が設置されたと言われることがある。しかし単に輪番制をやめただけであるからこれは不正確な翻訳であり、正確には「常任議長」とすべきである。（大統領も議長も英語では'President'である。）

司法裁判所は、ＥＵ法が各加盟国において同様に適用されるよう保障する役割を果たしている。司法裁判所は加盟国から一名ずつ合計二七人の裁判官により構成されるが、一つの事件に関与するのは最大一三人までと定められている。ＥＵ法には「直接効」（ＥＵ法は加盟国市民が裁判所で直接援用できる権利をうみだす）と「優越（ＥＵ法は加盟国の国内法に優越する）」という二つの重要な原則があるが、これらの原則は司法裁判所の判例を通じて確立した。この二つの原則のおかげで、ＥＵ法は通常の国際法と比較して非常に強い実効性を持っていると言えるだろう。他方、加盟国の裁判所の中には（とりわけドイツの憲法裁判所）、ＥＵ法が自国の憲法に適合するか判断する権限を有すると主張するものもあり、司法裁判所と各国裁判所との関係、ＥＵ法と加盟国の国内法との関係には、未解決の問題が残されている。

次に、ＥＵと加盟国の間の権限配分の問題に移る。主権を有する国家とは異なり、ＥＵは条約によって加盟国が授権した権限のみを行使しうる。リスボン条約はＥＵの権限を、排他的権限、共有権限、補助権限の三つに区分した。排他的権限とはＥＵのみが権限を有する領域であり、域内市場の機能に必要な競争ルールの策定、対外通商政策、ユーロを採用した国の金融政策などが含まれる。共有権限とは加盟国とＥＵで権限を共有する領域であり、これは域内市場、社会政策、農業政策、漁業政策、環境、消費者保護、運輸、研究・技術開発、人道的援助など多岐にわたる。補助権限はＥＵが加盟国の行動を支持、調整、補完する領域のことをいう。経済政策、雇用政策、教育、文化がこれに該当する。最近ではＥＵの権限が拡大することに対する批判的意見も少なくない。そこで共有権限と補助権限には「補完性原理」が適用され、ＥＵはその目的が加盟国の行動によっては十分に実現出来ない場合にのみ行動を起こすべきだとされている。この他、ＥＵによる立法を伴わない政府間協力の枠組みとして共通外交安全保障政策がある。

ＥＵ加盟国の市民は、自らが国籍を持つ国の市民権に加えて、ＥＵ市民権を有している。ＥＵ市民は、ＥＵ域内での移動・居住・就労の自由、ＥＵ条約に関わることで国籍を理由にした差別を受けない権利を持つ。さらに、国籍を有する国以外に居住している場合でも、欧州議会の選挙権に加えて、居住地で行われる地方選挙の投票権を有している。

さて、以上のようなＥＵの政治制度や加盟国とＥＵの間の権限配分を踏まえた上で、ＥＵをどのように位置づけるべきだろうか。この問題をめぐってはヨーロッパ統合が始まって以来様々な議論がなされてきた。ＥＵは連邦制にもとづくアメリカのように、一つの国家と形容しうる存在になりつつあるのだろうか。むしろＥＵは通常の国家とも国際組織とも異なる唯一無二の存在なのだろうか。それとも、ＥＵの運営にあたっては加盟国の政府が中心的な役割を果たしており、通常の国際組織と大差はないとみるべきなのだろうか。いずれにせよ、現在ではこのようなＥＵの全体像をめぐる論争は廃れつつあり、ＥＵ研究の主流はＥＵの個々の政策の決定過程や、ＥＵに参加したことによる加盟国の政策や政治の変化（ヨーロッパ化）へと移っている。ここでは三点に絞ってコメントしたい。

第一のポイントは、「規制の体制」としてのＥＵの重要性である。ＥＵは法的な規制を作り執行することに関しては非常に強力な権限を有しており、ＥＵ起源の規制は、しばしば絵に描いた餅に過ぎない通常の国際的なルールと対照的に、かなり厳格に履行されている。しかしながら、ＥＵがそれぞれの加盟国に置き換わるような存在になったわけではない。既にみたように、ＥＵの統治機構においては欧州理事会、閣僚理事会、コミトロジーを通じて各国の政府が大きな影響力を持っている。それゆえ、ＥＵと国家を対置するのはあまり意味がない。

第二に、ＥＵの財政支出の規模は約二〇兆円、その域内経済総生産の約一・二％に相当する。国際機関の予算としては極めて多額であり、国際連合の予算が二五〇〇億円程度に過ぎないのと対照的である。財源が通常の国際機関のように加盟国の拠出金でなく、自己財源である点も、その独立性を高めている。しかし先進国の公的財政支出の規模は国内経済総生産の三〇％から五〇％であるため、ＥＵの財政規模は民主的な国家のそれと比較すればはるかに小さい。しかも、ここ数十年にわたって、域内経済総生産比でみたＥＵの財政支出はほとんど増加していない。

第三に、ＥＵは警察や軍隊のような実力組織をもっておらず、この点では加盟国に完全に依存している。仮に政治権力の所在を決めるのが財政と軍事力のコントロールであるとするなら、ＥＵの中で真に権力をもっているのは今でも加盟国政府の一団だということになるだろう。

五　ＥＵが直面する課題

前節を読んで、ＥＵの政治制度のあまりの複雑さに驚いた読者もいるだろう。この複雑さは、様々な立場や利害の妥協の産物であるというＥＵの本質に由来しており、やむを得ない面もある。反面、ＥＵのわかりにくさは、ＥＵ市民が最近のＥＵに不満を抱く一因となっている。このようなＥＵの統治機構が抱える問題は「民主主義の赤字」と表現されることが多い。ヨーロッパ統合は長らくエリート主導のプロジェクトであり、市民の「暗黙の了解」に基づいて進められてきた。しかしＥＵの活動が極めて多岐にわたり、ＥＵ市民の生活に様々な影響を与えるようになった以上、ヨーロッパ統合は市民の声を積極的に反映するものでなければならないだろう。換言すれば、ヨーロッパ統合が六〇年以上の歴史を経た今、「妥協の積み重ねとしてのＥＵ」から「民主的で開かれたＥＵ」への転換が求められているのである。

二一世紀になってＥＵが憲法を起草しようとしたのは、まさにＥＵの統治機構を簡素化し透明なものにすることによって、ＥＵを市民に近づけることを目標とした動きであった。その欧州憲法草案が二〇〇五年にフランスやオランダの国民投票によって否決されたのは皮肉な事態である。世論調査の結果によれば、ヨーロッパ統合のプロジェクト自体への市民の支持は比較的高い水準にあったものの、高い失業率や東欧諸国からの移民への不満が憲法草案への反対につながったという。二〇一〇年以降のユーロ危機はＥＵに対する深刻な打撃になり、その正統性が問われる事態へと発展した。二〇一六年にイギリスで行われた国民投票では僅差で離脱派が勝利をおさめ、イギリスは二〇二〇年一月にＥＵから離脱した。二〇一九年の欧州議会選挙でも、移民の排斥やＥＵ権限の縮小を訴える極右勢力が各国で台頭し、これまでヨーロッパ統合を支えてきた主流政党は支持を減らした。ＥＵが市民の要求に応える形で自己を変革する能力を持っているかどうかが、今まさに問われていると言える。

注

（1）ジャン・モネ（一八八八―一九七九年）はフランスのブランデー商人の家に生まれ、二度の世界大戦では、連合国の戦時物資の調達・配給にたずさわった。この経験が彼を超国家的な統合の支持者にしたといわれる。第二次大戦後は、フランスの計画庁長官としてフランス経済の近代化に努めるかたわら、戦時中に築いたアメリカとの人脈を駆使して、ヨーロッパ統合の実現のため、公式の地位をはるかに上回る非常に重要な役割を果たした。

（2）ドイツ再軍備については、岩間陽子『ドイツ再軍備』（中央公論社、一九九三年）が邦語文献として最も優れている。

（3）ドゴールの外交政策については、川嶋周一『独仏関係と戦後ヨーロッパ国際秩序――ドゴール外交とヨーロッパの構築　1958－1969』（創文社、二〇〇七年）が詳しい。

（4）イギリスのヨーロッパ統合に対する姿勢については、細谷雄一『戦後国際秩序とイギリス外交――戦後ヨーロッパの形成　1945年～1951年』（創文社、二〇〇一年）、益田実『戦後イギリス外交と対ヨーロッパ政策――「世界大国」の将来と地域統合の進展、1945～1957年』（ミネルヴァ書房、二〇〇八年）、小川浩之『イギリス帝国からヨーロッパ統合へ――戦後イギリス対外政策の転換とEEC加盟申請』（名古屋大学出版会、二〇〇八年）等の文献がある。

（5）「完成」は共通農業政策の財政措置の確立、「拡大」は当時EECに加盟申請していたイギリス・アイルランド・デンマーク・ノルウェーの加盟、「深化」は経済通貨同盟の実現を指す。

（6）西ドイツの東方外交については、妹尾哲志『戦後西ドイツ外交の分水嶺――東方政策と分断克服の戦略』（晃洋書房、二〇一一年）が参考になる。

（7）一九七〇年代の欧州通貨協力については、Daisuke Ikemoto, *European Monetary Integration 1970-79: British and French Experiences* (Palgrave Macmillan, 2011) を参照のこと。

（8）ドイツ統一をめぐる各国外交に関する邦語文献としては、高橋進『歴史としてのドイツ統一――指導者たちはどう動いたか』（岩波書店、一九九九年）がある。

（9）後でみるように、欧州委員会が立法提案権を有するなどの点で、EUにおける三権分立は厳密なものではない。但し、これは民主的な国家の政治制度においても同様である（例：アメリカ大統領は法案拒否権を有する）。

（10）メルスコール議会の議員は一部の加盟国では公選されている。

◎文献案内

これはEUに限られたことではないが、最近の国際政治について学ぶ一番の方法は外国語の新聞・雑誌に日常的に接することである。英語圏のメディアであれば、ほとんどの新聞・雑誌にはインターネット版がある。特に参考になるものとして「タイムズ」紙（イギリス）、「ガーディアン」紙（イギリス）、「ファイナンシャル・タイムズ」紙（イギリス）、「ニューヨーク・タイムズ」紙（アメリカ）、「エコノミスト」紙（イギリス）を挙げておく。他に、ＢＢＣ（イギリス）、ＣＮＮ（アメリカ）といった放送局のウエブサイトも有益である。

ＥＵ政治の教科書としては、池本大輔・板橋拓己・川嶋周一・佐藤俊輔『ＥＵ政治論』（有斐閣、二〇二〇年）がある。ヨーロッパ統合の歴史については、遠藤乾『統合の終焉』（岩波書店、二〇一三年）、同編『ヨーロッパ統合史［増補版］』（名古屋大学出版会、二〇一四年）、益田実・山本健編著『欧州統合史――二つの世界大戦からブレグジットまで』（ミネルヴァ書房、二〇一九年）が参考になるだろう。

□学びのためのツール

以下に政治学の学習に有用な事典類を掲げる。政治学を中心としつつ、政治思想・政治史・政治社会学・政治経済学といった分野も考慮して、隣接の社会科学・思想・歴史の事典類も含めた。

○政治学

政治学事典編集部編『政治学事典』平凡社、一九五四年。
大学教育社編『現代政治学事典』新訂版、ブレーン出版、一九九八年。
阿部齊、内田満、高柳先男編『現代政治学小辞典』新版、有斐閣、一九九九年。
猪口孝ほか編『政治学事典』弘文堂、二〇〇四年。
猪口孝ほか編『国際政治事典』弘文堂、二〇〇五年。

○隣接の社会科学

伊藤正己ほか編『現代法学事典』全四巻、一九七三年。
竹内昭夫、松尾浩也、塩野宏編『新法律学辞典』第三版、有斐閣、二〇一〇年。

高橋和之ほか編『法律学小辞典』第五版、有斐閣、二〇一六年。

伊藤光晴編『岩波現代経済学事典』岩波書店、二〇〇四年。

福武直、日高六郎、高橋徹編『社会学辞典』有斐閣、一九五八年。

大澤真幸、吉見俊哉、鷲田清一編『現代社会学事典』弘文堂、二〇一二年。

○歴史

尾形勇ほか編『歴史学事典』全十六巻、弘文堂、一九九四～二〇〇九年。

芳賀登ほか編『世界歴史大事典』全二十三巻、教育出版センター、一九九五年。

西川正雄ほか編『角川世界史辞典』角川書店、二〇〇一年。

京大西洋史辞典編纂会編『新編西洋史辞典』改訂増補版、東京創元社、一九九三年。

朝治啓三編『西洋の歴史基本用語集　古代・中世編』ミネルヴァ書房、二〇〇八年。

望田幸男編『西洋の歴史基本用語集　近現代編』ミネルヴァ書房、二〇〇三年。

国史大辞典編集委員会編『国史大辞典』全十七巻、吉川弘文館、一九七九～一九九七年。

○思想

林達夫、下中邦彦編『哲学事典』改訂新版、平凡社、一九七一年。

思想の科学研究会編『哲学・論理用語辞典』新版、三一書房、一九九五年。

廣松渉ほか編『岩波思想・哲学辞典』岩波書店、一九九八年。

経済学史学会編『経済思想史辞典』丸善、二〇〇〇年。

今村仁司、三島憲一、川崎修編『岩波社会思想事典』岩波書店、二〇〇八年。

社会思想史学会編『社会思想史事典』丸善出版、二〇一九年。

松原國師編『西洋古典学事典』京都大学学術出版会、二〇一〇年。

ジャン・クロード・ベルフィオール（金光仁三郎ほか訳）『ラルース ギリシア・ローマ神話大事典』大修館書店、二〇二〇年。

大貫隆ほか編『岩波キリスト教辞典』岩波書店、二〇〇二年。

石毛忠編『日本思想史辞典』山川出版社、二〇〇九年。

日本思想史事典編集委員会編『日本思想史事典』丸善、二〇二〇年。

【執筆者紹介】（掲載順）

添谷 育志（そえや やすゆき）〔序章、第1章〕
東北大学大学院法学研究科博士課程単位取得退学：法学修士。
二〇〇三年四月、明治学院大学法学部に着任。明治学院大学名誉教授（二〇一五年三月まで教授）。
専門分野：政治学・政治思想史・政治理論。
主要業績：『現代保守思想の振幅――帰属と離脱の間』（新評論、一九九五年）、M・イグナティエフ『ニーズ・オブ・ストレンジャーズ』（風行社、一九九九年）、「大量虐殺の語源学、あるいは『命名の政治学』」（『法学研究』第九〇号、明治学院大学、二〇一一年一月）。

熊谷 英人（くまがい ひでと）〔第2章〕
東京大学大学院法学政治学研究科博士課程修了：博士（法学）。
二〇一五年四月、明治学院大学法学部に着任。准教授。
専門分野：政治学史。
主要業績：『フランス革命という鏡――十九世紀ドイツ歴史主義の時代』（白水社、二〇一五年）、『フィヒテ「二十二世紀」の共和国』（岩波書店、二〇一九年）。

畠山 弘文（はたけやま ひろぶみ）〔第3章〕
東北大学大学院法学研究科博士課程修了：法学博士。
一九八六年、明治学院大学法学部に着任。教授。
専門分野：政治学・政治社会学。

主要業績：『官僚制支配の日常構造――善意による支配とはなにか』（三一書房、一九八九年）、『近代・戦争・国家――動員史観序説』（文眞堂、二〇〇六年）。

渡部 純（わたなべ じゅん）〔第4章〕
東北大学大学院法学研究科博士課程単位取得退学：博士（法学、京都大学）。
二〇〇二年四月、明治学院大学法学部に着任。教授。
専門分野：政治学・政策過程論。
主要業績：『企業家の論理と体制の構図』（木鐸社、二〇〇〇年）、『現代日本政治研究と丸山眞男』（勁草書房、二〇一〇年）、「戦死者とナショナル・アイデンティティ」（『法学研究』第九〇号、明治学院大学、二〇一一年一月）。

佐々木雄一（ささき ゆういち）〔第5章〕
東京大学大学院法学政治学研究科博士課程修了：博士（法学）。
二〇一九年四月、明治学院大学法学部に着任。専任講師。
専門分野：日本政治外交史。
主要業績：『帝国日本の外交 1894-1922――なぜ版図は拡大したのか』（東京大学出版会、二〇一七年）、『陸奥宗光』（中央公論新社、二〇一八年）、「明治憲法体制における首相と内閣の再検討――「割拠」論をめぐって」（『年報政治学』2019-I、二〇一九年六月）。

毛 桂榮（もう けいえい：MAO Guirong）〔第6章〕
名古屋大学大学院法学研究科修了：法学博士（政治学）。
一九九五年四月、明治学院大学法学部に着任。教授。
専攻分野：行政学・アジア政治行政。
主要業績："On the Government Reform of China: Two suggestions from Japanese experiences", *Chinese Public Administration*

Review, 2 (1/2), Rutgers University-Campus Newark, USA, 2003;「日本行政学研究与教育回顧」（中国語）（『法学研究』第八七号、二〇〇九年八月）、「『公務員』の用語と概念をめぐって：日本と中国」（『法学研究』第九八号、明治学院大学、二〇一五年一月）。

久保 浩樹（くぼ ひろき）〔第7章〕

ライス大学政治学部博士課程修了：Ph.D.（political science）
二〇一八年四月、明治学院大学法学部に着任、専任講師。
専門分野：比較政治学、現代アメリカ政治分析、先進国の議会・政党・選挙。
主要業績："Explaining Citizen Perceptions of Party Ideological Positions: The Mediating Role of Political Contexts."（with Royce Carroll）Electoral Studies 51（2018）14-23. "Polarization and Ideological Congruence between Parties and Supporters in Europe."（with Royce Carroll）Public Choice 176, 1-2,（2018）247-265. "Measuring and Comparing Party Ideology and Heterogeneity."（with Royce Carroll）Party Politics 25（2),（2019）245-256. "The Logic of Delegation and Institutional Contexts: Ministerial Selection under Mixed-Member Systems in Japan" Asian Journal of Comparative Politics 4（4),（2019）303-329.

鍛冶 智也（かじ ともや）〔刊行のことば、改訂版のまえがき、第8章〕

国際基督教大学大学院行政学研究科博士後期課程単位取得退学：行政学修士。
一九九三年四月、明治学院大学法学部に着任。教授。
専門分野：行政学・都市行政・地方自治論。
主要業績：『スマートグロース政策に関する研究』（共著、東京市政調査会、二〇〇五年）、「自治体経営改革の視点――測定・計画・管理の論点から」『三鷹市自治体経営白書：「創造的な自治体経営」を目指して』（三鷹市、二〇〇四年）、『分権改革の新展開に向けて』（共著、日本評論社、二〇〇二年）。

中谷 美穂（なかたに みほ）〔第9章〕
慶應義塾大学大学院法学研究科博士課程修了：博士（法学）。
二〇〇七年四月、明治学院大学法学部に着任。教授。
専門分野：政治意識論・政治行動論・地方政治論。
主要業績：『日本における新しい市民意識――ニュー・ポリティカル・カルチャーの台頭』（慶應義塾大学出版会、二〇〇五年）、『地方分権時代の市民社会』（共著、慶應義塾大学出版会、二〇〇八年）、「地方議会の機能とエリートの政治文化――議員提案条例に関する分析」（『選挙研究』第二五号第一巻、二〇〇九年）。

西村 万里子（にしむら まりこ）〔第10章〕
慶應義塾大学大学院経済学研究科博士課程単位取得退学：経済学修士。
一九九八年四月、明治学院大学法学部に着任。教授。
専門分野：公共政策論・福祉国家論・医療政策論。
主要業績：『医療保障と医療費』（共著、東京大学出版会、一九九六年）、『イギリス非営利セクターの挑戦』（共著、ミネルヴァ書房、二〇〇七年）、『社会政策Ⅱ　少子高齢化と社会政策』（共著、法律文化社、二〇〇八年）。

葛谷 彩（くずや あや）〔増補第3版のまえがき、第11章〕
京都大学大学院法学研究科博士課程政治学専攻指導認定退学：法学博士。
二〇〇五年四月、明治学院大学法学部に着任。教授。
専門分野：国際政治学・ドイツ国際政治思想。
主要業績：『二〇世紀ドイツの国際政治思想』（南窓社、二〇〇五年）、『歴史のなか国際秩序観――「アメリカの社会科学」を超えて』（共編著、晃洋書房、二〇一七年）、『歴史のなかのドイツ外交』（共著、吉田書店、二〇一九年）

池本 大輔（いけもと だいすけ）〔増補第3版のまえがき、第12章〕

執筆者紹介

英国オックスフォード大学政治国際関係学部博士課程修了：D. Phil（Politics）
二〇一〇年四月、明治学院大学法学部に着任。教授。
専門分野：EU政治、ヨーロッパ国際関係史、イギリス政治。
主要業績：*European Monetary Integration 1970-79: British and French Experiences*（Palgrave Macmillan, 2011）. "Is the Western Alliance Crumbling? A Japanese Perspective on Brexit," in David W. F. Huang and Michael Reilly eds., *The Implications of Brexit for East Asia*（Palgrave Macmillan, 2018）, 113-127.「アラン・ミルワード再考」『明治学院大学法学研究』第一〇一号、七一―九一頁、二〇一六年。

初めての政治学［増補第３版］
――ポリティカル・リテラシーを育てる

2011 年 3 月 15 日 初版発行
2015 年 3 月 15 日 改訂版発行
2020 年 9 月 1 日 増補第 3 版発行

編　者　明治学院大学法学部政治学科
発行者　犬塚　満
発行所　株式会社風行社
〒 101-0064 東京都千代田区神田猿楽町 1-3-2
Tel. & Fax. 03-6672-4001　振替 00190-1-537252
印刷・製本　中央精版印刷株式会社

©2020 Printed in Japan ISBN978-4-86258-131-0

《風行社 出版案内》

政治学の扉 四六判
——言葉から考える—— 1400円
明治学院大学法学部政治学科 編

政治リテラシーを考える A 5判
——市民教育の政治思想—— 3400円
関口正司 編

政治と情念 四六判
——より平等なリベラリズムへ—— 2700円
M·ウォルツァー 著／齋藤純一・谷澤正嗣・和田泰一 訳

正しい戦争と不正な戦争 A 5判
4000円
M·ウォルツァー 著／萩原能久 監訳

国際学への扉【三訂版】 A 5判
——異文化との共生に向けて—— 2400円
鹿島正裕・倉田 徹・古畑 徹 編

応用政治哲学 A 5判
——方法論の探究—— 4500円
松元雅和 著

選書〈風のビブリオ〉1 四六判
代表制という思想 1900円
早川　誠 著

国際正義とは何か A 5判
——グローバル化とネーションとしての責任—— 3000円
D·ミラー 著／富沢 克・伊藤恭彦・長谷川一年・施 光恒・竹島博之 訳

[シリーズ・政治理論のパラダイム転換] 四六判
コスモポリタニズムの挑戦 3800円
——その思想史的考察——
古賀敬太 著

＊表示価格は本体価格です。